Gustaf Adolf Wanner
Zunftkraft und Zunftstolz

750 Jahre Basler Zünfte und Gesellschaften

Gustaf Adolf Wanner

Zunftkraft und Zunftstolz

Springer Basel AG

CIP-Kurztitelaufnahme der Deutschen Bibliothek

Wanner, Gustaf Adolf
Zunftkraft und Zunftstolz. - 1. Aufl. - Basel:
Birkhäuser, 1976.

Satz und Druck: Birkhäuser AG, Basel
Einband: Buchbinderei Flügel
Farbtafeln: Kupfertiefdruck Birkhäuser
Buchgestaltung: Albert Gomm swb/asg

Einbandvignette: Rose-Marie Joray

Ursprünglich erschienen bei Birkhäuser Verlag Basel 1976
Softcover reprint of the hardcover 1st edition 1976

ISBN 978-3-0348-6296-7 ISBN 978-3-0348-6295-0 (eBook)
DOI 10.1007/978-3-0348-6295-0

Inhaltsverzeichnis

Zum Geleit

100 Jahre Bürgergemeinde Basel, 100 Jahre Aufsichtsbehörde des Bürgerrates über die E. Zünfte und E. Gesellschaften, 100 Jahre Wohlbefinden in dieser Abgrenzung und Obhut, das waren die Beweggründe für das Meisterbott, im Jubiläumsjahr ein passendes Erinnerungsgeschenk zur Übergabe bereit zu haben. Die Wahl fiel letztlich auf eine Neufassung der bisher teils vergriffenen Zunftbücher. Bücher über Basel sind in letzter Zeit recht viele entstanden, und das jeweilige Interesse von seiten der Bevölkerung hat zu unserem Entscheid wesentlich beigetragen. Das Meisterbott nützte die einmalige Chance und übertrug seinem schreibgewandten Chronisten und hochgeachteten Mitmeister Dr. Gustaf Adolf Wanner den Auftrag, über das Basler Zunft- und Gesellschaftswesen in seiner Gesamtheit und in konzentrierter Form über sämtliche E. Zünfte und E. Gesellschaften eine neuzeitliche Darstellung zu verfassen. Mit viel Fleiß, Liebe und Verantwortungsbewußtsein hat sich der Autor dem gestellten Auftrag unterzogen. So ist heute das Werk über Zunftkraft und Zunftstolz im Buchhandel erhältlich. Beim Lesen wird zwar mancher auf jene stolzen Zeiten gedankenversunken zurückblicken. Bleiben wird dem Leser aber die Erinnerung, die Tradition und die festverwurzelte Gesinnung der einzelnen Zunft in sich, aber auch das verankerte Zunftgeschehen im Meisterbott und im Fünfer-Ausschuß. Das neue Zunftbuch von Dr. Gustaf Adolf Wanner ist nicht nur ein Jubiläumsgeschenk der Zünfte an die Bürgergemeinde der Stadt Basel, es ist zugleich allen Zunftbrüdern zur Eigenbeschaffung und zur Lektüre bestens empfohlen. Es verbleibt mir, dem Mitmeister und Autor Dr. Gustaf Adolf Wanner herzlich zu danken für seine Mühe und Hingabe. Das neue Zunftbuch wird in der heutigen Generation sicher das erwartete Interesse finden.

Der Vorsitzende Meister
der E. Zünfte und E. Gesellschaften
HANS EYMANN

Vorwort

Den ehrenvollen Auftrag des Meisterbotts, zum Jubiläum der hundertjährigen Basler Bürgergemeinde eine neue Darstellung der E. Zünfte und Gesellschaften der Stadt Basel zu verfassen, hat der Schreibende trotz starker beruflicher Inanspruchnahme freudig übernommen, zumal er hiefür teilweise auf frühere Texte eigener Radiovorträge und Aufsätze im Basler Staatskalender und in den ‹Basler Nachrichten› zurückgreifen konnte. Angesichts der Fülle der Literatur über das Basler Zunft- und Gesellschaftswesen in seiner Gesamtheit, das insbesondere durch Daniel Albert Fechter, Andreas Heusler, Traugott Geering, Rudolf Wackernagel, Paul Koelner und Gustav Steiner hervorragend geschildert worden ist, beschränkte er sich auf einen kürzeren Abriß der allgemeinen Basler Zunftgeschichte. In den Mittelpunkt rückte er bewußt eine konzentrierte Darstellung sämtlicher zwanzig Basler Zünfte, der Drei Kleinbasler Ehrengesellschaften, der fünf Vorstadtgesellschaften Großbasels und der Bürgerkorporation Kleinhüningen. Wohl besitzen die meisten der genannten Korporationen bereits eine eigene Chronik ihrer Vergangenheit; doch sind diese wertvollen Gedenkschriften, von denen der Verfasser dankbar Gebrauch machte, zum Teil als Manuskripte nicht leicht zugänglich, zum Teil bereits vergriffen und zum Teil so umfangreich, daß deren Lektüre dem einzelnen Zunft- und Gesellschaftsbruder erschwert ist. Die vorliegende geraffte Schilderung soll es ihm ermöglichen, sich in Kürze mit der historischen Entwicklung seiner eigenen Zunft und Gesellschaft wie der übrigen Korporationen unserer Stadt vertraut zu machen. In diesem Sinn hofft unser Buch eine Lücke im reichen Schrifttum über das Basler Zunft- und Gesellschaftswesen zu füllen.

Dankbar gedenkt der Verfasser der Sympathie, mit welcher der Plan des Buchs von seinen Kollegen im Meisterbott aufgenommen wurde, und der tatkräftigen Unterstützung, die er von den Vorsitzenden Meistern des Fünfer-Ausschusses Markus Bruckner, Dr. Paul Herberich und Hans Eymann und insbesondere von dessen hingebendem Schreiber und Seckelmeister Emanuel Faller erfahren durfte. Für verschiedene Hinweise weiß er ebenso Dr. Hans Staehelin, Meister E. E. Zunft zu Rebleuten, Adolf Stoeckle, Altmeister E. E. Zunft zu Gerbern, und Regierungsrat Arnold Schneider, Meister E. E. Gesellschaft zum Greifen, aufrichtigen Dank.

Mannigfaches dankenswertes und hilfreiches Entgegenkommen fand er beim Historischen Museum und dessen Direktor Dr. Hans Lanz, beim Basler Staatsarchiv, seinem Leiter Professor Andreas Staehelin und seinem Assistenten Eugen A. Meier, sowie beim Schweizerischen Wirtschaftsarchiv und dessen Vorsteher Dr. Claude Mentha.
Sein Dank gilt im weitern namentlich dem Birkhäuser Verlag, seinem Leiter Charles Einsele und Albert Gomm, der sich mit seiner hohen Kunst der Gestaltung große Verdienste um das Buch erworben hat, den Photographen Marcel Jenni und Peter Heman, die zu seiner bildlichen Bereicherung wertvoll beigetragen haben, sowie Rudolf Flügel, in dessen Buchbinderei es sein schmuckes äußeres Kleid erhalten hat.

Im Sommer 1976 GUSTAF ADOLF WANNER

Das Zunftwesen im allgemeinen

Der deutsche Ausdruck ‹Zunft› geht, wie allgemein angenommen wird, zurück auf das mittelhochdeutsche Verbum ‹zemen›, unser heutiges ‹ziemen›. Er bezeichnet eigentlich, was sich schickt und gehört, im weitern Sinne Regel und Ordnung[1]. Seit dem späten Mittelalter verstand man unter Zünften obrigkeitlich anerkannte Organisationen der selbständigen Handwerker und Handeltreibenden, welche durch ihre Berufsordnungen ihren Angehörigen die Ausübung eines bestimmten Gewerbes gewährleisteten, durch den Zunftzwang aber die Ausübung dieses Gewerbes auf die Angehörigen der betreffenden Zunft beschränkten. Insofern ist der Begriff der Zunft verwandt mit demjenigen der Gilde oder Innung; doch fehlte diesen genossenschaftlichen Zusammenschlüssen zumeist der politische Charakter, der die Zünfte, namentlich in ihrer baslerischen Ausprägung, wesentlich bestimmte. «Die Zunft ist also sowohl eine Erscheinung der Wirtschafts- und Sozialgeschichte als auch der städtischen Verfassungsgeschichte[2].» Damit ist bereits gesagt, daß die etymologische Erklärung des Wortes Zunft, das heißt dessen Ableitung von ziemen, für die Erfassung des Wesens der Zunft nicht ausreicht, weil die darauf fußende Definition[3] das charakteristische Merkmal des Zunftzwangs, vor allem aber die bedeutsame politische Komponente der Zünfte außer acht läßt[4].

Blechfähnlein
vom Zelt der Weinleutenzunft
aus dem Jahr 1661

1 In Gesprächen mit dem Verfasser hat der verstorbene Professor Hans Georg Wackernagel, Meister E.E. Akademischen Zunft, wiederholt die Vermutung geäußert, das Wort Zunft stehe im Zusammenhang mit dem Verbum ‹zünden› und erkläre sich aus der den Basler Zünften übertragenen Verpflichtung zur Bezündung des Kronleuchters im Münster; doch hat er nach Mitteilung seines Sohnes Dr. Wolfgang Wackernagel diese Auffassung nirgends schriftlich begründet.

2 Wolfgang Zorn im *Handwörterbuch der Sozialwissenschaften,* Band XII, Stuttgart, Tübingen und Göttingen 1965, Seiten 484-489, und die dort angeführte Literatur.

3 Paul Koelner, *Basler Zunftherrlichkeit.* Ein Bilderbuch der Zünfte und Gesellschaften. Basel 1942, Seite 9: «Mit dem Namen Zunft bezeichnete man seit dem Hochmittelalter eine in der Regel von den Angehörigen des gleichen Handwerks oder verwandter Gewerbe gebildete Genossenschaft, welche die für das betreffende Handwerk schickliche Berufsausübung aufstellte und handhabte.» Ähnliche Formulierungen desselben Verfassers finden sich in seinen Darstellungen der verschiedenen Zünfte.

4 Gustav Steiner hat sich mit dieser von ihm als ‹Worttheorie› bezeichneten Auffassung, die in schroffem Gegensatz zu seinen Vorstellungen steht, mehrfach eingehend auseinandergesetzt, insbesondere in seinem Aufsatz

Berufsgenossenschaftliche örtliche Zwangskorporationen von Handwerkern und Händlern (collegia oder scolae), die unter rein wirtschaftlichen Aspekten als Vorläuferinnen der Zünfte betrachtet werden können, bestanden bereits im römischen und später ebenso im byzantinischen Reich; auch in Aventicum, dem heutigen Avenches, ließen sich Vereinigungen bestimmter Gewerbe, beispielsweise der Schiffleute, nachweisen. Spuren solcher Berufsverbände, denen indessen kein politischer Charakter eignet, begegnet man seit dem 6. Jahrhundert noch in Italien, wo sich in der Folge in Ravenna Kaufleute, Metzger und Fischer, in Pavia Seifensieder, Lederhandwerker und Bootsleute sowie in Rom Metallhandwerker, Papierschöpfer, Gärtner, Schuh- und Gemüsehändler zusammenschlossen. In Konstantinopel war noch im 10. Jahrhundert der Handel in Lebensmitteln, Seide und andern Textilien straff organisiert. Während in Italien diese alten beruflichen Vereinigungen möglicherweise bis ins Mittelalter fortbestanden und dann neu auflebten, kann für das übrige Europa, auch für den Westen, keine kontinuierliche Entwicklung seit der Antike angenommen werden. Hier stellen die Berufsorganisationen, die sich seit dem Beginn des 12. Jahrhunderts in Deutschland, Frankreich und England erkennen lassen, ausgesprochene Neugründungen dar, die als Ergebnis der Entstehung der Städte und der mittelalterlichen Einigungsbewegung zu betrachten sind.
Durch mehrfache Theorien hat die historische Forschung das Dunkel, das über ihren Anfängen liegt, zu erhellen versucht. Die alte hofrechtliche Auffassung, die den Ursprung der Zünfte aus der Grundherrschaft und der Gliederung ihres unfreien handwerklichen Personals ableitete, ist im wesentlichen preisgegeben worden, und auch die ‹Kartell-Version›, wonach primär das rein wirtschaftliche Verlangen nach Sicherung der Verkaufspreise die Angehörigen verschiedener Berufe zum Zusammenschluß bestimmt hätte, erscheint jetzt überholt. Umstritten ist heute auch die Herleitung der Zünfte aus den Bruderschaften[5], wiewohl das religiöse und gesellige Mo-

über ‹Entstehung und Charakter der Basler Zünfte im 13. Jahrhundert›. Basler Jahrbuch 1948, Seiten 51–53, und in seinem Buch *Zunft zum goldenen Stern als Zunft der Wundärzte und Scherer in Basel.* Was ein Zunftbruder vom Basler Zunftwesen und von der Zunft zum goldenen Stern wissen soll. Basel 1956, Seite 21f.

5 Auch Paul Koelner, *Basler Zunftherrlichkeit,* a.a.O., Seite 67, spricht von den Bruderschaften, «in denen wir die Urform unserer Zünfte zu erblicken haben». Er folgt damit der Auffassung, die seit Daniel Albert Fechter «fast zur selbstverständlichen Theorie geworden» und – mit Ausnahme von Andreas Heusler und Rudolf Wackernagel – immer wieder vertreten worden ist. Gustav Steiner, *Basler Zünfte im 13. Jahrhundert,* a.a.O., Seite 50f., lehnt sie ab.

Trommeln von Zünften und Gesellschaften aus dem 16.-18. Jahrhundert

ment, das diesen Vereinigungen ihren Stempel aufdrückte, zur Bildung der Zünfte wesentlich beigetragen haben dürfte.
Diesen Auffassungen gegenüber hat sich die These durchgesetzt, daß die Zünfte als Einigungen freier Handwerker und Gewerbetreibender ins Leben gerufen und zugleich vom Stadtherrn aus verwaltungstechnischen Erwägungen als Organe der Marktordnung beauftragt wurden. Freie Einigung und rechtlicher Auftrag bildeten somit die gemeinsame Grundlage der Zünfte; doch kam diese Basis vielfach einem Feld starker Spannungen gleich, die oft in langen Kämpfen zwischen den Zünften und dem Stadtherrn ausgetragen werden mußten. Daß die Entwicklung überall ihren besonderen Velauf nahm, liegt auf der Hand.
Die frühesten zuverlässigen Belege über das Bestehen von

Zünften in Deutschland, Frankreich und England stammen aus dem Beginn des 12. Jahrhunderts. Als älteste Zünfte lassen sich in Deutschland diejenigen der Fischhändler in Worms im Jahre 1106/07, der Schuhmacher in Würzburg im Jahre 1128 und der Bettziehen-Weber in Köln im Jahre 1149 nachweisen. In Frankreich begegnen wir bereits um das Jahr 1100 in Paris und Rouen Zünften von Händlern, die ihr Gewerbe zu Wasser betrieben, um 1147 einer Zunft der Schuhmacher in Rouen und einer solchen der Gastwirte in Chartres. Auf die Jahre 1100 bis 1135 zurück gehen die ersten urkundlichen Nachrichten über Gilden in England; solche bestanden zu jener Zeit in Huntington, Winchester, London und Lincoln. Seit dem Beginn des 13. Jahrhunderts erfaßte die Zunftbewegung mehr und mehr die ganze germanisch-romanische Welt einschließlich Spaniens und Skandinaviens; im Zusammenhang mit der deutschen Besiedelung des Ostens griff sie auch auf Polen, Ungarn und das Baltikum über. Im Gegensatz zu den Berufsorganisationen Südeuropas standen diejenigen in Mittel- und Nordeuropa in engerem Zusammenhang mit der staatlichen Obrigkeit. Ebenso zeigten sie eine straffere Struktur, indem sie alle Angehörigen des jeweiligen Gewerbes zur Mitgliedschaft verpflichteten; bereits 1149 hatte die Zunft der Kölner Bettziehen-Weber in ihren Satzungen den Zunftzwang verankert, welcher der Zunft einen kartellähnlichen Charakter verlieh.

Die Zunftordnungen wurden vom Stadtherrn oder der städtischen Obrigkeit erlassen oder bestätigt. Ihnen stand stets das Recht der Oberaufsicht zu; auch dienten ihnen die Zünfte als Instrumente zur Regulierung von Handwerk und Gewerbe wie zur Versorgung der städtischen Bevölkerung. In Zunftangelegenheiten und gewerbepolizeilichen Belangen übten die Zünfte ihre eigene Gerichtsbarkeit aus.

Goldwaage der Zunft zu Hausgenossen

Die Vermehrung der städtischen Bevölkerung und ihres Bedarfs wie die wachsenden Ansprüche der Bürgerschaft und der dadurch vorangetriebene technische Fortschritt führten im Lauf der Jahrhunderte zu einer zunehmenden Spezialisierung der Zünfte. Schon im Jahr 1250 zählte man in Marseille rund hundert Zünfte. An wichtigen Plätzen der Ausfuhr beschränkten sich einzelne Zünfte sogar auf die Herstellung von Halbfabrikaten. Meistens erfolgte indessen die Aufgliederung durch die Bildung von Meisterschaften im Rahmen einzelner Zünfte, unter deren Dach sich die verschiedensten Berufe vereinigen konnten. In manchen Gewerben kam es schon früh zu regionalen Zusammenschlüssen lokaler Zünfte. So vereinigten sich in Frankreich die Gilden der Binnenschiffer der Städte in einzelnen Flußgebieten. Über eine weit ausgreifende Organisation verfügten im späten Mittelalter die Steinmetzen, die sich 1459 auf eine gemeinsame Zunftordnung für ganz Deutschland verpflichteten. Zu lockeren zünftischen Verbindungen innerhalb des gleichen Handwerks von Ort zu Ort führten da und dort auch die Wanderungen der Gesellen.

Das Verhältnis der Meister zu den Gesellen stellte, international gesehen, ein Hauptproblem der Zunftorganisation dar. In Frankreich waren die Gesellen, die dort ‹compagnons› oder ‹valets› genannt wurden, noch bis zum 15. Jahrhundert an der Leitung von einzelnen Zünften beteiligt; dann vollzog sich auch dort der in Deutschland bereits im frühen 14. Jahrhundert zu verfolgende Prozeß zunehmender Hierarchisierung, in dessen Verlauf der Einfluß der Gesellen und die Möglichkeiten ihres Aufstiegs mehr und mehr eingeschränkt wurden. Die durch diese Entwicklung erzeugten Spannungen entluden sich in einzelnen Städten in Streiks, so in Breslau schon im Jahre 1329; an andern Orten bildeten sich gewerkschaftlich organisierte Bruderschaften zur Vertretung der Standesinteressen der Gesellen[6]. In England lassen sich besondere Gesellenvereinigungen erst zu Beginn des 15. Jahrhunderts nachweisen.

Primär beruhte die Bildung der Zünfte auf einem wirtschaftlichen Gedanken: auf der Idee, den in ihnen zusammengeschlossenen Meistern eine ausreichende standesgemäße Existenz zu sichern und sie gegen die Risiken eines freien Marktes zu schützen. Das Kennzeichen dieses scharf ausgeprägten Protektionismus war der Zunftzwang, der die Tätigkeit in dem besonderen Arbeits- und Absatzbereich eines Gewerbes absolut den Angehörigen der Zunft vorbehielt und davon sowohl die nichtzünftigen städtischen Handwerker, die ‹Pfuscher› oder ‹Bönhasen›, als auch die ländlichen Handwerker strikte ausschloß; innerhalb eines bestimmten Umkreises der Stadt, der sogenannten ‹Bannmeile›, war allen Nichtzünftern die Ausübung städtischer Handwerke und Gewerbe untersagt. Ebenso schirmten die Zünfte ihre Angehörigen durch entsprechende Verbote gegen die ihnen drohende konkurrierende Einfuhr der Kaufleute ab. Vertraten die Zünfte mit solchen Maßnahmen die gemeinsamen Interessen ihrer Genossen nach außen, so bekämpften sie in gleicher Weise nach innen deren Eigennutz. Diesem Streben lag das mittelalterliche Ideal der Brüderlichkeit zugrunde, das tief im christlichen Glauben wurzelte; vor dem Angesicht des göttlichen Herrn sollte ein

6 Solche Gesellenbruderschaften, etwa die der Regensburger Bäckerknechte, sind nicht zu verwechseln mit den in vielen Zünften, auch in Basel, bestehenden Bruderschaften, die ein vorwiegend religiöses und soziales Gepräge trugen.

Hanß Heinrich Riedtman Sechser vnd Lütenamt.
Hanß Heinrich Berbier Meister Alls Haüptman
Christoffel Heiß Finffer vnd Keller Meister gewün
Diser Vmbzug ist im Friden angefangen vnd auch vollendet von 120. Man hatten
Die Zelte auff den
Ständt z Monnet wasen Bollwerck
Zu der Schiessen 9 Silber goben darunder 2 Becher vnd ein ver gülten Löffel welchen
Zunfft Buch zu Finden diser Schiessent bestündt in 4 Schitzen vnd Zog in die Statt
Johannes Miller Finffer vnd Küchimeister
Christoffel Sohn Sidel war Fenderich vnd gab
den grossen Becher vnd ein
Jacob Herbster Küchimeister gewün den grossen
Becher

jeder seinem Nächsten als Bruder begegnen. Darum sollten die Mitglieder einer Zunft in ihrem beruflichen Wirken einander in Rechten und Pflichten gleichgestellt sein und auch ihr Einkommen durch die Festlegung verbindlicher Arbeitsbedingungen für alle möglichst ausgeglichen werden. Bewußt setzten die Zünfte der handwerklichen und gewerblichen Tätigkeit ihrer Angehörigen gewisse Schranken, innert deren sie sich in brüderlicher Selbstbescheidung halten sollten.

Seit dem 13. Jahrhundert wurden die von den Zünften aufgestellten, gemeinsamen Regeln der Berufsausübung und die Kontrollen über die Einhaltung von Preisen und Löhnen, Lehrlings- und Gesellenzahlen sowie Arbeits- und Qualitätsvorschriften laufend weiter ausgebaut. Kostspielige gewerbliche Einrichtungen wie Mühlen, Walken und Stampfen, deren Anschaffung die Finanzkraft des Einzelnen überstieg, wurden von den Zünften als gemeinsames Eigentum erworben und von allen Mitgliedern benützt. Um ihnen die Beschaffung von Rohmaterialien zu erleichtern und zu verbilligen, organisierten die Zünfte des öftern deren Einkauf auf genossenschaftlicher Basis.

Das Bemühen der Zünfte um Hochhaltung der Qualität der Arbeit, dem ihre strenge Warenschau diente, wirkte sich gleichzeitig zum Nutzen des Verbrauchers aus, der dadurch vor Betrug, besonders in den Nahrungsgewerben, wie vor Pfuscharbeit geschützt wurde, und auch die Vorstellung vom gerechten Preis, welche die Zünfte hochhielten, lag im Interesse der städtischen Bevölkerung. Neben diesen positiven Seiten zeigte das Zunftwesen indessen auch negative Erscheinungen. Wohl ermöglichten die Zünfte eine weitgehende gewerbliche Spezialisierung, und auch der künstlerischen Ausgestaltung der handwerklichen Produkte standen sie nicht im Wege; doch blieb in ihrem Rahmen wenig Raum für die unternehmerische Initiative des Einzelnen. Nur in höchst beschränktem Maß war es möglich, den erzielten Gewinn in den eigenen Betrieben anzulegen, da deren Vergrößerung engste Grenzen gesetzt waren. Dadurch aber wurde der kommerzielle und gewerbetechnische Fortschritt behindert. Auf die Dauer freilich vermochte der in den Zünften verkörperte Grundsatz der Gleichheit den wirtschaftlichen Aufstieg einzelner oder ganzer Gruppen nicht aufzuhalten. Namentlich in den Zünften, deren Angehörige sich nicht auf die Versorgung der städtischen Bevölkerung beschränkten, sondern sich in zunehmendem Ausmaß dem Export ihrer Produkte zuwandten, was vor allem für die Textil- und gewisse Metallgewerbe zutraf, schwangen sich einzelne mit der Zeit zu einer finanziellen Vorrangstellung

◁
Details von einem Festzug der Schützen auf der Glasscheibe der Schneiderzunft von 1693

auf. Daraus erwuchsen in den Zünften, welche einfache Handwerker mit marktkundigen und kapitalkräftigen Kaufleuten vereinigten, innere Spannungen. Sie verschärften sich weiter mit dem Aufkommen des Verlags- und Manufaktursystems, das zunächst in den Rahmen der Zünfte eingebaut wurde, diesen aber mehr und mehr zu sprengen drohte.

Die Ursache für den Niedergang des Zunftwesens, das im 17. und 18. Jahrhundert in allen Ländern Mitteleuropas einer zunehmenden Erstarrung anheimfiel, lag vor allem in der Überspitzung des Grundsatzes der Alleinberechtigung der Meister, der auf die Dauer mit den sich wandelnden wirtschaftlichen Verhältnissen nicht mehr in Einklang zu bringen war. Die Zünfte hielten indessen an diesem Prinzip hartnäckig fest, indem sie, um eine unerwünschte Konkurrenz durch eine größere Zahl von Meistern zu verhindern, die Anforderungen für die Aufnahme von Gesellen, auch in finanzieller Hinsicht, immer höher schraubten. Vielfach blieb das Zunftrecht sogar beschränkt auf die Anwärter, die es vom Vater oder Onkel ererbt oder durch die Eheschließung mit der Witwe oder Tochter eines Meisters ‹erheiratet› hatten. Ein derartiger kollektiver Egoismus wurde zum Hemmschuh für die Entfaltung der unternehmerischen Kräfte in Gewerbe und Handwerk und mußte sich auf die Dauer auch zum Nachteil der gesamten wirtschaftlichen Entwicklung auswirken. In Deutschland versuchten verschiedene Beschlüsse des Reichstags diesen Mißständen zu steuern; doch vermochten sie keine durchgreifenden Reformen durchzusetzen. Größere Wirkung kam der Politik einzelner deutscher Landesherren zu, welche das Monopol der Stadtzünfte durch die persönliche Konzessionierung von ‹Freimeistern› und die ‹Bannmeile› durch die Schaffung von Landzünften durchbrachen. 1731 bemühte sich der Reichstag nochmals, mit dem Erlaß einer ‹Reichs-Handwerksordnung› zu einer gesamtdeutschen Regelung zu gelangen. In Preußen wurden hierauf die Zünfte durch Einführung einheitlicher ‹Generalprivilegien› in gewissem Sinne verstaatlicht, und ebenso schränkte Österreich die Eigenständigkeit der Zünfte durch die Verstärkung des staatlichen Einflusses ein. Frankreich hatte die Zünfte bereits zur Zeit des Merkantilismus einer durch höhere Beamte ausgeübten, zentralistisch gestrafften staatlichen Aufsicht unterstellt. Unter Louis XIV wurden die gewerblichen Kontrollrechte, die käuflich erworben werden konnten, zu einer wichtigen Finanzquelle der Krone. Als Anhänger der physiokratischen Bewegung entwarf der Finanzminister von Louis XVI, Anne Robert Turgot, 1776 den Plan einer umfassenden, freiheitlichen Wirtschaftsreform, der auch die Zünfte zum Opfer fallen sollten; doch scheiterte er an der Opposition der Stände. Erst im Verlauf der Französischen Revolution kam es 1791 zur gesetzlichen Auflösung aller französischen Zünfte und zur Proklamation der allgemeinen Gewerbefreiheit.

Wiederum anders verlief die Entwicklung in Großbritannien. Dort genossen die Zünfte unter den frühen Stuarts weitgehenden rechtlichen Schutz; doch wurde die staatliche Aufsicht ebenso zu fiskalischen Zwecken mißbraucht. In der Folge fiel das britische Zunftwesen mehr und mehr der innern Auflösung anheim, und nach der großen industriellen Revolution verschwanden mit der Einführung des Freihandels im 19. Jahrhundert auch seine letzten Reste. Auch in Mitteleuropa wurde die zünftische Organisation von Handwerk und Gewerbe im vergangenen Jahrhundert beseitigt. In Preußen versetzte ihr die erste Proklamation der Gewerbefreiheit durch das liberale Gewerbegesetz von 1810/11 den Todesstoß. Größere Resistenz zeigte das Zunftwesen in Österreich, wo die Zünfte erst 1859 aufgehoben wurden.

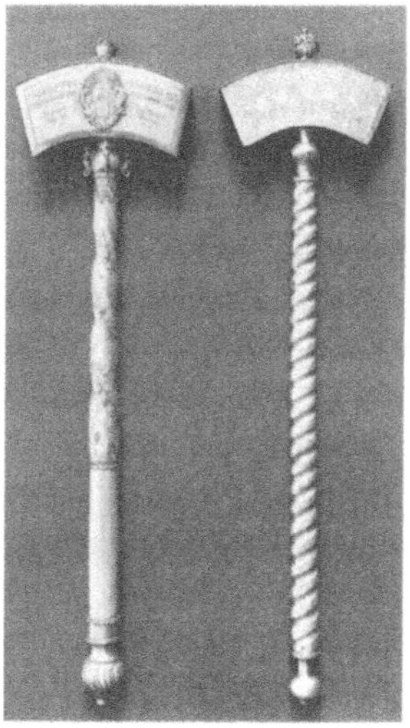

Küferhämmer der Zunft zu Spinnwettern

Die Entwicklung des Zunftwesens in der Schweiz verlief, entsprechend der besondern verfassungsrechtlichen Struktur der einzelnen Städte, durchaus verschieden. Am frühesten sind die Anfänge einer eigentlichen Zunftbewegung in der Bischofsstadt Basel zu erkennen; davon soll im nächsten Abschnitt ausführlich die Rede sein.

Zürich stand im frühen Mittelalter unter der Herrschaft der Äbtissin des Fraumünsters. Indessen gingen ihre Hoheitsrechte schon früh an einen städtischen Rat über, der allerdings nur aus Vertretern der Ritterschaft und des Patriziates bestand; die Handwerker blieben davon ausgeschlossen. Ihre Berufsgenossenschaften trugen anfänglich rein gewerblichen Charakter; einem Zusammenschluß des Handwerks zu politisch aktiven Zünften setzten die Inhaber der städtischen Macht noch zu Ende des 13. Jahrhunderts hartnäckigen Widerstand entgegen. Zu politischer Bedeutung gelangten diese Korporationen erst schlagartig durch die Umwälzung des Jahres 1336. Sie war nicht ihr eigenes Werk, sondern die Tat eines Einzelnen, der zudem nicht ihren Reihen entstammte, sondern selbst der privilegierten Klasse angehörte, des Junkers Rudolf Brun. Er entfesselte eine Bewegung gegen das Patriziat, das mehr und mehr auf Kosten des Adels die Herrschaft im städtischen Rat an sich gerissen und die Bevölkerung durch seine Willkür und Korruption aufgebracht hatte, indem er Ritter und Handwerker zu gemeinsamem Vorgehen gegen die immer stolzer ihr Haupt erhebende Oligarchie zusammenschmiedete und am 7. Juni 1336 den erfolgreichen Handstreich unternahm, durch den die bisherige Ratsmajorität entmachtet wurde. In der neuen Verfassung erschienen zum erstenmal die Zünfte, die nun sogleich zu öffentlich-rechtlicher Anerkennung und zur Teilnahme am städtischen Regiment gelangten.

Freilich war Zürich damit noch nicht zur Zunftstadt geworden. Wohl zogen die Meister der dreizehn Handwerkerzünfte jetzt in den Rat ein; doch wurden der Herrenstube der Constaffel, der Korporation der Ritter und reichen Gewerbetreibenden, gleichfalls dreizehn Sitze eingeräumt, und ebenso vermochte sich Brun auf Lebenszeit das Amt des Bürgermeisters zu sichern. Erst rund drei Jahrzehnte nach seinem Tod erfuhr die Verfassung durch den dritten Richtebrief von 1393 ihre Umgestaltung in demokratischem Sinn. Die Privilegien des Bürgermeisters und der Constaffel wurden vermindert und das Wahlrecht zugunsten der Zünfte geändert: Der Träger des Bürgermeisteramts wechselte fortan im selben halbjährlichen Turnus wie die Ratsherren; die Constaffel öffnete sich auch für Angehörige des Handwerkerstands, und vor allem verschob sich das politische Schwergewicht vom Kleinen Rat auf den Großen Rat der Zweihundert, in dem neben den Mitgliedern des Kleinen Rates auch die Vorgesetzten der Zünfte Einsitz nahmen. Damit war in Zürich bereits zu Ende des 14. Jahrhunderts die Zunftbewegung erfolgreich durchgedrungen. Vollends sollte das Gemeinwesen dann durch die Reformation das Gepräge der reinen Zunftstadt erhalten.

Neben den dreizehn historischen Zürcher Zünften sind in neuer Zeit moderne Zunftgesellschaften von Bürgern und Niedergelassenen in den zu Ende des vergangenen Jahrhunderts mit der Stadt vereinigten Gemeinden entstanden, die inzwischen als ebenbürtig in den Kreis ihrer jahrhundertealten Schwestern aufgenommen wurden. Von ihnen ist in der jüngsten Vergangenheit eine erfreuliche Neubelebung des Zunftwesens ausgegangen, die auch bei den Zürcher Freundschaftsbesuchen auf den Basler Zunftstuben deutlich spürbar ist.

Im Gegensatz zu Basel und Zürich blieb Bern die Stadt des Patriziates. Wohl hatte sich der im frühen Mittelalter gleichfalls genossenschaftlich organisierte Handwerkerstand 1294 das Recht zur Teilnahme am städtischen Regiment, ja sogar die Mehrheit im Großen Rat erkämpft und in einer Revolution des Jahres 1384 die Macht der Aristokratie nochmals aufs schwerste erschüttert; aber in der Folge unterlag die demokratische Partei der Herrschaft der vornehmen und reichen Geschlechter, welche die Regimentsfähigkeit für sich allein beanspruchten und sich bis zum Umschwung von 1798 behaupteten. Die Entwicklung politisch aktiver Zünfte wurde durch die Verbote von 1373 und 1392 unterbunden; die «Stuben» des Handwerks widmeten sich fortan gewerblichen und später vor allem geselligen Zwecken. Den Zunftzwang kannte Bern nicht; doch wurden die Gesellschaften durch spätere Verordnungen der Obrigkeit zu Abteilungen der städtischen Burgerschaft erhoben, denen die Fürsorge für ihre bedürftigen Angehörigen sowie deren Vormundschaften oblagen; ebenso wurden ihnen gewisse Funktionen im militärischen und feuerpolizeilichen Bereich zugewiesen. Auch nach der großen Staatsumwälzung blieb ihnen der Status öffentlich-rechtlicher Korporationen erhalten; noch jetzt üben sie ihre Aufgaben auf dem Gebiet des Vormundschafts- und Armenwesens aus. Wenn somit Bern zwar nicht zur Zunftstadt im politischen Sinn geworden ist, so besitzt es doch bis heute ein reges Zunftleben, das die Berner Gesellschaften mit den Basler Zünften freundschaftlich verbindet.

Von der Bischofsstadt zur Zunftstadt

In Basel hat das Zunftwesen eine Ausprägung gefunden, wie sie kaum anderswo in solcher Klarheit und Schärfe in Erscheinung tritt. Dies gilt schon für die frühe Phase der Zunftbewegung im 13. Jahrhundert. Der deutsche Historiker Eberstadt, der sich eingehend mit der Entstehung der Zünfte befaßt hat, kommt zum Schluß, die Stadt Basel habe bei dem Zunftwesen gewissermaßen Pate gestanden, und der Zunftverband habe hier den ihm seither verbliebenen Namen empfangen. Auch unser Basler Zunftgeschichtsschreiber Gustav Steiner glaubt den ohne Zweifel oberdeutschen Ausdruck ‹Zunft› hier lokalisieren zu können; er scheint ihm in Basel beheimatet zu sein.

In der Entstehung und Entwicklung der Basler Zünfte erkennen wir einen Prozeß, der sowohl durch wirtschaftliche wie durch soziale und politische Triebkräfte bestimmt wird. Die beiden bedeutenden und verdienten Zunfthistoriker unserer Stadt Paul Koelner und Gustav Steiner haben in ihren Darstellungen die Gewichte verschieden gesetzt: In den Monographien über einzelne Zünfte wie in seinem Buch ‹Basler Zunftherrlichkeit› legt Koelner den Hauptakzent auf die gewerbliche Bedeutung der Zünfte, während Steiner in seinen zahlreichen Beiträgen zur Basler Zunfthistorie im allgemeinen wie in seiner Geschichte der Zunft zum Goldenen Stern vor allem die politische Rolle der Zünfte als Bahnbrecher der demokratischen Freiheit herausarbeitet. Beide Blickpunkte sind berechtigt. Primär scheint uns die wirtschaftliche Zielsetzung der verschiedenen Gruppen des Handwerks gewesen zu sein: das Bestreben, zu einer straffen gemeinsamen Regelung ihrer Verhältnisse in Arbeit, Kauf und Verkauf zu gelangen und Elemente, die sich ihr nicht fügen wollten, aus ihrer Gemeinschaft auszuschließen. An diesem Vorgehen, von dem man sich eine Hebung der Qualität der Produkte und damit auch eine Hebung des städtischen Marktes versprechen durfte, mußte auch der Bischof als Marktherr interessiert sein, und so konnte und wollte er sich der Anerkennung der von den einzelnen Handwerken getroffenen Ordnungen zunächst nicht entziehen. Die offizielle Sanktionierung der Organisationen des Handwerks und Gewerbes durch ihre Erhebung zu Körperschaften des öffentlichen Rechts ließ die Zünfte wie ihre Angehörigen wirtschaftlich erstarken, und mit dem wachsenden Bewußtsein ihrer eigenen Kraft regte sich in ihnen auch der Wille, sich die ihrer wirtschaftlichen Bedeutung entsprechende politische Stellung im städtischen Gemeinwesen zu erobern.

Die Entwicklung der Basler Zünfte ist ebenso bewegt und wechselvoll verlaufen wie die Geschichte der Stadt selbst, mit der sie sich auf weiten Strecken deckt. Ihre - dokumentarisch belegte - Vergangenheit umspannt rund siebeneinhalb Jahrhunderte. Sie beginnt im 13. Jahrhundert und erreicht ihren Höhepunkt zu Anfang des 16. Jahrhunderts; dann verflacht ihre Entwicklung langsam wieder, bis sie - äußerlich gesprochen - am Ende des 19. Jahrhunderts auf einen ausgesprochenen Tiefpunkt gelangt. Die wichtigste Periode der Zunftgeschichte ist deren erste Hälfte, welche die Zeit vom Beginn des 13. Jahrhunderts bis zum Durchbruch der Reformation umfaßt; in dieser Spanne wurden die Zünfte mehr und mehr zu den bestimmenden Faktoren des politischen und wirtschaftlichen Werdens und Wachsens des städtischen Gemeinwesens.

Aus der ersten Hälfte des 13. Jahrhunderts haben sich nur die Stiftungsbriefe dreier Zünfte erhalten: derjenige der Kürschner vom Jahr 1226, die erste im Original noch vorhandene Zunfturkunde, die überhaupt im Gebiet der heutigen Schweiz ausgestellt worden ist, und diejenigen der Metzger und Bauleute (Spinnwetternzunft), beide vom Jahr 1248. Sie lassen uns den Zustand einer Entwicklung erkennen, welche sich schon Jahrzehnte zuvor angebahnt haben muß, sich aber erst in dem Zeitpunkt fassen läßt, in dem die - bereits existierenden - Zünfte ins Licht der schriftlichen Überlieferung treten. Denn kein Zweifel kann darüber bestehen, daß sich die eine und andere Zunft bereits vor dem Erlaß der ersten auf uns gekommenen Stiftungsbriefe gebildet hat; doch liegt über diesen Anfängen ein undurchdringliches Dunkel.

«Die Stadt ist am Bistum emporgewachsen wie der Epheu an einer Mauer» - so charakterisiert ein Geschichtsschreiber des 16. Jahrhunderts zutreffend Basels Entwicklung im Frühmittelalter. Bistum und Stadt bildeten ursprünglich eine Einheit; denn der Bischof war ja nicht nur der geistliche, sondern auch der weltliche Stadtherr, der Herr über Grund und Boden der Stadt, der Inhaber der städtischen Gerichtsbarkeit, der Träger aller städtischen Rechte, der Empfänger sämtlicher städtischen Einkünfte, im besondern der Marktherr, der am städtischen Markt durch seine Beamten die Aufsicht über die Einhaltung von Maß und Gewicht wie über Qualität und Preis der Waren führte und dem darum auch die Marktgebühren zuflossen. Dem Bischof zur Seite standen das Domkapitel und die Ministerialen, das heißt die Ritter des bischöflichen Dienstadels und die Ange-

hörigen der bevorrechteten Burgergeschlechter aus dem Patriziat, die zusammen den bischöflichen Rat bildeten. Weit unter dieser Welt aber lag das, was mit einem modernen Ausdruck als ‹der dritte Stand› bezeichnet werden darf: die Welt der Handwerker und der Händler. Da waren die Bäcker, die Metzger, die Fischer, die Wein- und Rebleute sowie die Gärtner, welche die Bürgerschaft mit der täglichen Nahrung, mit Brot, Fleisch und Fisch, mit Wein, Obst und Gemüse versorgten; da waren aber auch die Woll- und Leinenweber, welche das Garn zu Tuch und Linnen woben; die Schneider und Kürschner, welche aus Tuch und Pelz Gewänder, Mäntel und Kappen fertigten; die Schuster, welche das Schuhzeug herstellten, und ihre Lederlieferanten, die Gerber; da waren die Schmiede, welche Ritter und Mannschaft mit Schutz- und Angriffswaffen versahen; die Maurer und Zimmerleute des Baugewerbes; die Scherer, Maler, Glaser, Sattler und Sporer, und ferner die Schiffleute, welche Menschen und Güter auf dem Strom beförderten. Und da waren ferner die Kaufleute, die Großhändler, welche auf weite Distanz den Warenverkehr an diesem wichtigen Schnittpunkt der Handelsstraßen des Kontinents vermittelten; aber auch die Krämer, bei denen der Kleinhandel mit seiner Vielzahl von Artikeln des täglichen Bedarfs lag, und endlich die Wechsler, die als kleine Bankiers über der Echtheit und dem Wert der Münzen wachten, welche auf dem hiesigen Markt die Hand wechselten.

◁
Glasgemälde der Schneiderzunft vom Jahr 1508 mit St. Gotman, dem Patron der Schneider

Man nimmt an, daß vorab die Handwerker in der frühesten Epoche der Stadtgeschichte in erster Linie im Dienst des Bischofs und seines Haushalts standen; am bischöflichen Hof mögen sich bereits einzelne Gewerbegruppen zusammengeschlossen haben. Indessen dürfte nicht von ihnen der Anstoß zur Bildung der Zünfte ausgegangen sein, sondern von dem vom Bischof unabhängigen städtischen Handwerk, das sich entwickelte, als sich immer mehr Bewohner zunächst in der Talsohle des Birsigs, später auch an den von hier emporsteigenden Hängen von St. Leonhard und St. Peter ansiedelten und es galt, die Bedürfnisse dieser zunehmenden städtischen Bevölkerung zu decken. Diesen freien städtischen Handwerkern scheinen sich die Handwerker des bischöflichen Hofs angeschlossen zu haben, als es darum ging, sich im Rahmen von Handwerksgenossenschaften auf gemeinsame Regeln der Berufsausübung zu einigen.

Um die Anerkennung dieser von ihnen selbst aufgestellten Regeln zu erlangen, bedurften die Handwerksgenossenschaften der Zustimmung des Stadtoberhauptes, des Bischofs. Während aber andernorts der Stadtherr im Aufkommen der mehr und mehr erstarkenden Berufsorganisationen eine politische Gefahr erblickte und sich dagegen durch ein generelles Zunftverbot abzuschirmen suchte, förderte sie der Bischof von Basel, indem er sie anerkannte und ihnen dadurch den Charakter von Korporationen des öffentlichen Rechts verlieh.

Bedeutsam tritt in diesem Zusammenhang die Gestalt des Bischofs Heinrich von Thun hervor, welchem Basel den für seine Zukunft entscheidenden Bau der Mittleren Rheinbrücke im Jahre 1225 verdankt, des wichtigen festen Übergangs über den Strom, durch den die bevorzugte Stellung der Stadt im Netz der europäischen Verkehrsstraßen des Mittelalters fest verankert wurde. Mit dem großen Weitblick, der ihn auszeichnete, erkannte er die gemeinsamen Interessen, die ihn als Stadtherrn mit den Handwerkern und Kaufleuten verbanden. Auch für den Bischof als Marktherrn mußte es ein Anliegen sein, geringwertige Erzeugnisse vom Markt fernzuhalten und diesen durch gute Produkte zu heben. Darum begünstigte er die Interessen des Handwerks und die Organisation der Angehörigen der verschiedenen Berufe, die, getragen von einem wachsenden Gefühl gegenseitiger Verbundenheit und vom Verlangen nach gemeinsamem Handeln, selbst eine Ordnung über den Betrieb ihres Gewerbes aufrichteten.

Von der Hand Heinrichs von Thun ist uns einzig der Stiftungsbrief der Kürschnerzunft von 1226 erhalten; doch liegt die Vermutung nahe, daß er in gleicher Weise wie den Kürschnern auch andern Berufszweigen die stadtherrliche Anerkennung ihrer Satzungen zuteil werden liess. In der lateinisch abgefaßten Zunfturkunde der Kürschner genehmigt der Bischof mit dem Rat und der Zustimmung des Propstes, des Dekans und des gesamten Domkapitels sowie der Dienstmannen der Kirche auf die Bitte der Basler Kürschner «die von ihnen neulich für ihr Handwerk zu Ehren und Nutzen unserer Stadt aufgerichtete Ordnung, so daß sie, jeder in seiner Arbeit, ... in Form oder Stoff besser einkaufen, verkaufen und arbeiten». Der Zweck ihrer vom Bischof anerkannten Ordnung ist somit zunächst eine solidarische und ausschließliche Regelung des Einkaufs der Rohstoffe, des Absatzes der Produkte und der Arbeit selbst. Dann aber folgt die wichtigste Bestimmung der Vereinbarung, welche die Kürschner unter sich getroffen haben und die nun vom Bischof bestätigt wird: «... daß weder einer andern Person noch einem von ihrem Handwerk gestattet sein soll, beim Einkauf und Verkauf desjenigen, was anerkanntermaßen zu ihrem Handwerk gehört, ihre Ordnung zu brechen ... Diejenigen aber von ihrem Handwerk, welche nicht in ihrer Gemeinschaft (societas) sein wollen, sollen von dem

Recht des Arbeitens nach ihrem Belieben und von dem Markt in Kauf und Verkauf und von jeder Gemeinschaft mit ihnen gänzlich ausgeschlossen sein.» Damit haben die Kürschner für ihr Handwerk die nun durch die Autorität des Stadtherrn sanktionierte Ausschließlichkeit, den Zunftzwang, statuiert: Erst die Zugehörigkeit zur Zunft verleiht dem Kürschner das Recht zur Arbeit und zur Teilnahme am Markt im Kauf und Verkauf. Demjenigen, welcher der Zunft nicht beitritt, wird die berufliche Betätigung in Produktion, Einkauf und Verkauf strikte verwehrt. In diesen Zunftzwang werden auch die Frauen des Kürschner-Handwerks eingeschlossen; auch für ihre selbständige Tätigkeit in diesem Gewerbe bildet die Zugehörigkeit zur Zunft die unabdingbare Voraussetzung. Ausdrücklich verboten wird den Zunftgenossen, den Gesellen eines andern Angehörigen des Handwerks der Kürschner vor Ablauf seiner vertraglichen Frist abzudingen, «damit ihr Gewerbe um so löblicher und nutzbringender bei ihnen erfunden werde».

Dem Stiftungsbrief der Kürschner von 1226 folgen im gleichen Jahr 1248 diejenigen der Metzger und Bauleute (der Maurer, Gipser, Zimmerleute, Faßbinder und Wagner); beide sind ausgestellt durch Bischof Lütold von Röteln; er dürfte, wie schon Peter Ochs in seiner ‹Geschichte der Stadt und Landschaft Basel› vermutete, gleichzeitig oder vorher auch andere Zünfte gegründet haben, deren Urkunden uns indessen verloren sind. In Form und Gehalt stimmen die Zunftbriefe der Metzger und Bauleute, oft bis ins Einzelne, mit dem der Kürschner überein. Wiederum bestätigt der Bischof auf den Rat und im Einverständnis mit seinem Kapitel und den Dienstmannen seines Gotteshauses die Ordnungen, welche die beiden Handwerke für ihre Angehörigen von sich aus getroffen haben. Auch hier werden sämtliche Vertreter der beiden Berufe, die der Zunft nicht beitreten wollen, von Kauf und Verkauf wie von jeder Gemeinschaft ausgeschlossen, womit der Stadtherr wiederum den Zunftzwang ausdrücklich sanktioniert. Metzger und Bauleute erhalten aus ihren eigenen Reihen einen Meister, unter dessen Leitung und Aufsicht sie ihre Berufe entsprechend den bestehenden Satzungen betreiben sollen. Der Anteil der Zunft an den Eintritts- und Strafgebühren, an denen auch der Bischof und die Stadt partizipieren, soll unter anderm verwendet werden, um an den hohen Feiertagen den Kronleuchter im Münster zu bezünden.

In die Zeit des Bischofs Berthold von Pfirt fällt der Zunftbrief der Schneider vom Jahr 1260, in dem ausdrücklich bezeugt wird, daß damals fast alle Handwerke der Stadt in einer Zunft

1
2
3
4
5
6
8
9
10
11
12
13

organisiert waren. Er ist insofern von besonderer Bedeutung, als darin die bisher dem Bischof vorbehaltene Wahl des Zunftmeisters erstmals der Zunftgemeinde zuerkannt wird. Die uns erhaltenen Stiftungsbriefe der Gartner (Gärtner, Obser und Menkeller) sowie der Weber und Leinweter datieren erst aus der Periode, in der Heinrich von Neuenburg (1262-1274) auf dem Bischofsstuhl saß, der erstere vermutlich aus dem Jahr 1264, der letztere aus dem Jahr 1268. Drei Jahre später wurde den Bauleuten, in deren Kreis jetzt auch die Wannenmacher und Drechsler einbezogen wurden, ein zweiter Zunftbrief zuteil. Noch waren zu dieser Zeit die Rebleute, die Fischer und die Schiffleute nicht organisiert; ihr offizieller zünftischer Zusammenschluß erfolgte erst um die Mitte des 14. Jahrhunderts. Da uns nur die sieben erwähnten Stiftungsbriefe erhalten geblieben sind, sind wir hinsichtlich der Entstehung der übrigen Zünfte auf Mutmaßungen und vereinzelte anderweitige urkundliche Zeugnisse angewiesen. Um die Mitte des 13. Jahrhunderts gesichert erscheint das Bestehen geschlossener Verbände der Schmiede, Brotbecken, Schuhmacher und Gerber, um das Jahr 1270 auch derjenige der Scherer, denen im Verlauf des folgenden Jahrhunderts Maler, Sattler und Sporer angegliedert wurden. Dunkel liegt über der Gründung der Herrenzünfte zum Schlüssel, zu Hausgenossen, zu Weinleuten und zu Safran. Wohl reichen einzelne Belege über Handel und Wechslergewerbe der durch ihre Lage wie durch den Brückenbau des Jahres 1225 hiefür prädestinierten Kaufmannsstadt gleichfalls ins 13. Jahrhundert zurück; doch lassen sich angesichts der nur dünn fließenden Quellen die Anfänge eines gemeinsamen beruflichen Zusammengehens dieser wichtigen Träger der baslerischen Wirtschaft zeitlich nicht mit Bestimmtheit fixieren.

Um die Mitte des 14. Jahrhunderts steht der baslerische Zunftorganismus geschlossen vor uns. Die fünfzehn historischen Zünfte, deren Zahl sich bis ins 19. Jahrhundert nicht mehr erhöhte, bildeten seither in der Gestalt von straff aufgebauten Arbeitsgemeinschaften die Träger des wirtschaftlichen Lebens in Handwerk und Handel. Von der Birsigmündung über den Kornmarkt, den heutigen Marktplatz, und den Rindermarkt, die jetzige Gerbergasse, bis zum Barfüßerplatz reihten sich die Verkaufslauben der verschiedenen Handwerke, die Bänke der Wechsler und die Kontore der Kaufleute aneinander und erfüllten die Stadt mit ihrem regen Leben, und bald sollte in Ergänzung hiezu das in den Jahren 1376-1378 an der Stelle der heutigen Hauptpost erbaute Kaufhaus den großen städtischen Markt für Einheimische und Fremde aufnehmen.

◁
Ausschnitt aus dem Stadtplan von Matthäus Merian von 1615 mit den Zunfthäusern
1 zum Schlüssel
2 zu Brotbecken
3 zum Himmel
4 zu Hausgenossen
5 zu Rebleuten
6 zu Schuhmachern
7 zum Goldenen Stern - hier nicht mehr sichtbar -, alle an der Freien Straße;
8 sowie zu Safran
9 zu Kürschnern
10 zu Schmieden
11 zu Schneidern
12 zu Gartnern, alle an der Gerbergasse

In ihrer Gesamtheit bildeten die Zünfte das großartige Beispiel eines sich mehr und mehr zu vollkommener Autonomie entwickelnden städtischen Wirtschaftsorganismus, der immer tiefer ins Leben des Einzelnen, der Gesellschaft und des Gemeinwesens eingriff und die Ordnungsprinzipien der mittelalterlichen Stadtwirtschaft auf Jahrhunderte hinaus zu vollendeter Entfaltung brachte.

Die steigende Bedeutung der Zünfte stand im engsten Zusammenhang mit ihrer politischen Entwicklung, die sich auf Grund der wirtschaftlichen Erstarkung des Bürgertums seit dem Beginn des 14. Jahrhunderts Bahn brach. Zum Aufschwung der Zünfte trug die in ihnen vereinigte bürgerliche Wehrkraft wesentlich bei; denn darauf sah sich der Bischof schon in der Auseinandersetzung mit den Habsburgern angewiesen, die auf die Stadt Basel und deren Umgebung, den Sisgau, aspirierten und in der städtischen Ritterschaft treu ergebene Parteigänger besaßen. Die Interessen des Bischofs und der Bürgerschaft lagen somit nicht nur in wirtschaftlicher, sondern auch in ‹außenpolitischer› Hinsicht auf der gleichen Seite, und ein Erfolg war für sie nur bei einem geschlossenen Zusammengehen beider Teile zu erwarten. Dies hatte Bischof Heinrich von Neuenburg, dem, wie erwähnt, Gartner und Weber, vermutlich aber noch weitere Zünfte ihre Stiftungsbriefe verdankten, klar erkannt. Die Beziehungen zwischen ihm und den Zünften erhielten den Charakter eines eigentlichen Bündnisses; beide Partner versprachen sich in den Zunftbriefen gegenseitige Hilfe. Heinrich von Neuenburg war es auch, welcher der Stadt in der sogenannten ‹Handveste› ihre erste Verfassung gab. Er bestätigte die Zünfte in allen ihren Rechten und erweiterte dieselben noch, indem er neben der Wahl des Zunftmeisters diejenige der Mitglieder des Zunftvorstandes, der Sechser, in ihre Hand legte. An die Stelle des bischöflichen Conciliums, dem kaum schon eine Vertretung der Bürgerschaft angehört hatte, trat ein städtischer Rat mit einem Bürgermeister an der Spitze; er fertigte nunmehr zusammen mit dem Bischof und dem Domkapitel auch die Zunftbriefe aus.

Die politische Stoßkraft der Zünfte richtete sich in dieser ersten Phase ihrer Entwicklung gegen die Adels- und vornehmen Burgergeschlechter, deren Vorherrschaft es zu brechen galt. Langsam, aber unaufhaltbar bahnte sich eine durchgreifende Umgestaltung der Gesellschaftsordnung und der politischen Struktur des städtischen Gemeinwesens an. Mehr und mehr drängten die Zünfte die Ritter und Burger zurück. Eine wichtige Etappe auf diesem Weg markiert das Jahr 1357, in dem sich die Zünfte die Mehrheit im städtischen Rat erkämpften; sie waren darin fortan mit je einem Repräsentanten, den fünfzehn Zunft-Ratsherren, neben dem Bürgermeister, vier Rittern und acht Angehörigen der privilegierten Burgerfamilien - daher der Name Achtburger - vertreten. Einen weiteren Sieg errangen die Zünfte im Jahr 1382; seither entsandten sie neben den Zunft-Ratsherren auch die jeweiligen Zunftmeister in den Rat, in dem sie fortan das ausschlaggebende Element bildeten.

Nachdem die Herrschaft der ursprünglichen gesellschaftlichen Oberschicht der Adligen und Patrizier zugunsten der Kaufleute und Handwerker gebrochen war, trat als neues politisches Ziel der Zünfte ihre Loslösung vom bischöflichen Stadtherrn in den Vordergrund; denn mit ihrer zunehmenden wirtschaftlichen und politischen Kraft regte sich in ihnen das wachsende Bedürfnis, sich von seiner wirtschaftlichen Oberaufsicht zu befreien und das Markt- und Gewerberecht wie die Gewerbepolizei und das Gewerbegericht selbst auszuüben. Dieses Streben der wirtschaftlich, sozial und politisch arrivierten Bürgerschaft leitete den Prozeß der Emanzipation vom Bistum ein und führte so zu jenem Dualismus zwischen Bischof und Stadtgemeinde, welcher die ganze spätmittelalterliche Geschichte Basels entscheidend prägt. Zusehends vertieft wurde der Graben zwischen dem Stadtherrn und den Stadtbürgern durch den Umstand, daß im 14. Jahrhundert in der Regel welsche Adelige den Basler Bischofsstuhl innehatten, die von den damals in Avignon residierenden Päpsten eingesetzt wurden. So verstärkte die in den Zünften verkörperte Bürgerschaft Schritt für Schritt ihre Positionen; in immer neuen Ansätzen versuchte sie den Bischof als Stadtherrn aus dem Sattel zu heben. Dabei kam ihr ebenso wie ihre eigene wirtschaftliche Stärke die andauernde finanzielle Bedrängnis des Bischofs zustatten. So gelang es ihr, Markt-, Zoll- und Münzrecht und schließlich auch die Gerichtsbarkeit in ihre Hand zu bringen. Durch die Ablösung dieser Hoheitsrechte, welche die bisherige weltliche Stellung des Bischofs begründet hatten, wurde mehr und mehr die Bürgerschaft selbst zur Inhaberin und Trägerin der städtischen Macht.

Von größter Bedeutung war der Eingriff der Zünfte in die bestehende Rechtsorganisation. Das bisherige Schultheißengericht wurde in zunehmendem Maß zurückgedrängt durch die Erweiterung der Zunftgerichtsbarkeit, die 1388 in der Konstituierung des Oberstzunftmeistergerichts kulminierte. Der Zünfter, der eine Klage führte, trat jetzt vor Meister und Sechs seiner Zunft, die nicht nur über gewerbliche Dinge zu Gericht saßen, sondern über alles, was das Handwerk und dessen

Angehörige anbelangte. Streitigkeiten zwischen den Zünften wurden durch den mit den fünfzehn Zunftmeistern tagenden Oberstzunftmeister beurteilt und entschieden. Einzige Appellationsinstanz aber war der wiederum mehrheitlich und in der Folge ausschließlich aus Angehörigen der Zünfte zusammengesetzte Rat, der auch in allen Angelegenheiten gesamtstädtischen Charakters zuständig war. Gefördert wurde die Entwicklung zum zünftigen Stadtregiment durch verschiedene Ereignisse des 14. und beginnenden 15. Jahrhunderts, insbesondere durch die beiden Katastrophen des Schwarzen Todes und des großen Erdbebens vom Jahr 1356, die das städtische Gemeinwesen zutiefst erschütterten, durch die gewaltige Feuersbrunst des Jahres 1417, welche große Teile der Stadt in Schutt und Asche legte, und durch die unaufhörlichen kriegerischen Auseinandersetzungen mit den Adligen der Umgebung, welche zu einem immer engeren Zusammenschluß der Bürgerschaft nötigten und den Rat dazu zwangen, jede Regung der Rebellion im Keim zu ersticken.

Mit der Erweiterung ihrer politischen Rechte übernahmen die Zünfte indessen auch vermehrte bürgerliche und militärische Pflichten gegenüber der Stadt: die Aufrechterhaltung der Rechtsordnung im Innern, die Leistung des Wachdienstes auf den Ringmauern wie des Löschdienstes bei Feuer- und Wassernot, und vor allem den Wehrdienst. Es waren nicht mehr die Adligen und die patrizischen Burgergeschlechter, welche die Miliz der Stadt ausmachten; jetzt verkörperten die Zünfte die städtische Wehrkraft; auf ihnen beruhte die Gliederung der städtischen Wehrmacht. Jede Zunft bildete eine eigene militärische Einheit mit eigenem Fähnlein, die unter dem Kommando des Zunftmeisters ins Feld zog.

Seit der Mitte des 15. Jahrhunderts wurde Basel praktisch durch die Zünfte regiert. Sie spielten fortan die maßgebende Rolle im Gemeinwesen und bestimmten die Richtung der städtischen Politik. Ihre Vertreter wurden zu Gründern der Universität im Jahr 1460 und zu Initianten der Messe im Jahr 1471, den beiden Institutionen, durch welche die Stadt die der Konzilszeit folgende schwere wirtschaftliche Depression zu überwinden trachtete. In ihren Reihen standen auch die kraftvollsten Promotoren der Bewegung, die im Jahr 1501 den Beitritt Basels zur Eidgenossenschaft durchsetzte; denn in der Abwehr der habsburgisch-österreichischen Ansprüche, im Willen zur demokratischen Freiheit und in der Bereitschaft zur gegenseitigen Hilfeleistung fühlten sich die Angehörigen der Basler Zünfte schon längst mit den Eidgenossen verbunden. Das bedrängende Gefühl der Isolierung und Anfeindung, das

Sebastian Maurer
Jacob Kübsila 1640
Hans Jacob Ober Meister
Hans Ulrich Wagner 1717
17. LEONHARD À WENGEN. 31

Tafel 1
Ausschnitt aus der Wappentafel
der Zunft zu Kürschnern

Ausschnitt aus dem Stadtplan von Matthäus Merian von 1615 mit den Zunfthäusern
1 zu Schiffleuten
2 zu Spinnwettern
3 zu Metzgern
4 zu Weinleuten

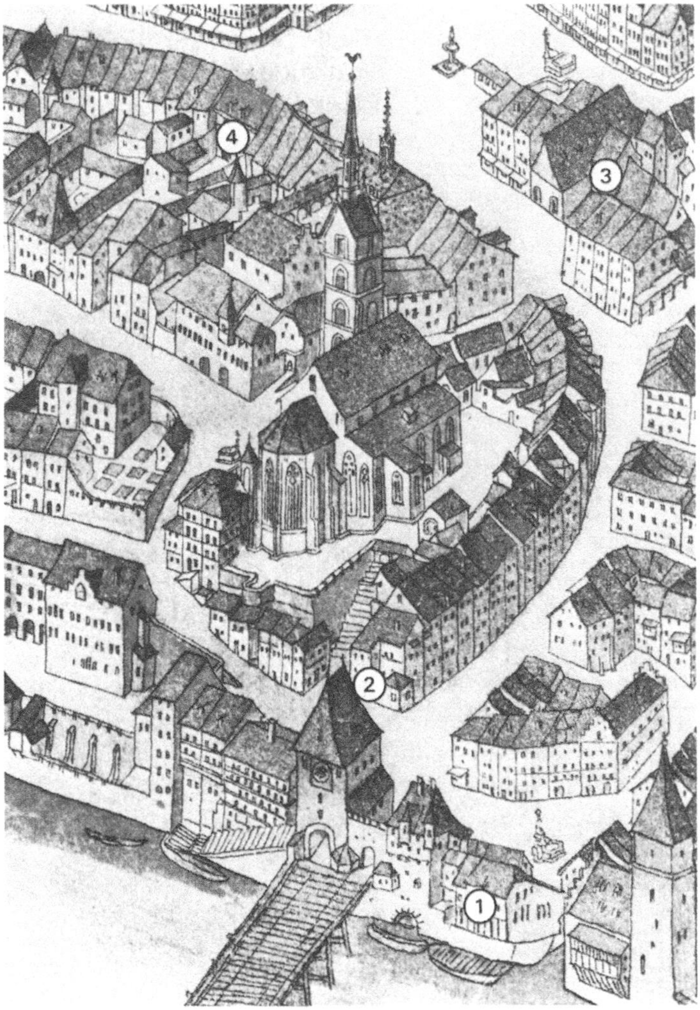

die Stadt so lange beherrscht hatte, wich jetzt dem Bewußtsein ruhiger Sicherheit, welches der Anschluß an die Eidgenossenschaft verlieh, und stolz nahmen die Basler Zünfter in der Folge an der Seite ihrer eidgenössischen Waffenbrüder teil an den Feldzügen nach Italien.
Bereits acht Jahre vor der Reformation, durch die Verfassungsänderung des Jahres 1521, löste sich Basel in aller Form von der Herrschaft des Bischofs. Die Bestellung des Rates bildete fortan eine rein städtische Angelegenheit. Seine Mitglieder setzten sich nunmehr ausschließlich aus den Vertretern der Zünfte zusammen: Der Kleine Rat, das heißt die Regierung, bestand aus den Zunft-Ratsherren und den Zunftmeistern, der Große Rat aus den Vorgesetzten oder Sechsern der fünfzehn Zünfte. Der amtierende und der stillstehende Rat lösten sich

von Jahr zu Jahr ab, indem der abtretende Rat den neuen Rat wählte; damit war die Kontinuität des Regiments gesichert. Beide Räte zusammen erkoren dann die ebenso aus den Zünften hervorgehenden Häupter des Gemeinwesens, den Bürgermeister und den Oberstzunftmeister.

Die Reformation, der die Zünfte im Jahr 1529 zum Durchbruch verhalfen, besiegelte den Abschluß der Entwicklung Basels zur Stadt der reinen Zunftherrschaft. Mit dem völlig entmachteten Bischof und dem Domkapitel wurde jetzt der Rest des städtischen Adels vertrieben; die Kirche wurde zur Staatskirche, die der städtischen Obrigkeit unterstand. Handel, Handwerk und Gewerbe, denen das Gemeinwesen seine Prosperität verdankte, erlangten damit die politische Stellung, die ihrer wirtschaftlichen Leistung entsprach. Zunft- und Bürgerrecht waren seither untrennbar miteinander verbunden. Bis zur Französischen Revolution stand Basel im Zeichen des Zunftregiments, auch wenn sich dessen Struktur im Lauf des 17. Jahrhunderts wesentlich wandelte. Zur Zeit der Reformation waren noch sämtliche fünfzehn Zünfte in gleicher Weise an der Leitung der Staatsgeschäfte beteiligt; in der Folge aber erlangten die ‹Herrenzünfte›, die den Handel und die aufkommende Industrie repräsentierten, ein Übergewicht über die Korporationen des Handwerks. Zudem vereinigten mehr und mehr wenige vornehme Geschlechter den größten Teil der Staatsgewalt in ihren Händen, indem sie fast ausschließlich die wichtigsten Ämter des Gemeinwesens mit ihren Angehörigen besetzten. Diese antidemokratischen Tendenzen, verbunden mit mannigfachen Korruptionserscheinungen, lösten in den Wirren des Jahres 1691 eine Revolution der Bürgerschaft aus, die zwar von den Machthabern niedergeschlagen wurde, aber doch eine Revision der Verfassung zur Folge hatte, welche das Gemeinwesen vor einem reinen Familienregiment bewahrte. Vor allem wurde der Große Rat, der als Versammlung der Sechser sämtlicher Zünfte ein starkes demokratisches Element des Gemeinwesens bildete, mit erweiterten Kompetenzen ausgestattet, die ihm eine wirksame Kontrolle der Staatsleitung ermöglichten. Damit wurde in Basel im Gegensatz zu andern Schweizer Städten die Bildung eines Patriziates verhindert.

Im übrigen traten seit dem Höhepunkt, den die Zunftbewegung mit der Reformation erreicht hatte, die politischen Ideen hinter den wirtschaftlichen Interessen zurück. In den Vordergrund rückten mit der fortschreitenden Spezialisierung von Handel und Handwerk die Probleme der Konkurrenz zwischen den einzelnen Zünften, die der Rat durch eine Politik ausgleichender Vermittlung zu lösen bemüht war. Ebenso richtete sich sein Bestreben darauf, auch die entstehenden Großbetriebe der gewerblichen Produktion in den gesamtstädtischen Zunftorganismus einzugliedern.

In seinen wirtschaftlichen Grundlagen ernsthaft erschüttert wurde das Zunftwesen erst, als sich mit dem Aufkommen der Technik neue Kräfte geltend machten, welche über die bisherige handwerkliche Zunftordnung hinaus der modernen Industrie entgegendrängten und den alten zünftischen Rahmen mehr und mehr sprengten. Damit setzte im Zeichen der technischen und kommerziellen Wandlungen und des zunehmenden materiellen Fortschritts ein langsamer, schmerzlicher Absterbeprozeß ein, den die Zünfte auf die Dauer nicht aufzuhalten vermochten, so sehr sie sich der Entwicklung entgegenstemmten und so starr sie an ihren wirtschaftlichen Vorrechten auch dann noch festhielten, als sie sich bereits längst überlebt hatten. Die Zeit schritt über sie hinweg. Die geschlossene Stadtwirtschaft, der das Zunftwesen in idealer Weise entsprochen hatte, ging zu Ende.

Holzplastik des heiligen Laurentius aus der Andreaskapelle der Safranzunft

Die ‹Regimentserneuerung›

Mit großer Feierlichkeit vollzog sich Jahr für Jahr die ‹Regimentserneuerung› der vorreformatorischen Zunftstadt, nach einem reichen und prächtigen Ritual, über das wir in allen Einzelheiten Bescheid wissen, insbesondere dank dem aus dem Jahr 1517 stammenden ‹Ceremoniale Basiliensis Episcopatus›, das den Basler Domkaplan Hieronymus Brillinger zum Verfasser hat.

Der Wahltag des Rates und der ‹Häupter› des Gemeinwesens, des Bürgermeisters und Oberstzunftmeisters, war der Sonntag, welcher dem kirchlichen Fest voranging, das am 24. Juni zu Ehren Johannes des Täufers gefeiert wurde; die Stätte der Wahl bildete das weite Geviert des Münsterplatzes, über dem die strahlende Sonne des Sommers leuchtete. Dreimal wurde die in den Zünften vereinigte Bürgerschaft durch Glockengeläute dazu eingeladen, erstmals in der Frühe während der ‹Laudes›, der ersten liturgischen Gebetsstunde, dann nach der Marienmesse und ein letztes Mal, während die Herren des Rates, die sich im Augustinerkloster versammelt hatten, über den Platz zur Kathedrale schritten. Den Glöcknern war aufgetragen, besondere Acht darauf zu haben, daß die Glocken genau in dem Augenblick einsetzten, in dem die Ratsherren aus dem Kloster, das sich an der Stelle des heutigen Museums an der Augustinergasse befand, heraustraten. In guter Ordnung, je zwei und zwei, wandte sich der Zug zum Bischofsstuhl, der auf der Nordseite des Münsters, an der Außenwand der vom Erzbischof von Mainz gestifteten Kapelle, aufgestellt worden war; drei Schritte davor befand sich eine steinerne Säule. Dort angekommen, begaben sich der Schultheiß, der Vorsitzende des städtischen Gerichts, und seine Beamten in den Bischofshof, um den Bischof abzuholen. Würdig schritten sie dem Stadtherrn in vollem Ornat auf dem Weg zu seinem Thron voran. Alsdann riefen zwei Ratsherren zwei vom Rat bestimmte Domherren herbei und führten sie, ebenfalls im Ornat, zum selben Platz. Die beiden Geistlichen zählten zum Kollegium der acht ‹Kieser› oder Wahlmänner, dem in der nun folgenden Wahlhandlung die wesentlichste Rolle zufiel.

Inzwischen hatte sich der Bischof, umgeben von seinem Gefolge, auf seinem Stuhl niedergelassen; der solenne Akt konnte beginnen. Jetzt trat der Stadtschreiber vor, um zwei wichtige Texte zu verlesen: die Bulle, welche Kaiser Friedrich III. der

Stadt 1452 in Rom ausgestellt hatte, um die ihr von Kaiser Sigismund 1433 verliehenen Privilegien zu bestätigen, sowie die ‹Handveste›, in der Heinrich von Neuenburg, welcher von 1262 bis 1274 auf dem Basler Bischofsstuhl saß, die Rechte der Stadt gegenüber dem Bistum erstmals anerkannt hatte. Dann nahte der Subcustos, dem der Dormentarius, der Leiter der kirchlichen Zeremonien, mit dem Amtsstab voranging; auf seidenem Kissen trug er das einst von Kaiser Heinrich II. gestiftete goldene Evangelienbuch herbei, um es vor dem Bischofssitz auf der erwähnten Steinsäule niederzulegen, welche zuvor mit einem goldenen Tuch bedeckt worden war. Nach der Verlesung von Bulle und Handveste nahm der Subcustos das Evangelienbuch wieder auf und trat damit an die Schranken, an denen der Stadtschreiber stand, und nun legten die beiden genannten Domherren wie die sechs weltlichen Kieser ihren Eid auf das Evangelienbuch ab.

Nach vollzogenem Schwur erhob sich der Bischof von seinem Thron; unter Vorantritt des Schultheißen und seiner Beamten schritt er mit den Kiesern hinüber zum Bauhaus des Münsters, dem heutigen Gebäude der Lesegesellschaft, in dessen oberer Stube der Wahlakt vorgenommen wurde. Der Schultheiß und seine Beamten wohnten dieser Handlung nicht bei; zusammen mit einigen Werkmeistern und Amtleuten der Stadt nahmen sie draußen vor der Stube den Imbiß ein, den ihnen der Meister des Bauhauses hatte auftischen lassen. Nach der Wahl des neuen Rates verließen Bischof und Kieser das Bauhaus; wiederum schritt ihnen der Schultheiß mit seiner Begleitung auf dem Weg zurück zum steinernen Thron voran. Hier spielte sich vor der Verkündigung der Gewählten eine neue feierliche Szene ab: Nochmals erschien jetzt der Dormentarius, gefolgt von einem Ministranten im Chormantel, der die brennende Kerze der Weinleute trug, und vom Subcustos, der ebenfalls mit seinem Chormantel angetan war; dieser hielt in den Händen ein seidenes Kissen, auf dem ein goldenes Kreuz lag. Kissen und Kreuz legte er nieder auf der steinernen Säule, wobei er den Fuß des Kreuzes auf die Ratsherren ausrichtete.

Damit war für die Menge der mit Spannung erwartete Augenblick gekommen, in dem der Stadtschreiber die Namen der für das kommende Jahr gewählten Ratsherren verlesen konnte. Hierauf trat der Bürgermeister des abgelaufenen Jahres vor und ersuchte den Bischof ehrerbietig, er möchte den neuen Bürgermeister und den neuen Oberstzunftmeister nennen. Solchermaßen befragt, verkündete der Bischof persönlich die Namen der neuen Häupter der Stadt. Diesen näherte sich hierauf der Ratsdiener in Ehrfurcht und setzte beiden einen

Kranz auf; dann wurden alle, die in den neuen Rat gewählt worden waren, aufgerufen, um gemeinsam dem Bischof den Eid abzulegen. Der Tag schloß mit einem großen Festmahl im Bischofshof, zu dem nicht nur die geistlichen und weltlichen Würdenträger geladen waren, sondern selbst die Glöckner mit ihren Dienern und der Kantor mit den Chorsängern «und alle Laien, die in der Stadt Basel irgendein Amt bekleiden, und sei es auch noch so niedrig».

Das war der glanz- und weihevolle Ablauf des großen städtischen Wahltages am Vorabend der Reformation, in dessen Zeremoniell sich uraltes Herkommen spiegelte. Freilich war das Wahlgeschäft seit langem zur Formsache geworden, und von einem entscheidenden Einfluß des Bischofs auf die Zusammensetzung der städtischen Behörden konnte zu der Zeit, aus der die Aufzeichnungen Hieronymus Brillingers stammen, nicht mehr die Rede sein. Wohl hieß es in der vor dem Wahlakt verlesenen Handveste noch immer: «Ich (der Bischof) gebe der Stadt jährlich einen Bürgermeister und einen Rat»; doch wurde die Wahl des Rates in Wirklichkeit durch die acht Kieser vollzogen. Von ihnen wurden sechs aus der Mitte des abtretenden Rates bestimmt, die ihrerseits zwei Domherren beizogen; dem anwesenden Bischof verblieb nur bei Stimmengleichheit der Stichentscheid. In des Bischofs Hand lag formell noch immer die Wahl des Bürgermeisters; indessen hatte er dabei dem Willen des Rates zu folgen, so daß die Wahl auf die Bestätigung seines Vorschlags hinauslief. Auch in der Bestimmung des Oberstzunftmeisters, der ursprünglich lediglich der Vorsitzende der Versammlung der Zunftmeister gewesen, war der Bischof nicht frei. Zwar wurde die Besetzung dieses Amtes in der Handveste nicht erwähnt, und der bischöfliche Stadtherr pochte darauf, den Oberstzunftmeister aus eigenem Ermessen und ohne Bindung an eine Nomination des Rates proklamieren zu können; doch hatte er sich daran zu halten, daß auch für die zweitoberste Würde im Staat nur ein Mitglied des Rates in Betracht fiel.

Einmal nur setzte sich der Bischof über dieses Gewohnheitsrecht hinweg: Anno 1483, als Caspar zu Rhein, der sich wegen seines Bestrebens, die verlorene Macht des Hochstifts zurückzuerobern, mit der Stadt zerstritten hatte und die Bürgerschaft jetzt seinen Herrscherwillen fühlen lassen wollte, das Amt des Oberstzunftmeisters einem Nichtbürger verlieh, dem aus dem Sundgau stammenden Adam Walch, der auf der Herberge ‹zur Krone› an der Schifflände wirtete und an manchen übeln Machenschaften seiner Zeit beteiligt war. Beim Wahlakt auf dem Münsterplatz zwangen sich die Ratsherren zwar noch

mühsam zur Ruhe; aber in der ersten Sitzung nach dem Wahltag einigte man sich rasch darüber, daß man sich diese dreiste Provokation des Bischofs nicht gefallen lassen und Walch keinesfalls als Oberstzunftmeister anerkennen wolle: Am Tag der Einführung des Rates werde man ihn ganz einfach wegweisen mit den Worten: «Adam, geh hin, woher du gekommen bist!» Der Kronenwirt war indessen klug genug, es nicht so weit kommen zu lassen; er trat sein Amt überhaupt nicht an - Zünfte und Bürgerschaft triumphierten.
Der gewaltige Umbruch im Staatsleben, der sich mit der Reformation vollzog, tritt auch in der Neugestaltung der Wahl der Häupter des Gemeinwesens zutage. Die Zunftherrschaft war jetzt zum vollen Sieg gelangt; aus der Bischofsstadt war die Zunftstadt geworden. Nur noch den alten Wahltag, den Sonntag vor dem Fest Johannes des Täufers, behielt man bei; die Zeremonie aber wurde vom Münsterplatz, dem Mittelpunkt der Basilea sacra, nach dem Petersplatz verlegt, dem die Umgebung mit dem alten Zeughaus (an der Stelle des heutigen Kollegiengebäudes der Universität) und dem Stachelschützenhaus (dem jetzigen Hygienischen Institut) das Gepräge weltlich-bürgerlichen Wesens verlieh. Die Wahlen selbst hatte der abtretende Rat bereits am Vortag nach vorausgegangenem Gottesdienst zu St. Peter auf dem Rathaus vorgenommen, und es blieb somit nur noch die Verkündung des neuen ‹Ehrenregiments› durch den Stadtschreiber. Ihr schloß sich eine würdige ‹Oration› des abtretenden Bürgermeisters an, worauf er seinem Nachfolger den eigenen Kranz aufs Haupt setzte; desgleichen tat der alte Oberstzunftmeister. Am Sonntag nach der Erneuerung des Rates folgte der Schwörtag im Großbasel und an einem der nächsten Sonntage der Schwörtag im Kleinbasel. In der «mehreren Stadt» versammelten sich die Zünfte auf ihren Stuben, wo sie dem im Namen des Rates von Zunfthaus zu Zunfthaus umgehenden Oberstzunftmeister den Eid des Gehorsams gegenüber Häuptern und Räten leisteten, während sich die Bürger der «minderen Stadt» vor der Niklauskapelle neben dem alten Richthaus am Brückenkopf (an der Stelle des jetzigen Café Spitz) vereinigten, um den Schwur abzulegen und anschließend mit einer Ratsdeputation zu tafeln und zu bechern ...

Der Gallertenschmaus am Neujahr

Nicht nur im gemeinsamen Tagewerk der Arbeit, sondern auch in den Stunden der Geselligkeit besaßen die Basler Zünfte während Jahrhunderten die verbindende Kraft echter Lebensgemeinschaften. Vereint trat man auf der Zunftstube den Weg in das «nüw ingend Jor» an, sei es am Neujahrstag selbst, am «achtesten Tag», das heißt dem achten Tag nach Weihnacht, die im kirchlichen Kalender ursprünglich den Jahresanfang bezeichnete, sei es am 2. Januar, dem ‹St. Bechtentag›, das heißt dem Tag des heiligen Berchtold. Beide Tage wurden mit ihren Gelagen zugleich zu Höhepunkten des Zunftjahrs, das dann nochmals in den Mahlzeiten am Aschermittwoch sowie bei der Erneuerung des städtischen Regiments und der Neuwahl der Zunfthäupter kulminierte. Aber nur einmal im Jahr erschien auf den Zunfttafeln die große Basler Spezialität der Gallerte, der ‹Galrey› oder ‹Gallereigen›; dieses Gericht war dem fröhlichen Zusammensein der Zunftgenossen zu Beginn des neuen Jahres vorbehalten.

Die erste Erwähnung der Neujahrsgallerte, der köstlichen Sülze aus Fischen oder Fleisch, findet sich in den Papieren der Zunft zu Brotbecken im Jahr 1439. Offenbar fiel damals das Neujahr oder der St. Bechtentag auf einen Freitag, weshalb die Zunft zu einem ‹Fischgalreig› einlud, zu dem man 220 Stück Fische, 6 Lot Safran, 37 Lot Spitzwurz, 4 Pfund Mandeln und 56 Maß Wein verwendete. Von einem ‹Fleischgalreig› der Brotbecken erfahren wir im Jahr 1448; dazu benötigte man 5 ‹Fehrlin› (junge Schweine), 25 Hühner, 30 Kalbsfüße, 5 Lot Pfeffer, 28 Lot ‹Kindbettenpulver›(!), 2 Lot ‹Paris Körnly› samt Muskat und Nelken, 6 Lot Zimt, 5 Lot Safran, 5 Pfund Mandeln und 47 Maß Wein. «Und war zumal ein loblicher guter Galreig», vermerkt der Brotbecken-Zunftschreiber mit großer Befriedigung in Erinnerung an den herrlichen Genuß.

Seit den 1460er Jahren erscheint dann der ‹Gallereigen› auch in den Rechnungen der Zunft zu Safran. In ihrem Archiv haben sich überdies vier ‹Kuchibücher› erhalten, in denen für die Zeit von 1491 bis 1621 mit bewundernswerter Genauigkeit alle Ausgaben der Zunft für Speis und Trank verzeichnet sind; sie bilden eine ergötzliche Quelle zur baslerischen Kulturgeschichte.

Auf dem ältesten der auf uns gekommenen ‹Kuchibücher› der Safranzunft, einem in feines rotes Leder gefaßten Papierband,

den die Zunft von einem ihrer Angehörigen, dem Buchdrucker Hans Wurster von Kempten, 1491 auf den Tag «der helgen tryg Kungen» (der Heiligen Drei Könige) kaufte, findet sich die Aufschrift ‹Galrey-Buochlin›; darin hat der Schreiber, offenbar wenige Tage nach dem Schmaus des Fleisch-Galrey vom Neujahrsanfang, die damit verbundenen Auslagen eingetragen. Die Zahl der Zunftbrüder zu Safran war wesentlich höher als diejenige der Brotbecken, und so wurden entsprechend größere Quantitäten von Zutaten benötigt, nämlich 10 ‹Fehrly›, 80 alte Hühner, 32 Kalbs- und 12 Rindsfüße sowie nicht weniger als 131 Maß Wein. Dazu kamen 12 Pfund Mandeln, 3½ Pfund ‹ungefärbte Würtz› (eine zu Küchenzwekken hergestellte Gewürzmischung aus Ingwer, Zimt, Muskatnuß, Nelken, Pfeffer und ‹Paris Körnlin›) und überdies extra noch je ein halbes Pfund Pfeffer und Ingwer, je ein Vierling Zimt, Nelken und Muskatblüte sowie 27 Lot (mehr als dreiviertel Pfund!) Safran. 1492 wurde zu Safran anstelle der Fleischgallerte eine Fischgallerte aufgetischt, für deren Zubereitung 65 Karpfen und 18 große Hechte samt den entsprechenden Mengen von Wein und Gewürzen erforderlich waren.
Auch das Rechnungsbuch der Zunft zum Schlüssel für die Jahre 1485–1558 vermittelt manche Aufschlüsse über den Galrey und dessen Herstellung. Jede Zunft hatte dafür offenbar ihr eigenes Rezept. So wurde im Schlüssel, der Zunft der reichen Kaufherren, der Gallertbrühe gelegentlich noch eine Maß edeln Malvasiers beigefügt, was sich andere Zünfte nicht erlaubten. Streng wachte man darüber, daß das vorgeschriebene Quantum Wein zur Verwendung kam, besonders nachdem 1494 auf der Schlüsselzunft wohl ein Teil desselben während der Zubereitung der Gallerte in die Kehlen des Kochs und seiner Helfer geflossen war, so daß man den Eindruck nicht los wurde, der Galrey ‹wässere›! Im allgemeinen aber fand die Gallerte nicht nur regen Zuspruch, sondern auch viel Lob: «Und ist in mengklichem und des Merteyls Lüten Mund vast (= sehr) guot gesin», stellte man etwa zu Safran fest.

Die Zubereitung des Galrey erfolgte nach fast rituell festgelegter Ordnung. Hatten die Metzger die meist von den Bäckern erworbenen Ferkel gestochen, zerlegt und zugerichtet und die Frau des Zunftknechts mit ihren Mägden die Hühner gerupft, die zuvor während Wochen auf der Allmend am Birsig mit Krüsch und Gerste herausgefüttert worden waren, so wurde das Fleisch unter Beigabe von Gewürzen in Wein gekocht, desgleichen gesondert die Kalbs- und Rindsfüße, die eine gute Brühe ergaben, aber selbst der Gallerte nicht zugefügt wurden. Große Wichtigkeit maß man der Klarheit des Suds bei, der in

Farbe und Würze untadelig sein sollte und deshalb einem zweimaligen Seihen unterzogen wurde, bevor man ihn in großen Häfen zum Erkalten anrichtete. Dem ganzen Vorgang wohnten die Vorgesetzten der Zunft bei, welche mit scharfem Auge jede einzelne Prozedur überprüften. In der Schlüsselzunft waren es allerdings nur deren zwei, da man dort zur Erkenntnis gelangt war: «Wenn vill sind, will einer anders dann der ander» - viele ‹Köche› konnten also nicht nur den Brei, sondern auch den Galrey verderben! Einzelne Gallertplatten, welche die Herren zu Safran denjenigen zum Schlüssel und umgekehrt als Geschenk verehrten, erhielten einen besondern Schmuck durch einen mit Blattgold prächtig verzierten Schweins- oder Hechtkopf. Solche Platten wurden dann in festlichem Aufzug von einem Zunfthaus zum andern getragen und dort kritisch goutiert. Eine Galrey-Spende verabfolgten die Zunftbrüder zu Safran ‹um Gotzwillen› jedes Jahr auch den Mönchen des Barfüßerklosters.
Dem eigentlichen Gallertenschmaus ging eine Kostprobe durch Meister und Vorgesetzte voraus, welcher auch der Koch und die Fischer beiwohnten; dann folgten am Neujahrs- und am St. Bechtentag die eigentlichen Zunftmahlzeiten. Ein ‹Brotmus› und eine Portion Blut- und Leberwürste bildeten das ‹Entrée› vor der Pièce de résistance; es war reichlich bemessen, auf daß die Gallerte auch wirklich für alle ausreichte. So kam niemand zu kurz, obschon etwa am Neujahrstag 1493 zu Safran 131 Zunftbrüder und am Tag darauf deren 66 zum ‹Imbis›, das heißt zu Mittag, und zu Nacht «von Gotz Gnoden» tafelten; «und hand Gallreyen genuog gehan», registrierte der Schreiber mit Befriedigung. Wer nicht zum Essen auf der Zunftstube erschien, durfte, sofern er einen entsprechenden Betrag in den hölzernen ‹Gutjahrbecher› legte, erwarten, eine Portion der Gallerte nach Hause geschickt zu erhalten; «fünf Schilling und mehr» berechtigten bei der Schlüsselzunft zu «drei Stuck Fleisch und ein Viertel eines Huons und vill Mandel deruff».
Zum Schluß hatten die Vorgesetzten die Abrechnung zu erstellen, bei der nichts vergessen blieb: Selbst das Hühnerfutter fehlte nicht und natürlich ebensowenig die Löhne für den Metzger und den Koch mit seinem Personal sowie die Auslagen für deren Verpflegung während der Zubereitung der Gallerte. Auch die Trinkgelder für den Stubenmeister, für den Zunftknecht und seine Frau sowie für ihre ‹Meytlin› wurden gebührend verbucht, desgleichen die Ausgaben für Lichtstökke, Teller, Schüsseln, Zuber, Salzfässer «und aller leig, das man gebrucht hat». Für die Zunftgenossen zu Safran war der

Schmaus nicht kostenlos; für jede Mahlzeit, an der sie sich beteiligten, hatten sie (einschließlich Wein und Brot) einen Schilling zu berappen. 1491 zählte man am Neujahr 126 Teilnehmer zu Mittag und 102 zu Nacht und am St. Bechtentag 43 zu Mittag. Von ihnen gingen insgesamt rund 14 Pfund ein; dazu kamen 18 Pfund und 2 Schilling, welche die Angehörigen der Zunft als ‹Gutjahrgeld› einbezahlt hatten. Allein diese Einnahmen reichten bei weitem nicht zur Deckung der gesamten Kosten. «Das dorüber ist gangen, so haben min Herren lutter nachgezogen», heißt es im Galrey-Büchlein. Anders gesagt: der Fehlbetrag - 13 Pfund, 9 Schilling und 10 Pfennig - mußte durch Meister und Vorgesetzte aus der Zunftkasse bewilligt werden.
1501 nahm die Gallerten-Herrlichkeit auf den Basler Zunftstuben ein Ende; denn im Jahr des Eintritts in den Bund erließ die Obrigkeit «aus mercklichen Ursachen», die wir indessen nicht näher kennen, ein Mandat, durch das der Galrey auf sämtlichen Zünften «gütlich abgestellet» und dessen Zubereitung für alle Zukunft verboten wurde. Die Zunftmahlzeiten am Neujahr aber waren damit nicht aufgehoben. Zu Safran beschlossen Meister und Sechs, die Zunftbrüder sollten trotzdem «früntlich by einander sin» und statt des Galreys «ein guot Gesottens und Gebrottens» verzehren. Und auch am gegenseitigen Geschenk der befreundeten Zünfte zum Schlüssel und zu Safran hielt man fest; doch trat jetzt an die Stelle der Galrey-Paradeplatten mit dem vergoldeten Schweins- und Hechtkopf ein Laib währschaften Saaner Käses ...

Das Ende des Zunftregiments

Mit dem Jahr 1798, in dem der erstarrte eidgenössische Staatenbund zusammenbrach und die politische Existenz der Schweiz im Schatten des revolutionären Frankreichs die ihrem geschichtlichen Werden und inneren Wesen fremde, doktrinäre Gestalt des helvetischen Einheitsstaates annahm, der keine Sonderinteressen mehr anerkannte, nahte die Schicksalsstunde der Basler Zünfte: Sie bedeutete in Wirklichkeit ihr Ende als politische und gewerbliche Körperschaften. Am 5. Februar 1798 übertrugen Bürgermeister und Rat der alten Zunftstadt ihre Gewalt der Nationalversammlung, und erstmals seit Jahrhunderten blieben am Johannistag die feierlichen Neuwahlen in den Zünften und Räten aus. Die Zünfte und Gesellschaften hatten die neue Freiheit weder gewünscht noch gefordert; sie war ihnen aufgedrängt worden und erwies sich zunächst als bloße Negation des Bestehenden und Hergebrachten. Sowohl im politischen wie im wirtschaftlichen Bereich galt es, neue Lebensformen zu suchen und zu finden.
Am 25. Juli 1798 vereinigten sich die Vorsteher sämtlicher Zünfte unter dem Vorsitz des ‹Bürgeradministrators› Faesch auf der Stube zum Schlüssel, um die neue Situation zu erörtern. Entscheidend dafür war die Aufhebung der Zunftgerichtsbarkeit, des Instituts, das die Zünfte am Beginn ihrer Geschichte errungen hatten und das seither das Rückgrat ihrer Existenz gewesen war; damit war auch der gewerblichen Verfassung der Zünfte, insbesondere der rechtlichen Stellung der Meister gegenüber Gesellen und Lehrlingen, ein Ende gesetzt. Der Zunftmeister wurde ersetzt durch den ‹Bürger Präsidenten›, dem das Recht eingeräumt wurde, Angehörige der Zunft, die ihr ‹viele reelle Dienste› geleistet hatten, zu Vorgesetzten zu ernennen. Das Zunftgut wurde nicht kassiert; wie bisher sollten die Zunftrechnungen jährlich von den Vorgesetzten geprüft und genehmigt werden. Ebenso verblieb den Zünften das Vogtei- oder Vormundschaftswesen. Im übrigen sollte es ihren Vorstehern als besten Kennern der Erfordernisse der einzelnen Berufszweige überlassen sein, die Neuerungen durchzuführen, die sich im Rahmen der neuen Verfassung aufdrängten; dazu gehörte etwa bei der Gerberzunft die Aufhebung des bisherigen Arbeitsmaximums. Damit blieben die überkommenen Formen weithin bestehen. Das Eigentumsrecht an ihren gemeinsamen Einrichtungen, insbesondere an

Losapparat der Hausgenossenzunft aus dem 18. Jahrhundert

den Zunfthäusern, wurde nicht preisgegeben. Indessen war der Glanz der Zunftherrlichkeit erblaßt und der alte Zunftstolz gedämpft. Da die Mahlzeiten auf den Zunftstuben mit ihrem solennen Rituell jetzt dahinfielen, erachtete man die kostbaren Zunftinsignien, die Meisterkronen und Pokale jetzt als unnütz, und so wanderte ein großer Teil dieses Besitzes zum Verkauf.
Völlig erloschen war das Lebenslicht der Zünfte auch in der Periode der Helvetik nicht, und als sie nach fünf Jahren durch die Mediation abgelöst wurde, glimmte es von neuem auf. Durch die Verfassung von 1803 wurden die Zünfte zunächst als administrative Körperschaften wieder eingesetzt, freilich nur als ‹Wahlzünfte› zur Bestellung des Großen Rates; die politischen und richterlichen Privilegien, die sie im Ancien régime besessen hatten, erlangten sie nicht mehr zurück. Den fünfzehn städtischen Zünften, zu denen sich jetzt auch in den beiden Distrikten der Landschaft Liestal und Waldenburg ebenso viele Wahlzünfte gesellten, wurde eine ihre numerische Verschiedenheit ausgleichende Zahl von Unzünftigen zugeteilt. Jeder Verheiratete oder mehr als 24 Jahre alte Bürger hatte eine Zunft anzunehmen, Handwerker und Gewerbetreibende natürlich bei derjenigen Zunft, die ihrer beruflichen Tätigkeit entsprach. Die meisten Zünfte öffneten sich jetzt auch für Bürger, die kein Handwerk oder Gewerbe ausübten; lediglich fünf Zünfte wahrten ihren rein gewerblichen Charakter. Ein Kandidat für das Amt des Zunftmeisters mußte sich über ein Vermögen von 5000 Franken ausweisen können.
Im gleichen Jahr 1803 wurde der Zunftzwang von neuem eingeführt. Wer in Basel ein Handwerk betreiben wollte, mußte ein Meister sein und der entsprechenden Zunft angehören; sonst wurde er weggewiesen. Wohl blieb die Zunftge-

richtsbarkeit abgeschafft; aber von neuem hatten die Vorgesetzten die Zunftangehörigen nicht nur moralisch und ökonomisch zu überwachen, sondern auch die Zunftsatzungen und Handwerksartikel zu handhaben und Fehlende ernstlich zu ermahnen und zu warnen.

Zäh hielten vorab die Handwerker am Zunftzwang fest; die Gewerbefreiheit, hieß es von ihnen, fürchteten sie mehr als die Cholera. Sie waren davon überzeugt, daß die Beseitigung der zünftischen Ordnung den Untergang des ganzen Handwerkerstandes herbeiführen müßte, und setzten sich daher gegen die freie Niederlassung von Konkurrenten und die Einfuhr auswärtiger Produkte energisch zur Wehr. Als der Nationalökonom Professor Christoph Bernoulli 1822 seine Schrift ‹Über den nachtheiligen Einfluß der Zunftverfassung auf die Industrie› veröffentlichte und darin unter Hinweis auf Holland, Frankreich und Preußen die Vorteile der Gewerbefreiheit pries, wurden im Großen Rat gegen den Staatsschreiber Braun, der die Zensur auszuüben hatte, schwere Vorwürfe erhoben, weil er diese Publikation nicht verboten hätte; ja die Metzgerburschen ließen sich sogar dazu hinreißen, Bernoullis Landhaus vor dem Spalentor mit Ochsenblut zu bestreichen.

Die hartnäckige Verteidigung der handwerklichen Privilegien mag insofern verständlich erscheinen, als sich das baslerische Handwerk im 19. Jahrhundert zufolge verschiedener Faktoren, die ausserhalb seines Einflußbereichs lagen, insbesondere der Schwierigkeiten in der Einfuhr von Rohstoffen und der prohibitiven Schutzzölle für die Ausfuhr von Fertigprodukten, im Niedergang befand und seine Situation durch die Grenzlage der Stadt besonders erschwert wurde. Die Befürchtung lag nahe, daß beim Fall sämtlicher gewerblicher Schranken Basel aus dem Elsaß und Baden mit fremden Handwerksartikeln überflutet werde. Das Rad der Zeit ließ sich indessen nicht zurückdrehen. Die liberalen Ideen eines Adam Smith, die von England aus den Kontinent erobert hatten, faßten auch in Basel Fuß, und damit verbreitete sich mehr und mehr die Überzeugung, daß sich wirtschaftliche Monopole nur nachteilig auf das allgemeine Wohl auswirken könnten und einzig in der Freiheit von Gewerbe, Handel und Verkehr das Heil liege. So löste sich denn im Laufe der Jahrzehnte eine Fessel der Zunftordnung nach der andern, und mehr und mehr brach sich auch in Basel die wirtschaftliche Freizügigkeit Bahn.

In den 1840er Jahren begegnet man im Gärtner-, Bäcker- und Sattlergewerbe den ersten nichtbürgerlichen Meistern, die ihr Handwerk als ‹berechtigte Einsassen› ausübten, während in die Berufe der Metzger, Schmiede und Maler solche Elemente

Gesellenbrief der Brotbeckenzunft aus dem Jahr 1789

noch nicht hatten eindringen können; zehn Jahre später wurden die Beschränkungen in bezug auf Annahme von Gesellen und Lehrlingen aufgehoben und die alten zünftischen Formen ihres Verhältnisses zum Meister ersetzt durch den freien Vertrag Gleichberechtigter. Beibehalten wurde das Meistertum; nach wie vor hatte der Meister durch Ablegung einer Prüfung seine Befähigung zur Führung eines Betriebes abzulegen. Das zünftige Privileg der Arbeit in einem Gewerbe wurde in dem Sinne gemildert, daß es einem jeden Meister gestattet sein sollte, alle Gegenstände samt den dafür notwendigen Instrumenten anzufertigen, die mit seinem Handwerk zusammenhingen. So wurde die Zunftordnung nach den verschiedensten Richtungen hin durchlöchert, und obwohl Bürgermeister und Rat vorläufig noch daran festhielten, daß die Verfassung die Einführung der Handels- und Gewerbefreiheit verbiete, wurde es doch von Jahr zu Jahr klarer, daß die Zukunft der vollkommenen wirtschaftlichen Freizügigkeit gehöre.

Ihren unmittelbaren Einfluß auf die Gestaltung des politischen Lebens hatten die Zünfte bereits verloren. Der Handwerkerstand war in deutlichem Rückgang begriffen. 1817 war Martin Wenk, der Letzte aus seinen Reihen, der zur Würde des Bürgermeisters aufgestiegen war, gestorben, und 1840–1850 saßen nur noch zwei Handwerker im Kleinen Rat von 15 Mitgliedern und deren 25 im Großen Rat von 154 Mitgliedern. Sie waren der wachsenden radikalen Opposition, vor allem aus den Kreisen der Zugewanderten, ausgesetzt, die, von dem Advokaten Dr. Carl Brenner angeführt, sich 1851 selbst zu dem Antrag verstieg, das gesamte Vermögen der Zünfte sei einzuziehen und als Kapital für Erziehungszwecke zu verwenden. Nachdem 1871 in Deutschland die allgemeine wirtschaftliche Freizügigkeit proklamiert worden war, richtete die Gewerbekommission die Anfrage an den Kleinen Rat, ob es nicht an der Zeit wäre, den Zunftzwang in Basel völlig aufzuheben; doch drang sie mit ihrem Vorstoß nicht durch. Erst auf Grund der Revision der Bundesverfassung im Jahre 1874 gelangte auch in Basel-Stadt die unbeschränkte Handels- und Gewerbefreiheit zum Durchbruch.

Die neue Kantonsverfassung von 1875 führte eine tiefgreifende Veränderung der Struktur des baslerischen Gemeinwesens herbei; sie bedeutete den endgültigen Bruch mit der jahrhundertealten Tradition der Stadtrepublik. Jetzt wurde das hergebrachte Regiment von Bürgermeister und Rat mit seiner Vielzahl von Kollegien, welche als Kommissionen unbesoldeter Sachverständiger unter dem Vorsitz eines Ratsherrn die Geschäfte des Staates beraten und die Entscheidungen der obersten Behörden vorbereitet hatten, abgelöst durch das System einer modernen, besoldeten Departementalregierung, in der das radikale Element den Ausschlag gab. Den Zünften, die in bezug auf ihr Vermögen der Aufsicht der neugeschaffenen Bürgergemeinde unterstellt wurden, verblieb unter dem neuen Regiment lediglich noch das von ihnen seit Jahrhunderten betreute Vogtei- oder Vormundschaftswesen; doch wurde ihnen 1880 auch diese letzte öffentliche Funktion entzogen und dem staatlichen Waisenamt, der heutigen Vormundschaftsbehörde, übertragen. Durch das vom Weitern Bürgerrat erlassene Organisationsgesetz vom 17. Februar 1881 wurden die Zünfte zu öffentlich-rechtlichen Korporationen. Der Unterschied zwischen ganzen und gespaltenen Zünften fiel dahin, indem die ehemaligen Teilzünfte als selbständige Korporationen konstituiert wurden. Seither bestehen in Basel zwanzig einander gleichgeordnete und gleichberechtigte Zünfte, denen sich die Drei Ehrengesellschaften Kleinbasels, die fünf Vorstadtgesellschaften

Tafel 2
Vorgesetzten-Essen der Zunft
zu Schneidern im Jahr 1554

Großbasels und (seit 1908) die Bürgerkorporation Kleinhüningen anschließen. Analoge Beschlüsse wie für die Zünfte faßte der Weitere Bürgerrat am 3. Juli 1883 für die Organisation der Vorstadtgesellschaften, am 2. Dezember 1897 für die Organisation der Drei Ehrengesellschaften und am 18. Juni 1908 für die Organisation der Bürgerkorporation Kleinhüningen.

Auf Grund dieser Neuordnung blieb den Zünften und Gesellschaften als letzter Rest der Rechte früherer Jahrhunderte die Befugnis zur Verwaltung ihres Vermögens. Bei den meisten Zünften traten diejenigen Mitglieder, die nicht das Gewerbe der Zunft ausübten, in die Rechte der bisherigen Zunftgenossen auch an das Zunftvermögen ein. Schwieriger gestaltete sich die Regelung, wenn eine Zunft, wie die der Gerber, als integrierende Bestandteile ihres Vermögens gemeinsame, ihren gewerblichen Zwecken dienende Einrichtungen wie Lohstampfe und Walke besessen hatte; doch konnte auch dieser ‹Scheidungsstreit› gütlich beigelegt werden.

Die Organisation der Zünfte und Gesellschaften

Die jetzige Organisation der Zünfte und Gesellschaften beruht noch immer auf den im vorhergehenden Abschnitt erwähnten, bis heute in Kraft gebliebenen Beschlüssen des Weitern Bürgerrates von 1881, 1883, 1897 und 1908. Sie befassen sich vor allem mit zwei Punkten: der Verwaltung des Vermögens und der Aufnahme neuer Mitglieder.

In bezug auf die Verwaltung des Vermögens hielten die Behörden der Bürgergemeinde eine gewisse Einschränkung der alleinigen Entscheidungsbefugnis der Vorstände der Korporationen für erwünscht und erforderlich. Abgesehen davon, daß die Verwendung von Kapitalvermögen zum Zweck von Bauten oder andern Unternehmungen der Zustimmung der Zunftgenossen bedarf, ist hiefür nach den Organisationsgesetzen auch die Genehmigung des Bürgerrates notwendig. An- und Verkäufe sowie Verpfändungen von Liegenschaften erfordern außerdem die Zustimmung des Weitern Bürgerrates und die Ratifikation durch den Regierungsrat. Durch Beschluß des Weitern Bürgerrates vom 2. März 1905 wurde ebenso die Veräußerung und Verpfändung von Altertümern, Dokumenten, Kunst- und Wertgegenständen der Genehmigung des Bürgerrates unterstellt. In Ergänzung des Organisationsgesetzes erließ der Bürgerrat am 7. Januar 1938 ferner ein neues Reglement für die Verwaltung der Korporationsvermögen, das verbindliche Richtlinien für die sichere Anlage des Vermögensbestandes und Vorschriften über die Ablegung der Zunft- und Gesellschaftsrechnungen aufstellte.

Hinsichtlich der Aufnahme neuer Mitglieder der Zünfte wurde festgelegt, daß die Angehörigen jedes Gewerbes oder Berufs die Zunft anzunehmen haben, auf die sie ihre Tätigkeit hinweist; andernfalls können sie der Zunft des Vaters beitreten, sofern sie es nicht vorziehen, sich um die Aufnahme in eine andere Zunft zu bewerben. Neubürger und Söhne von Bürgern, die keiner Zunft angehören, werden, wenn sie ihr Beruf oder Gewerbe nicht für eine bestimmte Zunft prädestiniert oder sie von sich aus Aufnahme in einer Zunft gefunden haben, auf ihr Begehren vom Bürgerrat einer Zunft zugewiesen, wobei «auf verhältnismäßige Zuteilung an jede Zunft» Bedacht zu nehmen ist. Den Zunftvorständen wurde es zur ausdrücklichen Pflicht gemacht, jeden mehrjährigen, in bürgerlichen Rechten und Ehren stehenden Bürger nach Maßgabe der erwähnten Grundsätze in eine Zunft aufzunehmen. Die Mitgliedschaft bei den Drei Kleinbasler Ehrengesellschaften ist beschränkt auf Stadtbürger, die seit wenigstens zwei Jahren im Kleinbasel wohnhaft sind oder ebensolange daselbst Grundeigentum besitzen und ihr Domizil im Kanton Basel-Stadt haben. Über die Aufnahme und Zuteilung in die einzelnen Gesellschaften entscheidet die Vorgesetzten-Versammlung, die aus den vereinigten Vorständen der drei Gesellschaften gebildet wird; doch sollen Söhne von Mitgliedern auf ihren Wunsch in diejenige Gesellschaft aufgenommen werden, welcher der Vater angehört hat oder noch angehört. Die fünf Großbasler Vorstadtgesellschaften bestehen heute nur noch aus ihren sieben Mitglieder umfassenden Vorständen, die vom Bürgerrat aus dem Kreis der in dem betreffenden Vorstadtbezirk wohnhaften Gemeindebürger gewählt werden.

Im Rahmen der Bestimmungen der angeführten Organisationsbeschlüsse des Weitern Bürgerrates sind die Korporationen autonom. Aus dem Ertrag ihrer zum Teil beträchtlichen Vermögen haben die Zünfte und Gesellschaften in erster Linie die Kosten des Unterhalts ihrer Liegenschaften zu decken, sofern ihnen dieselben bis heute verblieben sind. Ein Teil der Einnahmen der Zünfte wird nach altem Brauch für gesellige Zwecke verwendet, insbesondere für das jährlich wiederkehrende Zunftessen, das bei einzelnen Zünften mit einem Zunftausflug alterniert - Veranstaltungen, an denen sich die Zunftbrüder in bürgerlicher Gemeinschaft ohne Ansehen von Stand und Alter zu froher Geselligkeit zusammenfinden und von denen sie manch ernstes Wort der Besinnung auf die Pflichten gegenüber dem Gemeinwesen in den Alltag mitnehmen. In der Regel ebenso groß ist der Betrag, den Zünfte und Gesellschaften gemeinnützigen Werken und Institutionen der Vaterstadt zuwenden; er fließt gemäß den Beschlüssen der Zunftvorstände meist in zahlreiche Kanäle und trägt zur Erfüllung mannigfacher Aufgaben der Fürsorge und Menschenliebe bei.

Im Februar 1942 wurde zum ersten Mal ein gemeinsames ‹Bott› der Meister der Zünfte und Gesellschaften unserer Stadt abgehalten. Auf Grund verschiedener Anfragen aus Zunft- und Gesellschaftskreisen hatte der damalige Meister zu Safran Rudolf Bruckner die Initiative zur Einberufung einer Versammlung ergriffen, um den Meistern der Zünfte, der Kleinbasler Ehrengesellschaften und der Großbasler Vorstadtgesellschaften Gelegenheit zu bieten, sich zum Thema eines engeren Zusammenschlusses zwecks Aussprache über die sämtliche Korporationen gemeinsam interessierenden Fragen zu äußern. Die Wünschbarkeit eines solchen Zusammenschlusses wurde mehrheitlich bejaht und beschlossen, daß die Meister der Zünfte und Gesellschaften jeden Frühling und im übrigen im Bedarfsfall zu einem Meisterbott zusammentreten sollten. Dem ordentlichen Frühjahrsbott wurde die Aufgabe zugewiesen, einen Fünfer-Ausschuß zu wählen, der sich aus drei Zunftmeistern sowie je einem Meister einer Kleinbasler Ehrengesellschaft und einer Großbasler Vorstadtgesellschaft zusammensetzen sollte; aus der Mitte dieses Fünfer-Ausschusses sollte dann vom Meisterbott ein jährlich wechselnder ‹Vorsitzender Meister› erkoren werden, der das Bott einberuft und darin wie im Fünfer-Ausschuß den Vorsitz führt. Ihm wurde ein auch mit den Aufgaben des Seckelmeisters betrauter Schreiber beigegeben, der den ruhenden Pol des Fünfer-Ausschusses bildet. Die Amtsdauer der Mitglieder des Ausschusses wurde auf zwei Jahre beschränkt und festgelegt, daß abwechselnd im einen Jahr drei, im andern Jahr zwei Mitglieder ersetzt werden sollen.

Bei diesen Bestimmungen blieb es; die neugeschaffene Organisation bewährte sich. Meisterbott und Fünfer-Ausschuß haben unter dem Vorsitz des ‹Oberstzunftmeisters› in den vergangenen dreieinhalb Jahrzehnten gute und nützliche Arbeit geleistet, wenn immer es um gemeinsame Angelegenheiten ging, insbesondere um die Durchführung vaterländischer Feste und Feiern, die ja ihre Weihe recht eigentlich den Zünften verdanken. Als gemeinsame Aktion haben sie die von sämtlichen Korporationen geäufnete St. Jakobs-Spende ins Leben gerufen. Ihr Ertrag ermöglichte erstmals 1975 die gemeinsame Unterstützung einer baselstädtischen Institution, des Jugend-Circus Basilisk, dem bei seiner letztjährigen Premiere die schöne Gabe von 45 000 Franken überreicht werden konnte.

Die Basler Zünfte

Schlägt man das heutige Basler Adreßbuch auf, so wird man darin zwanzig Zünfte verzeichnet finden. Im Ancien régime zählte Basel indessen nur fünfzehn Zünfte; denn Schuhmacher und Gerber, Schneider und Kürschner, Goldener Stern und Himmel sowie Fischer und Schiffleute bildeten eine Doppelzunft, eine sogenannte ‹gespaltene› Zunft, die nur durch einen Ratsherrn und einen Meister im Rat vertreten war. Wiederholt strebten die genannten Teilzünfte eine gegenseitige Trennung an; doch widersetzte sich die Obrigkeit immer wieder solchen Begehren, um die Zahl der Ratssitze nicht vergrößern zu müssen. Einzig dem Verlangen der Rebleute nach der Trennung von den ursprünglich mit ihnen verbundenen Grautüchern gab der Rat statt, indem er die Grautücher 1450 der Schlüsselzunft und 1506 der Webernzunft zuwies. Dieser Zustand dauerte bis zum Ende des durch die Kantonsverfassung des Jahres 1875 beseitigten Ratsherrenregiments an; erst damals wurden die bisherigen Teilzünfte zu selbständigen Zünften erhoben. Zu den mittelalterlichen Handwerker- und Handelszünften war 1836 als gleichberechtigte Korporation noch die Akademische Zunft getreten. Seit 1875 hat sich die Zahl der Basler Zünfte nicht mehr verändert; denn im Gegensatz zu Zürich sind in Basel keine Neugründungen von Zünften erfolgt, und nach wie vor blieb hier die Aufnahme in eine Zunft auf Stadtbürger beschränkt. Sämtliche Basler Zünfte dürfen somit das Prädikat historischer Zünfte für sich beanspruchen.

Die Zunft zum Schlüssel

Alter Tradition getreu, halten Jahr für Jahr am Aschermittwoch drei Basler Zünfte gleichzeitig ihr Mähli ab, wobei sie sich im Laufe des Abends gegenseitige Freundschaftsbesuche auf ihren Zunftstuben abstatten: Die Zunft zum Schlüssel, die Zunft zu Hausgenossen und die Zunft zu Safran. In diesem ehrwürdigen Brauch spiegelt sich die besonders enge Verbundenheit, die seit alters zwischen den genannten Korporationen besteht: Sie bilden, zusammen mit der Zunft zu Weinleuten, die sogenannten Herrenzünfte, deren Angehörige die Mittelklasse zwischen den Achtburgern und Handwerkern darstellten; darum figurierten sie von jeher an der Spitze der offiziellen Rangliste der Zünfte und Gesellschaften unserer Stadt.
Die erste unter den Herrenzünften ist die Zunft der Kaufleute, die Zunft zum Schlüssel. Ihren Namen trägt sie nach dem Haus, das noch heute in ihrem Besitz steht und als einziges der einst zahlreichen Zunfthäuser an der Freien Straße seinen historischen Charakter bewahrt hat. Bereits im Jahr 1306 ist die Liegenschaft urkundlich bezeugt, allerdings noch nicht als Stätte der Zunft; erst zu Beginn des 15. Jahrhunderts wurde der ‹Schlüssel› zum Zunfthaus der Kaufleute, und 1445 ging das Gebäude ins Eigentum ihrer Korporation über. Die Anfänge der Zunft selbst reichen ins 14. Jahrhundert zurück. Das Datum ihrer Gründung kennen wir freilich nicht; denn von keiner der vier Herrenzünfte hat sich ein Stiftungsbrief erhalten, wie ihn mehrere Handwerkerzünfte vorweisen können. Erstmals erwähnt ist die Gilde der Kaufleute in der Ratsbesatzung von 1357; doch dürfte sie bereits 1336 einen Vertreter in den Rat entsandt haben. In dieser Innung zusammengeschlossen waren die Angehörigen des Berufs, der in den Urkunden des 14. Jahrhunderts als ‹Watmann› (Tuchmann) bezeichnet wird. Der ‹Watmann› beschäftigte sich nicht mit der Tuchproduktion, sondern ausschließlich mit dem Tuchhandel. Die bevorzugte Lage an der natürlichen Kreuzung der wichtigsten Verkehrswege des europäischen Kontinents prädestinierte Basel ja von jeher zu einem Zentrum des Handels, zu einem bedeutenden Drehpunkt im Verkehr zwischen Italien und dem Rheingebiet bis hinunter nach Holland, Flandern und Brabant sowie zwischen Süddeutschland, Frankreich und Spanien. Am Güteraustausch zwischen diesen Ländern waren vor allem die Tuchleute beteiligt, welche ausschließlich Stoffe des Auslandes

Das Zunfthaus zum Schlüssel an der Freien Straße mit seiner kunstvollen Fassade im Barockstil

handelten; den Einkauf und Verkauf der einheimischen Wolltuche tätigten die Grautücher, welche nur vorübergehend der Schlüsselzunft angehörten, nachdem sie ursprünglich mit den Rebleuten vereinigt gewesen waren; zu Beginn des 16. Jahrhunderts wurden sie der Zunft zu Webern zugewiesen.
Bereits im letzten Viertel des 14. Jahrhunderts lag das Monopol des Tuchhandels bei den Mitgliedern der Innung der Kaufleute, die dann namentlich durch die Wellen des glanzvollen Basler Konzils von 1431 bis 1448 zu größter Bedeutung emporgetragen wurden. Von Anbeginn an genossen sie unbeschränkte Handelsfreiheit sowohl im Engros- wie auch im Detailgeschäft, das in einer Person vereinigt sein konnte: der gleiche Kaufmann, der ganze Ballen ausländischer Tuche auf den Basler Markt brachte, war auch berechtigt, sie hier im Detailausschnitt zu verkaufen. Indessen blieb dieses Monopol nicht unangefochten: Die Schneider trachteten mehr und mehr darnach, das für die Kleider ihrer Kunden notwendige Tuch selbst auszuschneiden, und ebenso versuchten die in der Safranzunft vereinigten Krämer seit dem Beginn des 15. Jahrhunderts, sich einen Anteil am lohnenden Detailverkauf ausländischer Stoffe zu sichern. 1432 schlichtete der Rat den zwischen Schlüssel und Safran bestehenden Zwist, indem er den Alleinverkauf der schweren und kostbaren Tuche den Kaufleuten zuerkannte, den Krämern aber den Detailhandel in allen importierten billigen weißen und grauen Stoffen überließ. Die Schneider sollten nur dann zum Tuchhandel berechtigt sein, wenn sie Schere und Nadel niederlegten und sich der Zunft der Kaufleute anschlossen. Neu geregelt wurden die gewerblichen Befugnisse der textilen Handelszünfte im Jahr 1526: Die Angehörigen der Zunft zu Safran hatten sich fortan auf den Handel in fremdem Leinen- und Baumwollzeug sowie in billigeren Seidenstoffen zu beschränken, während die Herren zum Schlüssel im Alleinverkauf wertvoller Woll-, Brokat- und Seidenstoffe nicht angetastet werden durften. Um die Freiheit ungehemmten Handelns zu erlangen, machten in der Folge viele Kaufleute und Krämer von der Möglichkeit der Doppelzünftigkeit Gebrauch, indem sie das Zunftrecht zum Schlüssel und zu Safran erwarben. Mehr und mehr stiegen die Angehörigen dieser beiden Zünfte zur tonangebenden Klasse des Bürgertums empor. Einen großen kommerziellen Auftrieb brachte ihnen der modebedingte, zunehmende Verbrauch von Seide und Samt im 16. Jahrhundert sowie die wachsende Verwendung der im 17. Jahrhundert aufkommenden eleganteren französischen und belgischen Mischstoffe, welche die in Basel niedergelassenen Refugianten zum dernier cri erhoben.

Neben den Tuchleuten fanden im Lauf der Zeit im Schlüssel auch Geistliche, Gelehrte und Beamte Aufnahme, die sich in der Zunft der Kaufleute einkauften, um politische Funktionen ausüben zu können; denn die Zugehörigkeit zu einer Zunft bildete bis zum Untergang der Alten Eidgenossenschaft im Jahr 1798 die Voraussetzung für die aktive Teilnahme am städtischen Regiment. Die überragende politische Bedeutung der Schlüsselzunft ist ersichtlich aus der von keiner andern Zunft erreichten hohen Zahl der Standeshäupter, die aus ihr hervorgingen; sie stellte im Laufe der Jahrhunderte nicht weniger denn 37 Oberstzunftmeister und 16 Bürgermeister.
Mit den politischen Rechten waren für die Zunftgenossen die öffentlichen Pflichten des Lösch-, Wach- und Kriegsdienstes verbunden. Als numerisch kleine Gruppe stellte die Schlüsselzunft in den verschiedenen Kriegszügen nur bescheidene Kontingente; indessen war einer der ihren Hans Bär, der junge Bannerherr der Basler, der 1515 in der Schlacht bei Marignano fiel. Zu dem Dienst am Gemeinwesen traten in der vorreformatorischen Zeit die Aufgaben gegenüber der Kirche: Alle Mitglieder der Zunft hatten den sogenannten Wachsgroschen zu entrichten, der jeweils am Aschermittwoch durch einen Vorgesetzten in Begleitung des Stubenknechts eingezogen wurde; dessen Ertrag diente zur Bezündung des grossen Kronleuchters im Münster. Ebenso sorgte die Zunft für die Totenmessen und Jahrzeitfeiern ihrer verstorbenen Angehörigen; für das Leichengeleite besaß sie eine eigene Totenbahre, die durch ein mit dem Zunftwappen geschmücktes, kostbares, goldgeblümtes Bahrtuch bedeckt wurde. Seit dem Beginn des 16. Jahrhunderts betreute die Zunft im weitern das Vogteiwesen, das heißt die Vormundschaften über die Witwen und Waisen der verstorbenen Zunftbrüder; auch dadurch wurde das Bewußtsein der Zusammengehörigkeit der Zunftgemeinde wertvoll gestärkt. Größere Stiftungen wohlhabender Zunftgenossen ermöglichten der Zunft die Bildung eines ‹Armensäkkels›, dessen Mittel im 18. Jahrhundert vorübergehend im Sennhof ‹Hinterer Neubrunn› oberhalb der Hauensteinstraße zwischen Waldenburg und Langenbruck angelegt waren; aus den Zinsen dieses Fonds wurden seit dem Dreißigjährigen Krieg durch die Vorstadtgesellschaften und Pfarrherren Beiträge an bedürftige Stadtbürger ausgerichtet.
Das innere Leben der Zunft gestaltete sich im Schlüssel wesentlich zwangloser als in den Handwerkerzünften. Dem Einzelnen blieb bei den Kaufleuten die gewerbliche Freiheit weitgehend gewahrt; denn bei der Aufnahme in die Zunft hatte er lediglich durch Eid zu bekräftigen, daß er jedermann

das rechte Maß geben, niemanden bestechen noch sich bestechen lassen und jegliches Tuch nach seinem wirklichen Ursprung deklarieren wolle. Die Aufsicht über die Einhaltung dieser Verpflichtung übte der Zunftvorstand aus, dem die Gerichtsbarkeit über berufliche Vergehen aller Art, insbesondere über zu kurzes Ausmessen beim Ausschnitt des Tuches, zustand und ebenso die gewerbliche Jurisdiktion über das der Schlüsselzunft angegliederte Tuchschererhandwerk. Die Arbeit des Tuchscherers bestand darin, das vom Webstuhl kommende, gewalkte Tuch durch Rauhen und Scheren besser auszurüsten. Die Angehörigen dieses Handwerks waren meist bescheidene Existenzen, die dauernd um ihre Anerkennung durch die vornehmeren Zunftbrüder zu kämpfen hatten; nie gelangte ein Tuchscherer zu einer Ehrenstelle innerhalb der Zunft.
Das Zunfthaus zum Schlüssel darf unter baugeschichtlichem wie allgemein stadthistorischem Aspekt besonderes Interesse beanspruchen. Im Mai 1308 war es der Schauplatz einer dramatischen Szene: Als in Basel die Kunde eintraf, daß König Albrecht I. von Österreich, der Sohn Rudolfs von Habsburg, bei Königsfelden ermordet worden sei, kam es zu einer handgreiflichen Auseinandersetzung zwischen dem Bischof und der Bürgerschaft auf der einen und den adeligen Parteigängern Österreichs auf der andern Seite. An der Spitze der Königstreuen standen die Edeln von Münch auf dem Petersberg, deren Sitz (an der Einmündung der heutigen Herbergsgasse in die Petersgasse) vom streitbaren Bischof und seinem Gefolge erstürmt wurde; ihre Anhänger aber, die sich auf dem Münsterplatz besammelt hatten, wurden gegen die Freie Straße hinuntergetrieben und gezwungen, in den Häusern am Fuß des Schlüsselbergs Zuflucht zu suchen. Um sich ihren Verfolgern zu entziehen, sprangen sie vom Dach des Hauses ‹zum Stäblin› (heute Gübelin AG) auf dasjenige des ‹Schlüssels› hinüber. Wohl in Erinnerung daran wurde an der Seitenfront der ‹Schlüsselzunft› die Kette angebracht, mit der bei Volksaufläufen im Mittelalter der Schlüsselberg gegen die Talstadt abgesperrt werden konnte; ihre Überreste begegnen noch heute der Aufmerksamkeit einheimischer und fremder Passanten.
Die Erwerbung des ‹Schlüssels› im Jahr 1445 empfahl sich der Zunft der Kaufleute besonders durch die günstige Lage der Liegenschaft gegenüber dem städtischen Kaufhaus, an dessen Stelle sich jetzt das Gebäude der Hauptpost erhebt. Die Herren zum Schlüssel ließen sich denn auch, vorab zur Zeit des Konzils, die Gelegenheit nicht entgehen, das Erdgeschoß gegen guten Zins Tuchhändlern, Goldschmieden und Wechslern

Trinkgefäß der Zunft
zum Schlüssel

für ihre geschäftlichen Zwecke zur Verfügung zu stellen. 1482 entschloß sich die Zunft, auf der Liegenschaft, die bis dahin wohl mit einem gewöhnlichen Bürgerhaus überbaut gewesen war, einen stattlichen, auf ihre speziellen Bedürfnisse zugeschnittenen Neubau zu erstellen. Der kunstsinnige und prachtliebende Zunftmeister Matthias Eberler, genannt Grünenzweig, an den auch die nach ihm benannte Eberlerkapelle der Peterskirche erinnert, verpflichtete als Baumeister den Steinmetzen Ruman Faesch, der ihm selbst nach dem Kauf des ‹Engelhofs› am Nadelberg als Werkmeister gedient hatte. Charakteristisch für den Neubau war die dreiseitige, offene Halle des Erdgeschosses im Vorderhaus, in welcher sich bei einem militärischen Aufgebot die Zunftgenossen um das Zunftbanner sammelten; sie diente zwanzig Jahre später als Vorbild beim Neubau des Rathauses. Der über der Halle gelegene große Saal war für Beratungen und Gelage der Zunft bestimmt, und im Hinterhaus wurde die Küche untergebracht. Im zweiten Obergeschoß befand sich die Wohnung des Stubenknechts oder Zunftwirts. Manche Träger dieses Amtes genossen einen großen Ruf als ‹Garköche›; noch zum berühmten Dîner der drei alliierten Monarchen, das am 13. Januar 1814 im ‹Blauen Haus› am Rheinsprung stattfand, zog der Gastgeber, der Ratsherr Peter Vischer, den stadtbekannten Traiteur Geymüller von der ‹Schlüsselzunft› bei. Die Halle des Erdgeschosses freilich wurde ihrem ursprünglichen Zweck bald entfremdet und als Läden an bekannte Buchdrucker und Buchhändler, aber auch an Tuchscherer und Apotheker gewinnbringend vermietet. Den Zugang zum großen Zunftsaal nahm man während nahezu zwei Jahrhunderten vom Schlüsselberg her, von wo man noch bis zum Umbau im 20. Jahrhundert das erste Stockwerk betreten konnte; 1650 aber wurde der Haupteingang an die Freie Straße verlegt und eine prächtige Treppe gebaut; der links davon gewonnene Raum diente hinfort als Tanzsaal. In die 1730er Jahre fiel ein weiterer Umbau; er brachte eine vollkommene Neugestaltung der Fassadenfront im Stil des fortgeschrittenen Dixhuitième mit einer Vergrößerung und feingliedrigen Umrahmung der Fenster, welche durch die prächtig geschmiedeten Brüstungsgitter ihren besonderen Schmuck erhielten.

In seinem heutigen Bestand präsentiert sich somit das Zunfthaus zum Schlüssel als ein aus den verschiedensten Bauepochen zusammengesetztes Gebilde: Der reizvolle Bogenfries wie die auf der Seite des Schlüsselbergs freigelegten Fenster samt dem Eingang mit Rundbogen verweisen in die Zeit der Gotik; im Grundriß bleibt die Einteilung der spätmittelalterlichen

Zunftliegenschaft erkennbar; die Fassade aber trägt in ihrer kunstvollen Ausgestaltung das Gepräge des Barocks. Mit viel Einfühlungsvermögen und Geschick haben beim Umbau des Jahres 1955 Bauherrschaft und Architekten diese verschiedenen Stilelemente zu bewahren vermocht und dennoch eine Lösung gefunden, welche den Anforderungen eines modernen Gastwirtschaftsbetriebes entspricht. So ist der Sitz der ersten Basler Herrenzunft das wertvolle historische Baudenkmal geblieben, auf das nicht nur die Zunft selbst, sondern ganz Basel stolz sein darf.

Die Zunft zu Hausgenossen

Von den beiden Namen der zweiten Herrenzunft ist der eine leicht zu erklären: ‹Bärenzunft› nennt sie sich nach ihrem Zunfthaus, dem ‹Grauen Bären› an der Freien Straße; darum ist auch der Bär seit alters ihr Wappentier und Ehrenzeichen. Schwieriger zu erläutern ist die Bezeichnung ‹Zunft zu Hausgenossen›; sie führt uns zurück in die Zeit der Entstehung dieser Korporation. Eine bischöfliche Urkunde, die von ihrer Gründung Kenntnis geben könnte, besitzt die Zunft nicht, und es ist fraglich, ob eine solche überhaupt je ausgefertigt wurde; denn die ‹Hausgenossen› nahmen von jeher eine andere Rechtsstellung ein als die Angehörigen von Handwerk und Gewerbe und bedurften daher wohl keines Zunftbriefs mit der Festlegung ihrer Pflichten und der Anerkennung ihrer Rechte. Als Wechsler und Bankiers standen die Hausgenossen, wie ihr Name besagt, in einem ganz besondern Verhältnis zum Stadtherrn, dem Bischof. Ihm war bereits im 11. Jahrhundert das Münzregal übertragen worden; zu dessen Ausübung aber benötigte er die Wechsler; auf sie mußte er sich auch stützen können für die finanziellen Belange seines Regiments. Deshalb räumte er ihnen früh eine Sonderstellung ein. Ihr Beruf war wohl ursprünglich ein Amt, das sie im Dienst des Bischofs versahen; sie gehörten gewissermaßen zu dessen Haushalt und liebten es daher, sich als Hausgenossen des Bischofs zu bezeichnen. Die Tätigkeit des bischöflichen Wechselamts war geregelt durch bestimmte Satzungen, die in der zweiten Hälfte des 13. Jahrhunderts fixiert wurden und später die Grundlage der Zunftordnung bildeten. Das Wechselrecht durfte nur ausüben, wer der Gesellschaft der Wechsler angehörte; zu ihr zugelassen aber wurden lediglich die ehelichen Söhne der Wechsler, welche das Amt bereits bekleideten. Diese Gesellschaft der Wechsler, welche die Keimzelle der Hausgenossenzunft bildete, unterstand der Aufsicht des unmittelbar vom Bischof abhängigen Münzmeisters. In dessen Auftrag hatten die Hausgenossen falsche oder als ungültig erklärte Münzen aus dem Verkehr zu ziehen und nach den Personen zu fahnden, die solches Geld auf sich trugen; ferner war ihnen die Aufgabe überbunden, alles ungemünzte Edelmetall, welches auf ihre Wechselbretter gelangte, auf seinen Feingehalt zu prüfen.

Wie die Wechsler waren die Goldschmiede dem bischöflichen

Fassade des Zunfthauses zu Hausgenossen an der Freien Straße mit den Sgraffitos von Hans Sandreuter

Münzmeister unterstellt; daraus ergab sich auch ihre enge Beziehung zu den Wechslern. Freilich trat schon früh der Gegensatz zwischen dem Wechslergewerbe und dem Goldschmiedehandwerk hervor. Mit dem wirtschaftlichen Aufstieg der Bürgerschaft erhielten die Goldschmiede immer zahlreichere Aufträge, besonders zur Herstellung von silbernem Trinkgeschirr; doch war ihnen der Ankauf von Edelmetallen nur in beschränktem Maße erlaubt; denn die Wechsler betrachteten den Silberhandel als ihr Monopol, das sie sich nicht schmälern lassen wollten.

Als zu Beginn des 14. Jahrhunderts die Machtstellung des Bischofs fühlbar zurückging, während der städtische Handwerker- und Gewerbestand mehr und mehr an Einfluß gewann, schlossen sich auch die Hausgenossen gemeinsam mit den Goldschmieden in zünftischen Formen zusammen. Gleich den anderen Zünften waren sie wohl seit 1336 im städtischen Rat repräsentiert, in dem seit 1382 auch der jeweilige Zunftmeister Einsitz nahm. Bereits im Jahr 1373 war das Münzrecht vom Bischof an die Stadt übergegangen; seither übte der Münzmeister sein Amt im Dienst des Rates aus. Mit ihrer fortschreitenden Erstarkung war die Zunft 1380 in der Lage, das Haus ‹zum grauen Bären› zu erwerben, dessen Vorderfront gegen die Freie Straße gerichtet war, während die Hinterfront auf den heute durch die Falknerstraße überdeckten Birsig stieß.

Im 14. Jahrhundert wurden der Zunft der Wechsler und Goldschmiede auch die Gießer zugeteilt. Die Kannengießer stellten die Zinnkannen her, welche sich als Gegenstände des täglichen Gebrauchs des Bürgers wie als Ehrengaben des Rates wachsender Beliebtheit erfreuten; die Hafengießer verfertigten außer Häfen und Kochgeschirr gelegentlich auch Geschütze für die städtische Obrigkeit. Trotz dem Zuwachs, den die Hausgenossen durch die Zuweisung dieser Berufsarten erfuhren, blieben sie auch noch im 15. Jahrhundert die numerisch schwächste Zunft.

Eine große Zeit brach für die Zunftbrüder zu Hausgenossen mit der Eröffnung des Konzils im Jahre 1431 an, durch das Basel während mehr als anderthalb Dezennien zum Mittelpunkt der abendländischen Christenheit und zur mittelalterlichen Weltstadt wurde. Besonders ertragreich gestaltete sich diese Periode für die Wechsler, auch wenn es diesen nicht an fremdländischer, besonders italienischer, Konkurrenz fehlte. Angesichts der vielen unbekannten Geldsorten, die damals in der Stadt im Umlauf waren, wurden die Wechsler vom Rat auf eine besondere ‹Ordnung für die Münze› eidlich verpflichtet. Das Handwerk der Goldschmiede war stark beschäftigt mit Reparaturen an den Altarzierden der Kirchen und mit der Anfertigung von Silbergeschirr und Schmuck für den Bischof und die Domherren wie für die zu Wohlstand gelangten Bürger, aber auch für den Rat und die Zünfte, bei denen bereits damals die Sitte der ‹Sechserbecher› ihren Anfang nahm. Ein großer Auftrag wurde dem Glockengießer Hans Peiger zuteil: Bei ihm bestellte Herzog Amadeus von Savoyen, der in Basel zum Papst gekrönt wurde und den Namen Felix V. annahm, die berühmte Papstglocke für den Martinsturm des Münsters. Peigers Sohn Ludwig, der in der zweiten Hälfte des 15. Jahrhunderts als Zunftmeister der Hausgenossen amtete, wurde der Gießer der ‹Schillerglocke› von Schaffhausen.

Im 16. Jahrhundert vollzog sich eine wesentliche Wandlung in der Struktur der Hausgenossenzunft; denn 1533 verfügte der Rat die Schließung aller privaten Wechslerläden; an deren Stelle trat der sogenannte Stadtwechsel, eine Art obrigkeitlicher Bank, die dem Handel treibenden Bürger größere Sicherheit bieten und dem städtischen Fiskus den Geldverkehr erleichtern sollte. Damit starb das Wechslergewerbe, das der Zunft besonderen Glanz verliehen hatte, bis zum Aufkommen

Tafel 3
Das Zunfthaus der Weinleute
am Marktplatz,
eine der schönsten Renaissance-
bauten nördlich der Alpen

Meisterkrone der Zunft zu Hausgenossen

des neuzeitlichen Bankwesens aus. Dagegen fanden nunmehr die Vertreter anderer Berufe Aufnahme in der Hausgenossenzunft, insbesondere Buchdrucker, denen an sich die Wahl der Zunft freigestellt war, und in ihrem Gefolge die Buchstabengießer und Stempelschneider. Zu Hausgenossen zünftig wurde beispielsweise Thomas Platter, der vom Walliser Ziegenhirten zum Basler Druckerherrn und Rektor der Lateinschule auf Burg aufstieg, und ebenso Dr. Henric Petri, der die Druckerdynastie der Petri auf ihren Höhepunkt führte. Von den Vorgängern Henric Petris als Zunftmeister zu Hausgenossen sollen zwei Persönlichkeiten nicht unerwähnt bleiben: der Goldschmied Balthasar Angelrot, der aus dem elsässischen Thann nach Basel gekommen war und sein Haus ‹zum Tanz› an der Eisengasse durch Hans Holbein mit prachtvollen Fresken schmücken ließ, und der Wechsler Jakob Meyer zum Hasen, mit dem erstmals ein Zünftiger zum Bürgermeister erhoben wurde. Unter ihm erwarb auch der Goldschmied Urs Graf das Zunftrecht zu Hausgenossen; 1514 wurde er Stubenmeister, und 1520 kaufte er das Haus ‹zur goldenen Rose› an der heutigen Stadthausgasse; dort erinnert noch heute die Gedenktafel mit Grafs bekanntem Monogramm, in das der Schweizer Dolch als linker Stamm des Buchstabens V (= U) einbezogen ist, an den vielseitigen Künstler und rauhen Haudegen.

Die rückläufige Bewegung des Zunftwesens, die nach dem Höhepunkt seiner Entwicklung im Verlauf des 16. Jahrhunderts begann und sich im 17. Jahrhundert weiter fortsetzte, zeichnet sich auch in der Geschichte der Zunft zu Hausgenossen deutlich ab. Der zünftische Gesichtskreis, der bisher das ganze öffentliche Leben umspannt hatte, verengerte sich zusehends auf den Bereich der ihr angehörenden Handwerke. Mehr und mehr erschöpfte sich die Tätigkeit der Zunft in der Regelung des Lehrlings- und Gesellenwesens wie in der Ausübung gewerbepolizeilicher und richterlicher Funktionen. Zu den Aufgaben der Hausgenossenzunft gehörte im besondern der sogenannte ‹Meßumgang›, auf dem die Vorgesetzten an den Messeständen wie in den Messehäuslein auf dem Kornmarkt, dem heutigen Marktplatz, und im Hof des Rathauses, beim Rheintor und auf der Rheinbrücke die feilgebotenen Waren auf ihren Gehalt an Edelmetall zu prüfen hatten. Ebenso unterstanden alle Krämer und Handwerker, die sich des Silbergewichts bedienten, der Kontrolle der Waagen und Gewichtsteine durch die Sechser der Zunft zu Hausgenossen. In zunehmendem Maß trat in dieser Tätigkeit das Bestreben zur Sicherung des eigenen Einkommens in den Vordergrund des Interesses; vor allem war die Zunft darauf bedacht, die Handwerksordnungen als Waffen gegen die unerwünschte Konkurrenz zu gebrauchen, neue Zuzüger aus ihren Gewerben von der Stadt fernzuhalten und die Aufnahme in die Bürgerschaft zu erschweren. In der Leitung der städtischen Angelegenheiten wurde jetzt die Hausgenossenzunft ebenso wie die übrigen Handwerkerzünfte überflügelt durch die beiden Handelszünfte zum Schlüssel und zu Safran.

Das innere Leben der Zunft stand im Zeichen eines strengen und stolzen Zeremoniells, das sich namentlich bei der Wahl und Amtseinsetzung von Meister und Sechsern entfaltete. Aber nach wie vor bildete die Zunft einen starken, vom Bewußtsein enger Zusammengehörigkeit erfüllten Verband, für den die Vorgesetzten und hin und wieder auch einzelne Zunftbrüder gerne ein Opfer brachten. So übernahmen die Sechser zu Hausgenossen 1767 den größten Teil der Kosten der damals dringend notwendigen Renovation des Zunfthauses; noch heute spricht von dieser Generosität die Ehrentafel, die jetzt in der Vorgesetztenstube angebracht ist. Vier Jahre vorher hatte der Generalmajor Hieronymus Linder, der sich 1747 aus seiner militärischen Tätigkeit im Armeestab der Generalstaaten der Niederlande zurückgezogen hatte und nach seiner Rückkehr in die Vaterstadt zu Hausgenossen zünftig geworden war, der Zunft ein Legat von 2000 Pfund gestiftet, dessen Zinsen dazu verwendet werden sollten, jedes Jahr den Geburtstag des Prinzen Wilhelm V. von Oranien mit einer feierlichen Mahlzeit zu begehen. Seit 1929 wird dieses ‹Oranienmähli› wieder regelmäßig abgehalten; dazu wird im Sinne des Stifters als Vertreter des holländischen Herrscherhauses stets der Konsul der Niederlande in Basel eingeladen. Einmal wurde dem

Deckelpokal der Hausgenossenzunft mit Bär aus dem Jahr 1687

Zunftvorstand sogar die Ehre der Anwesenheit des holländischen Prinzgemahls, des Gatten von Königin Wilhelmine, zuteil.
Beim Ausbruch der Französischen Revolution stand an der Spitze der Hausgenossenzunft der damalige Riehemer Landvogt Johann Lucas Legrand, ein überzeugter Anhänger der neuen politischen Ideale von Freiheit, Gleichheit und Brüderlichkeit. Wohl lehnte der Rat noch im Dezember 1797 das Verlangen nach politischer Gleichberechtigung der regierenden Bürger und ihrer bisherigen Untertanen ab; allein Legrand und die ‹Patrioten›, die ihm Gefolgschaft leisteten, ruhten nicht: Auf den Neujahrsabend 1798 luden sie Stadtbürger und Landleute zu einem großen ‹brüderlichen Friedensschmaus› auf die Zunftstube ein, und bald nach diesem ‹Bärenessen› riefen sie den ‹Club zum Bären› ins Leben, der sich zum Ziel setzte, die bürgerliche Eintracht zu erhalten. In seiner besonnenen Art trug Meister Legrand maßgebend dazu bei, daß die Staatsumwälzung in Basel einen durchaus friedlichen Verlauf nahm. Am 18. Januar 1798 stimmten auf der Hausgenossenzunft sämtliche anwesenden Zunftbrüder den von der Landschaft erhobenen Forderungen zu, und schon zwei Tage später wurde auf dem Münsterplatz der Freiheitsbaum aufgepflanzt. Die Helvetik brachte auch für die Hausgenossen die Abschaffung des Jahrhunderte alten Zunftzwangs, und ebenso blieben in der Mediation, die den Zünften wiederum eine politische Rolle als Wahlkörper zuerkannte, die Zunftrechte eingeschränkt: Wohl konnten sich die Goldschmiede wieder als Meisterschaft der Gold- und Silberarbeiter konstituieren und ihre Handwerksartikel aufstellen; doch fiel die Beurteilung von Verstößen gegen diese Ordnung jetzt den städtischen Behörden zu. 1837 wurde dann bei der Einführung des französischen Maß- und Gewichtssystems den Goldschmieden der ihnen noch verbliebene Rest ihrer gewerbepolizeilichen Funktionen entzogen.
Mit der kantonalen Verfassungsrevision des Jahres 1875 fiel die Repräsentation der Zünfte im Großen Rat und 1880 auch das Vormundschaftswesen als ihre letzte öffentliche Obliegenheit dahin. Seither ist die Aufgabe der Bärenzunft ebenso wie diejenige der übrigen Zünfte beschränkt auf die Pflege der Wohltätigkeit und der vaterstädtischen Geselligkeit. Die Mittel dafür fließen ihr zu einem wesentlichen Teil aus der Vermietung ihres Zunfthauses zu, das bis heute in ihrem Besitz steht. Das alte Vorderhaus an der Freien Straße mit seiner gotischen Fassade wurde 1893 abgebrochen und durch den mit den Sgraffitobildern von Hans Sandreuter geschmückten Neubau

ersetzt; ihm folgte in den Jahren 1932/33 der Neubau des Hinterhauses an der Falknerstraße. Damit ist die bedeutende Doppelliegenschaft zur erfreulichen und sicheren Grundlage der finanziellen Prosperität der Zunft zu Hausgenossen geworden.

Die Zunft zu Weinleuten

An dritter Stelle figurieren in der offiziellen Rangliste der Basler Zünfte die Weinleute. Mit den Zünften zum Schlüssel, zu Hausgenossen und zu Safran zählten sie zu den Herrenzünften. Seit alters war die Weinleutenzunft besonders stark; denn die Berufe, welche sie vereinigte, spielten in Basel eine überragende Rolle. Wie das Brot, so gehörte auch der Wein zu den wichtigsten Nahrungsmitteln des täglichen Lebens; der gefüllte Weinkeller bildete den Stolz des hablichen Bürgers, und die Obrigkeit war väterlich dafür besorgt, daß sich die städtische Einwohnerschaft jederzeit mit Wein in ausreichender Menge und guter Qualität einzudecken vermochte.

Während den Rebleuten der Bau und die Pflege der Rebgebiete anvertraut war, welche bis ins 19. Jahrhundert hinein in weitem Umkreis die Stadt umkränzten, lag der Verkauf und der Ausschank des Weins in den Händen der Weinleute. Sie führten eine Weinkanne oder Gelte im Wappen der Zunft, die darum bis heute auch Geltenzunft heißt. Die Weinhändler, die Weinschenken, die Weinlader, die Weinmesser und die sogenannten Weinrufer gehörten ihr an; zu ihnen traten in späteren Jahrhunderten auch Geistliche, Gelehrte und Beamte, die sich im Blick auf das hohe Ansehen der Weinleutenzunft um deren Zunftrecht bewarben.

Wann die Weinleutenzunft gegründet worden ist, wissen wir nicht; ihr Zunftbrief muß ebenso wie diejenigen der übrigen Herrenzünfte im großen Erdbeben von 1356 verloren gegangen sein. Manches spricht dafür, dass der Zusammenschluß der Weinleute bereits im 12. Jahrhundert stattgefunden hat. Erstmals erwähnt ist die Zunft im Jahr 1233; damals stand sie bereits im Besitz eines der beiden Häuser am Kornmarkt, dem heutigen Marktplatz, auf deren Areal das spätere Zunfthaus erbaut wurde. Die älteste uns erhaltene Zunftordnung stammt aus dem Jahr 1355; sie wird ausdrücklich als «Ernuwerung der Wynluwten Zunfft Satzungen, Rechte und Gewonheiten» bezeichnet, die früher schon in einem alten ‹permentin Buchlin›, das heißt in einem alten Büchlein aus Pergament, aufgezeichnet worden seien. Zwei Jahre später, in der mehrfach erwähnten ältesten Ratsbesatzung von 1357, nimmt die Weinleutenzunft bereits ihren ehrenvollen Rang an der dritten Stelle der Zünfte ein.

Der Weinhandel im alten Basel bezog sich sozusagen ausschließlich auf den ‹vin du pays›; fremdländischen und Südweinen kam im täglichen Weingeschäft keine besondere Bedeutung zu. Seit alters unterschied man zwischen Elsässer, Landwein und Baselwein. Als Elsässer wurden die Weine bezeichnet, welche diesseits des Rheins bis hinunter nach Mülhausen und darüber hinaus wuchsen; Landwein nannte man die Weine, welche ‹ennet Rhyns›, also auf der rechten Seite des Stroms, im Breisgau gediehen, somit den Markgräfler, und Baselwein hieß der Wein, welchen man innerhalb der Bannmeile in der näheren Umgebung der Stadt anbaute. Der Weinhandel war das ausschließliche Privileg der Weinleute. Außer ihnen waren nur diejenigen, welche Baselwein selbst gezogen und nicht gekauft hatten, berechtigt, diesen gesamthaft zu verkaufen oder ‹bei der Maß› auszuschenken, ohne zu Weinleuten zünftig zu werden. Sie wurden als ‹Nebenzäpfer› oder ‹Nebenwürte› bezeichnet und bildeten eine bedeutende Konkurrenz des zünftigen Weinhandels; denn im 16. Jahrhundert belief sich der Ertrag der Rebgärten in der Stadt und deren Umkreis auf beiden Seiten des Rheins jährlich auf etwa 8000 Saum oder gegen 11 000 Hektoliter.

Trinkschale der Zunft zu Weinleuten

Kauf und Verkauf des Weins spielten sich zu einem wesentlichen Teil in aller Öffentlichkeit ab, beim alten Gerichtsstein, dem sogenannten ‹heissen Stein› vor dem Rathaus auf dem Kornmarkt. Sie vollzogen sich sowohl als Handel en gros und als Detailgeschäft. Der Freitag war der Tag des Weinmarkts; besonders lebhaft ging es dort im Herbst zur Zeit der Traubenernte zu. Der Handel en gros wurde als Kauf und Verkauf ‹uff Merschatz› bezeichnet und ausschließlich von den Weinleuten getätigt. ‹Anzäpfen›, ‹Usmessen› und ‹Verschenken› waren die Ausdrücke für das Detailgeschäft; daran beteiligten sich auch die Bürger und Niedergelassenen, die sogenannten ‹Hintersässen›, welche das Gewächs ihrer eigenen Reben, den roten Baselwein, auf den Markt brachten. Als Kunden traten in erster Linie die Bürger auf, die sich hier mit Wein für den Hausgebrauch eindeckten; sie wurden vom Rat, welcher den Weinhandel in vorbildlicher Fürsorge für die städtische Bevölkerung regelte, deutlich privilegiert. So hielt er durch seine Verordnungen die Weinschenken, die den Wein beim Zapfen ausschenkten, zwischen Herbst und Weihnacht vom Einkauf auf dem Weinmarkt fern; sie sollten sich während dieser Zeit mit der notwendigen Menge außerhalb der Bannmeile versehen, damit der Markt «unverkümbert und fry» bleibe und Arme wie Reiche, auch in Zeiten der Weinteuerung, «umb einen zymlichen Pfennig», das heißt zu einem tragbaren Preis, die erforderlichen Quantitäten einkaufen könnten.

Weinmaß aus dem Jahr 1356

Ebenso wachte die Obrigkeit von jeher über der Reinheit der Weine, die auf den Markt gelangten. Schon in einem Erlaß vom Jahr 1387 heißt es, die Weinleute sollten ihren Wein «nit vermischlen mit anderley Weinen noch endern». Und 1417 verfügten Räte und Meister, daß kranker und schwacher, des Marktes nicht würdiger Wein in den Rhein geschüttet werden müßte. Für die Beurteilung der Qualität der Weine waren Meister und Vorgesetzte der Weinleutenzunft zuständig. Trotz den harten Strafen, welche diejenigen trafen, die den Wein zu ‹strecken› trachteten, war indessen dieses Delikt nicht auszurotten, und noch in den Weinleute-Ordnungen des 16. Jahrhunderts findet sich daher die Drohung, daß «an Lyb und Guot nach Größe siner Schulden» bestraft werde, wer den Wein nicht so auf den Markt bringe, «als ihn Gott hat wachsen lassen».

Die genaue Überwachung des Weinhandels diente indessen auch den finanziellen Interessen des Gemeinwesens; denn durch die Besteuerung des Weins verschaffte sich die Stadt einen wesentlichen Teil ihrer Einnahmen. Das sogenannte ‹Weinungeld› war Basels älteste Verbrauchssteuer, und ein ganzer Stab eidlich verpflichteter Beamter sollte verhindern, daß sie umgangen wurde. Schon im Jahre 1372 sind die ‹Weinsticher› bezeugt, die bei jedem Weingeschäft zwischen Käufer und Verkäufer zu vermitteln und die gehandelten Quantitäten dem Kaufhausschreiber wie dem Zoll- und Steuereinnehmer zwecks Erhebung der davon geschuldeten Abgaben zu melden hatten. Die Pflicht der Faßbesiegler war es, allen in den Kellern eingelagerten Wein zu messen und alsdann ein Wachssiegel auf das Faß zu heften; aus einem unbesiegelten Faß durfte kein Wein ausgeschenkt werden. Das Sinnen der für Handel oder Ausschank bestimmten Fässer war den Sinnern oder Beyelern übertragen, deren Bezeichnung sich von pegeln oder peilen (= mit dem Stab messen) ableitet; ihre Aufgabe bestand darin, die vom Faßbinder gelieferten neuen Fässer auszumessen und mit einem glühenden Eisenstab das Maßzeichen darin einzubrennen.

Für ihre Zunft beanspruchten die Weinleute in einer Eingabe vom Jahr 1503/04 auch die Wirte, insbesondere die ‹Herrenwirte›, welche befugt waren, Wein im eigenen Keller zu halten; doch entschied der Rat, daß sie bei den Zünften bleiben sollten, denen sie bisher angehört hätten. ‹Herrenwirte› waren damals die Inhaber der Gasthöfe zum Storchen, zur Krone, zur Blume und zum goldenen Kopf im Großbasel sowie der Herbergen zum goldenen Schaf und zum roten Ochsen im Kleinbasel. Zu Weinleuten zünftig waren ferner die ‹Weinrufer›, welche den zum Ausschank bestimmten Wein für ihre Meister und Dienstherren, die Weinhändler und Weinschenken, in den Gassen feilboten. Mit der Ordnung der verschiedenen Zweige des Weinhandels befaßten sich Meister und Vorgesetzte der Weinleutenzunft; in ihre Kompetenz fiel das sogenannte ‹Gefecht›, das heißt die Kontrolle der Weinmaße, die in den Weinhäusern der Stadt verwendet wurden. Ihrer gewerbepolizeilichen Aufsicht unterstanden darum auch die ‹Becherer›, welche die Trinkgefäße herstellten; sie waren in ältester Zeit im untersten Teil der Freien Straße ansässig, der deshalb ‹Unter Becherern› genannt wurde.

Mit der Zugehörigkeit zur Weinleutenzunft war nicht nur das Recht zur Ausübung des Gewerbes verbunden, sondern auch die Pflicht zum Kriegs- und Wachdienst sowie zur Hilfeleistung bei Brandfällen. Zusammen mit den Rebleuten hatten die Weinleute die städtische Ringmauer auf dem Abschnitt zu schützen, der vom Turm am Rhein unterhalb des St. Alban-Tors bis zum Aeschentor reichte, während sie sich bei Feuers- und Wassernot auf dem Kornmarkt zu besammeln hatten. In Zeiten kriegerischer Gefahr unterhielt die Zunft zur Stärkung der Wehrhaftigkeit ihrer Angehörigen im Zunfthaus ein Arsenal von Schutz- und Trutzwaffen; davon ist aus dem Ende des 16. Jahrhunderts noch der prächtige Reiterharnisch des Zunftmeisters Theodor Russinger und aus dem Jahr 1661 ein eigenes Kriegszelt der Zunft erhalten geblieben. Ebenso bewahrt das Historische Museum die um das Jahr 1500 zu datierende, alte Zunftfahne; sie zeigt das Bild des Zunftheiligen St. Urban, dessen Statue der Rat 1448 auf dem Brunnen am Blumenrain aufstellen ließ. In vorreformatorischer Zeit wurde diese Fahne jeweils am 25. Mai, dem Namenstag des Patrons, in feierlicher Prozession mitgeführt. Überhaupt verknüpften die Zunft enge Beziehungen mit der Kirche, namentlich mit derjenigen des Spitals, die sich auf dem Areal zwischen Barfüßergasse und Freier Straße befand; im Spital war durch eine besondere Stiftung von Betten und Bettwäsche für die Zunftbrüder in Zeiten der Krankheit gesorgt. Ebenso stiftete die Zunft schon um das Jahr 1500 einen Pfeiler im Mittelschiff der Martinskirche, der noch heute deren Wappen, die Gelte, trägt.

Die Bedeutung der Weinleutenzunft spiegelt sich in ihrem prächtigen Haus an der Einmündung der Freien Straße in den Marktplatz. Auf dem Areal dieser Liegenschaft standen im Mittelalter zwei Häuser, das Haus ‹zum Istein› und das Haus ‹zum niedern Bild›; das letztere befand sich, wie erwähnt, schon 1233 im Besitz der Zunft, die dafür dem Domstift zinspflichtig war. Ein Jahrhundert später, anno 1330, lag die Zunftstube der Weinleute im Nachbarhaus ‹zum Istein›, das bereits 1114 ins Licht der urkundlichen Überlieferung tritt. Diese Liegenschaft besaßen 1377 Johann Fröweler, genannt Schaffner, und dessen ‹eheliche Wirtin›, Frau Grede, als Erblehen des Dekans und Kapitels des Domstifts. Mit deren Einverständnis veräußerten sie indessen das Haus im genannten Jahr um 80 Florentiner Gulden an die Weinleutenzunft, welche dafür dem Domstift einen jährlichen Zins von 2 Schillingen und 2½ Pfund Basler Pfenningen schuldete; bei einer Handänderung war überdies ein Pfund ‹ze Erschatz› zu entrichten. Offenbar war die Zunft damals noch nicht in der Lage, den Kaufpreis aus ihren eigenen Mitteln zu bezahlen; jedenfalls hatte sie noch 1383 der Witwe des Ratsboten Hügelin Schriber ein Darlehen von 150 Gulden jährlich mit 10 Gulden zu verzinsen. In der Folge ging auch das Haus ‹zum niedern Bild› in den Besitz der Zunft über, die es mit ihrer Liegenschaft ‹zum Istein› unter einem Dach vereinigte. Die damit verbundenen Bauarbeiten nötigten die Weinleute auch weiterhin zur Aufnahme von Kapitalien. Noch gegen das Ende des 15. Jahrhunderts war das Zunfthaus unter anderm belastet mit einem Jahreszins von 10 Gulden für ein Darlehen von 200 Gulden, welches der Papierer Hans Strub Meister und Vorgesetzten gewährt hatte.

Der heutige Bau stammt aus der zweiten Hälfte des 16. Jahrhunderts; dies bezeugen die beiden Jahreszahlen, die an dem

Gebäude angebracht sind. Die Jahreszahl 1562, die auf dem Türsturz einer steinernen gotischen Türumrahmung - in der ehemaligen Giebelmauer zwischen den beiden ursprünglichen Teilen der Liegenschaft - zu lesen ist, dürfte den Beginn, die Jahreszahl 1578 im Fries der Fassade über dem ersten Stock die Vollendung des Neubaus bezeichnen. Jetzt erhielt das Haus seine prachtvolle Renaissancefassade, und zugleich erfuhr es eine vollkommene Neugestaltung im Innern. Das Erdgeschoß der beiden ursprünglichen Liegenschaften wurde zu einer Halle vereinigt, indem man durch deren Scheidemauer im vordern Teil vier weite Öffnungen brach; damit war, ähnlich wie im Zunfthaus zum Schlüssel, ein großer offener Raum gewonnen, in welchem sich die Zunftbrüder um das Zunftbanner scharten. Über der Halle wurde im ersten Stock der große Saal für die Beratungen und geselligen Zusammenkünfte der Zunft angelegt; im Hinterhaus fand die Küche Platz, und das zweite Stockwerk wurde als Wohnung des Stubenknechts ausgebaut, der in der Regel nebenbei den Beruf des Traiteurs ausübte. 1736 ersuchte der Stubenknecht Franz Maring um die Bewilligung, im Zunfthaus zwei Pastetenöfen errichten zu dürfen, und 1779 bewarb sich die Zunft um das Recht zur Grabung eines Sodbrunnens im Keller. 1787 schlossen Meister und Vorgesetzte mit der bis auf das Jahr 1598 zurückzuverfolgenden (und unter der Ragion Steuer & Co. noch heute bestehenden) Tuchhandlung Benedict Bischoff im Nachbarhaus ‹zum Salmen› einen Mietvertrag ab, durch den ihr das Erdgeschoß als ‹Comptoir› und ‹Warengemach› überlassen wurden; erst 1850 siedelte sie in den ‹Zerkindenhof› am Nadelberg über.
Über den Schöpfer der herrlichen Fassade schweigen sich die Quellen seltsamerweise völlig aus. Die Forschung glaubte ihn in dem in Italien ausgebildeten französischen Kupferstecher und Architekten Du Cerceau (geboren 1515) zu erkennen; denn in den von ihm hinterlassenen Stichen erscheint immer wieder das für das Gebäude der Weinleutenzunft charakteristische System der Säulenabfolge, das vom Kolosseum in Rom abgeleitet ist: Wie dort kommt auch beim Bau am Marktplatz in Basel die dorische Ordnung dem Erdgeschoß, die ionische Ordnung dem ersten Obergeschoß und die korinthische Ordnung dem zweiten Obergeschoß zu. Auf jeden Fall stand beim Neubau der ‹Geltenzunft› ein großer Meister im Dienst der Basler Weinleute. Ihr Haus verdient es, unter die berühmtesten Bauwerke unseres ganzen Landes, ja unter die schönsten Baudenkmäler der Renaissance nördlich der Alpen eingereiht zu werden.

Die Zunft zu Safran

Die vierte der Basler Herrenzünfte ist benannt nach dem Safran, der persischen Bezeichnung einer Krokusart, die im Mittelalter von den Arabern nach Spanien, Italien und Südfrankreich gebracht wurde und von dort nach Mitteleuropa gelangte. Auch in unsern Gegenden war der Safran schon früh eines der beliebtesten Gewürze, das darum in großen Mengen eingeführt wurde. Für Basel wurde er sogar zur Ursache eines Krieges, des sogenannten ‹Safrankrieges›: Er brach aus, nachdem der streitbare Ritter Hannemann von Bechburg 1374 am Obern Hauenstein einen Basler Kaufherrn überfallen und ihm einige Zentner Safran geraubt hatte. Safran war vielseitig verwendbar; er diente als Färbemittel – «Safran macht den Kuchen gel», heißt es in einem bekannten Kindervers –, aber auch zur Herstellung von Parfümerien und Arzneien wie für die Würze der Speisen. Darum bemühte man sich in Basel, Safran auch selbst anzupflanzen, um ihn in Zeiten, in denen die Einfuhr aus dem Ausland stockte, nicht entbehren zu müssen. Überall in den Gärten vor der Stadt wurde im 14. und 15. Jahrhundert Safran angebaut, besonders im Gelände vor dem Aeschentor; hier gedieh er so vorzüglich, daß die Ernte nicht nur den baslerischen Eigenbedarf zu decken vermochte, sondern größere Quantitäten auch für den Verkauf nach auswärts zur Verfügung standen. Die Ausfuhr von Safran unterstellte der Rat 1440 einer besondern ‹Safranschau›; sie hatte die für den Handel bestimmten Mengen im Kaufhaus an der Freien Straße genau auf ihre Qualität zu prüfen. «Niemand soll den Safran tränken noch salben noch in geschmierte Säcke tun, damit er mehr wäge denn sonst, sondern ihn wohl gedörrt auf die Waage bringen», hieß es in der obrigkeitlichen Verordnung. Allein der behördliche Eingriff erwies sich für den Safranexport nicht als günstig; der hohe Ausfuhrzoll, mit dem das kostbare Gewürz belegt wurde, lähmte den Handel, und mit dessen Rückgang verlor sich, vielleicht auch aus Gründen des Geschmacks, die eigene Safrankultur in Basel gegen das Ende des 15. Jahrhunderts wieder.

Die Wichtigkeit dieses Gewürzes für den Handel geht deutlich hervor aus der Tatsache, daß die Innung der Krämer für sich selbst wie für ihr Haus dessen Namen und als ihr Wappen dessen stilisierte Blüte wählte; noch das Portal des heutigen Zunfthauses an der Gerbergasse ist mit der Lilienblume des

30
ZGG
ZGG
wilhelm

Safrans geschmückt. Erstmals tritt uns die Bezeichnung Zunft zu Safran im Jahr 1372 entgegen; doch ist natürlich die Korporation der Krämer, die mit Safran handelten, viel älteren Datums. Ihre Entstehung geht ins 13. Jahrhundert zurück, in jene Zeit, in der sich mit dem Wachstum des bürgerlichen Wohlstandes auch der Luxus der Lebensweise steigerte und unter den Nachwirkungen der Kreuzzüge der Verbrauch von fremdländischen Produkten, insbesondere Küchengewürzen, Parfüms, Medikamenten und Rauchstoffen für den Gottesdienst, ein bisher unbekanntes Maß erreichte. So traten für die Krämer zunächst die Gewürze als Hauptartikel des Handels in den Vordergrund. Nach einem Gewürz, dem Ingwer, nannte sich und ihr erstes Gesellschaftshaus schon die älteste baslerische Innung der Krämer, die Keimzelle der Zunft zu Safran; davon leitet sich auch der Name Imbergäßlein ab, wo sich ihre erste Trinkstube befand. Dort und an der Schneidergasse, die ursprünglich Krämergasse hieß, waren die Krämer besonders dicht angesiedelt. Später bezogen die Krämer eine neue Trinkstube im Haus ‹zum Pfeffer›, dessen Lage sich nicht mehr feststellen läßt; doch wurde auch sie aufgegeben, als die nunmehr als Zunft bezeichnete Innung 1372 eine Liegenschaft am Rindermarkt, der heutigen untern Gerbergasse, erwarb. Dieses erste Zunfthaus zu Safran, das bereits diesen Namen trug, befand sich auf der rechten Seite der Gasse (auf dem Areal der Metzgerei Eiche); erst 1423 wechselte die Zunft auf die linke Seite hinüber, in die Liegenschaft, auf der sich noch heute ihr Zunfthaus erhebt; seither hieß das frühere Zunfthaus ‹zum alten Safran›.

◁
Das heutige, 1902 eingeweihte Zunfthaus zu Safran an der Gerbergasse, im Stil der niederländischen Gotik des 16. Jahrhunderts, ein Werk des Architekten Hans Visscher-van Gaasbeek

Die große gewerbliche und allgemein wirtschaftliche Bedeutung der Safranzunft wird uns bewußt, wenn wir uns die große Zahl der Berufe vergegenwärtigen, die sie vereinigte; denn im Gegensatz zu den meisten anderen Zünften umfaßte die Safranzunft eine erstaunliche Fülle verschiedener Gattungen des Handels und des Handwerks. Ihren Grundstock bildeten von Anfang an die Krämer, die mit allen Importartikeln, insbesondere mit Gewürzen, Spezereien und Drogen, im Detail handelten. Sie bezeichneten sich selbst als Pulverkrämer, Wurzkrämer oder Spezierer. Für sie unterhielt die Zunft auf eigene Rechnung eine Pulverstampfe am Fuß des Kohlenbergs auf dem rechten Ufer des Rümelinbachs, wo sich noch im 19. Jahrhundert eine Senfmühle befand. 1437, also zur Zeit des Konzils, in welcher der Bedarf an Gewürzen besonders groß war, entschlossen sich die Herren zu Safran, im St. Alban-Tal eine zweite Stampfe oder Gewürzmühle, genannt ‹zum kleinen Safran›, einzurichten; sie wurde um die Wende vom 15.

zum 16. Jahrhundert ihrer ursprünglichen Bestimmung entzogen und in eine Papiermühle umgewandelt. Die Leitung der Pulverstampfe lag bei dem vom Zunftvorstand vereidigten Stämpfer; er hatte die ihm eingelieferten Artikel ‹lauter und ohne allen Zusatz› zu stoßen und hierauf die Mischung der verschiedenen Spezereien nach den Rezepten der Zunft vorzunehmen. Aus den Gewürzkrämern entwickelten sich später die sogenannten ‹Materialisten›, die durch den Großhandel mit Gewürzen, Kolonialwaren, Drogen und Farbstoffen zu bedeutendem Reichtum gelangten. Aus dem Unternehmen eines solchen Materialisten, der 1756 gegründeten Firma von Johann Rudolf Geigy-Gemuseus, erwuchs der weltumspannende Konzern der J.R. Geigy AG. Als nahe Verwandte der Pulverkrämer, Drogisten und Materialisten waren auch die Apotheker zu Safran zünftig. Sie traten schon im 14. Jahrhundert als besonderer Stand hervor, weil die Herstellung von Mixturen nach ärztlicher Vorschrift natürlich spezielle Kenntnisse der Wirkungen der verschiedenen Ingredienzien verlangte. Die Apotheker unterstanden der direkten Aufsicht des Rates, der sich zu Beginn des 15. Jahrhunderts veranlaßt sah, die Bürgerschaft durch besondere Taxverordnungen vor allzu hohen Preisforderungen der Apotheker zu schützen. Der Zunft zu Safran war auch der Handel mit Schießpulver, dem sogenannten ‹Büchsenpulver›, übertragen. Meister und Vorgesetzte hatten den ‹Pulverturm› auf der Schanze von St. Leonhard zu verwalten und auf einem jährlichen ‹Pulverumgang› im Mai die bei den patentierten Pulverhändlern liegenden Vorräte zu kontrollieren.

Eine wichtige Stellung nahm die Safranzunft auch im Textilgewerbe ein. Während der Handel in kostbaren Wolltuchen, wie wir sahen, das Monopol der andern Handelszunft, der Zunft zum Schlüssel, blieb, wurde im Lauf der Zeit nach mannigfachen Auseinandersetzungen der Ein- und Verkauf der übrigen Zeuge aller Art, namentlich Leinen, Baumwolle und schließlich auch Seide, der Zunft zu Safran zugewiesen. Ihre Angehörigen betrieben im 17. Jahrhundert auch einen schwungvollen Handel in den damals aufkommenden französischen Modestoffen. Refugianten waren es vor allem, die sich nach ihrer Niederlassung in Basel für die Verbreitung dieser Importartikel einsetzten; sie wurden zu einem großen Teil Angehörige der Safranzunft, der sie mit ihrer lebendigen Initiative und ihren frischen Impulsen ein besonderes Gepräge verliehen. Aus ihren Kreisen gingen auch die Gewerbe der Seidenspinner, Samtweber und Passementer hervor, die sich mit der Zeit zu eigentlich industriellen Dimensionen entwickeln sollten.

Trinkgeschirr der Safranzunft

Damit ist indessen die Reihe der in der Safranzunft vereinigten Berufe noch bei weitem nicht erschöpft. Das Zunftrecht zu Safran erwarben ferner die Barettlimacher, welche seit dem 16. Jahrhundert die aus welschen Landen stammende, elegante Kopfbedeckung des Baretts herstellten, und die Hutmacher, welche sich im 17. Jahrhundert auf den berühmten Baselhut spezialisierten, jenen hohen Filzkegel, der Ehren- und Standespersonen auszeichnete; weiter die Handschuhmacher, Täschler und Seckler sowie die Weißgerber, welche das von den genannten Berufen benötigte feine Leder produzierten; die Hosenlismer, Hosen- und Strumpfstricker, welche die seit der Mitte des 16. Jahrhunderts immer mehr aufkommenden Strumpfhosen anfertigten; ferner die Gürtler und Spengler, die Strähl- und Bürstenmacher, die Knopfmacher und in späterer Zeit auch die Perückenmacher. Der Safranzunft zugewiesen wurden endlich die Papierer, die zuerst vor dem Riehentor und dann im St. Alban-Tal die ‹weiße Kunst› betrieben. In der Wahl der Zunft frei waren, wie bereits erwähnt, die Buchdrukker; viele von ihnen schlossen sich der Safranzunft an, wo auch die Hilfsgewerbe des Buchdrucks, die Buchbinder wie die Karten- und Helgenmaler, Aufnahme fanden.
Die Vielzahl der unter dem Dach ein und derselben Zunft vereinigten Handwerke und Gewerbe läßt uns den weitgespannten Pflichtenkreis von Meister und Sechsern zu Safran ermessen. Auf den verschiedensten Gebieten hatte der Zunftvorstand Ordnung zu schaffen und zu erhalten, Gegensätze auszugleichen und Konflikte zu lösen, um jedem Berufsstand eine gedeihliche Entwicklung zu ermöglichen. Er erfüllte seine schwierige Aufgabe durch Aufstellung detaillierter Vorschriften für die einzelnen Handwerke und Gewerbe, die ihrerseits in besondern Meisterschaften zusammengefaßt waren, durch umsichtige Handhabung seiner gewerbepolizeilichen Kompetenzen und durch andauernde Kontrolle der einzelnen Betriebe. Dabei spielte, namentlich im Kleinhandel, das Recht der Safranzunft auf Waage, Gewicht und Elle eine wesentliche Rolle; durch die Ausübung dieses Rechts, das sogenannte ‹Gefecht›, sollte einheitliches Maß und Gewicht in allen Krämerläden sowie auf den Verkaufsständen der Basler Messe jederzeit sichergestellt werden. Die Gewichtsprüfung der Safranzunft war indessen beschränkt auf das Messinggewicht im Detailhandel; die Kontrolle des Silbergewichts stand, wie wir sahen, der Zunft zu Hausgenossen zu, und diejenige des Eisengewichts blieb der Zunft zu Schmieden überlassen. Bis ins Jahr 1837 übten die Zünfte dieses Recht aus; später ging es mit der Einführung der schweizerischen Maß- und Gewichtsord-

Tafel 4
‹Gelte› der Weinleutenzunft
von Hans Lüpold
aus dem Jahr 1613

Türaufsatz mit dem Wappen der Safranzunft aus dem 17. Jahrhundert

nung an die staatliche Beamtung des Eichmeisters über. Das zünftische Leben zu Safran erschöpfte sich nicht in der Erfüllung der wirtschaftlichen Funktionen der Korporation und auch nicht in der Leistung von Kriegsdienst, Wachdienst und Löschdienst. Eng verbunden war die Zunftgemeinde in vorreformatorischer Zeit auch in religiöser Hinsicht. In dieser Beziehung trat vor allem die innerhalb der Safranzunft bestehende St. Andreas-Bruderschaft hervor, die in der Nähe der ersten Trinkstube der Krämer am Imbergäßlein ihr eigenes Gotteshaus, die St. Andreas-Kapelle auf dem Andreasplatz, besaß. Sie sorgte vor allem für die Abhaltung der kirchlichen Jahrzeiten, die zum Seelenheil ihrer verstorbenen Mitglieder veranstaltet wurden. Mit dem Übergang zum neuen Glauben fand die religiöse Wirksamkeit der Bruderschaft ihr Ende; doch lebt sie noch heute als ein engerer Freundeskreis von Safran-Zunftgenossen fort.

Ein starkes Band des Zusammenhalts bildete seit den Anfängen der Zunft die gemeinsame Geselligkeit auf der Stube des Zunfthauses, wo sich die Zunftbrüder zu Trunk und Spiel, zu Mahlzeiten und Festen zusammenfanden. Die für die Jahre von 1491 bis 1621 lückenlos erhaltenen ‹Kuchibücher› der Safranzunft vermitteln ein anschauliches Bild der Zunftmähler, die in jenem Zeitraum stattfanden; denn sie registrieren

aufs genaueste, welche Speisen und Getränke bei jedem Essen aufgetragen wurden, wie viele Teilnehmer an der Tafel erschienen, welche Mengen verzehrt wurden und welche Kosten damit verbunden waren. Dem wachsenden Luxus von Speise und Trank entsprach die Pracht der Tafelgeräte, namentlich im 17. und beginnenden 18. Jahrhundert, als die Safranzunft zum Sammelbecken der vornehmen Elemente der Bürgerschaft wurde und sich die Spenden von Meistern und Sechsern häuften. Noch heute nennt die Safranzunft zahlreiche kostbare Stücke ihres einstigen Zinn- und Silberschatzes ihr eigen, darunter den herrlichen großen Nautilusbecher von Sebastian I. Fechter aus dem Jahre 1676; vieles aber ist im Laufe der Zeit «zum besseren Nutzen der Zunft», wie es in den Quellen heißt, wieder verkauft und eingeschmolzen worden. Ganz besonderer Glanz entfaltete sich an den festlichen Zusammenkünften der Vorgesetzten. Noch jetzt abgehalten wird das Fabian-Sebastian-Mähli, das auf eine Spende des 1638 verstorbenen Spezierers Sebastian Güntzer zugunsten von Meister und Sechsern der Safranzunft zurückgeht.
Die heutige Zunftliegenschaft an der Gerbergasse hatte bis 1373 als bischöflicher, dann als städtischer ‹Ballhof› zur Lagerung von Warenballen gedient; dazu eignete sie sich besonders, weil sie unmittelbar an das städtische Kaufhaus grenzte, das sich an der Stelle der heutigen Hauptpost erhob. In der Folge wurde das Haus vom Rat an Hans Koch als Herberge vermietet. Beim Kauf im Jahr 1423 ging die Safranzunft die ausdrückliche Verpflichtung ein, auf der Hofstatt ein neues Zunfthaus zu erstellen, was auch geschah. Trotz mannigfachen Renovationen blieb der damalige Bau bis ins 19. Jahrhundert im wesentlichen in seiner ursprünglichen Anlage erhalten. 1888 erforderte dann die Korrektion und Überdekkung des Birsigs eine weitgehende Umgestaltung der Liegenschaft, und zu Beginn unseres Jahrhunderts erfolgte der jetzige Neubau im Stil der niederländischen Gotik des 16. Jahrhunderts, das Werk des Architekten Hans Visscher-van Gaasbeek. Am Aschermittwoch des Jahres 1902 wurde er von den Zunftgenossen feierlich in Besitz genommen, und obwohl sein gegenwärtiger Zustand dem Zunftvorstand Anlaß zu ernsten Sorgen gibt, dient er mit seinen Sälen der Öffentlichkeit bis heute in mannigfacher Weise als vielbeanspruchtes Zentrum des gesellschaftlichen Lebens unserer Stadt.

Die Zunft zu Rebleuten

Die erste Handwerkerzunft, die in der offiziellen Rangliste der Zünfte den vier Herrenzünften folgt, ist die Zunft zu Rebleuten. Die Vermutung, zu der diese bevorzugte Stellung verleiten könnte, sie möchte die älteste unter den Handwerkerzünften sein, trifft indessen nicht zu. Die Rebleute sind im Gegenteil als letztes Handwerk in die städtische Zunftordnung eingegliedert worden, als sie der Rat als Halb- oder Teilzunft mit den sogenannten Grautüchern zu einer ‹gespaltenen› Zunft vereinigte. Einen militärischen Verband bildeten die Rebleute nachweisbar im Jahr 1364; die Entstehung ihrer zünftischen Korporation aber dürfte erst etwas später erfolgt sein.
Einen Anhaltspunkt für das Datum der Gründung der Zunft zu Rebleuten vermittelt der heftige Streit des Jahres 1366 zwischen dem damals neu eingesetzten Basler Bischof Jean de Vienne als Stadtherrn und dem hiesigen Rat, in dessen Verlauf Kaiser Karl IV. eine geharnischte Epistel an die Basler richtete. Darin warf er ihnen unter anderm vor, sie hätten ohne den Willen des Bischofs Zunftmeister und Zünfte eingesetzt. Diese Anklage konnte sich nur auf die Gründung der Rebleutenzunft beziehen; denn die andern historischen Zünfte waren mit der ausdrücklichen Zustimmung des Bischofs ins Leben gerufen worden. Zudem führt die älteste bekannte Ratsbesatzung von 1357 bereits alle übrigen Zünfte auf; von den historischen Zünften kann somit keine andere später gebildet worden sein als die Rebleutenzunft. Daraus darf mit an Sicherheit grenzender Wahrscheinlichkeit gefolgert werden, daß die Gründung der Rebleutenzunft in die Zeit zwischen 1364 und 1366 fiel. Als es galt, die 600-Jahr-Feier der Zunft festzulegen, nahm man in baslerischer Bescheidenheit den spätestmöglichen Zeitpunkt an und gedachte daher des 600jährigen Bestehens erst im Oktober 1966.
Weshalb der Rat die zahlreichen, aber armen Rebleute den numerisch schwachen, aber wohlhabenden Grautüchern zugesellte, welche das vom Webstuhl kommende rohe Wolltuch durch Reinigen und Walken gebrauchsfertig machten und in den Handel brachten, ist nicht eindeutig abgeklärt. Jedenfalls führte der Zusammenschluß zufolge der sozialen Kluft, welche Rebleute und Grautücher voneinander schied, bald zu starken Spannungen. 1397 beschwerten sich die Grautücher darüber, daß ihrem alten Bannerzeichen, dem Wolf, ein Rebmesser in

die Pfoten gegeben worden sei, wie es in einer Klageschrift heißt. Die andauernden Streitigkeiten zwischen den beiden Halbzünften veranlaßten den Rat 1453, deren endgültige Trennung anzuordnen: Die Grautücher traten zur Schlüsselzunft und 1506 zur Webernzunft über und verloren damit ihre Selbständigkeit; die Rebleute aber erhielten gegen eine Entschädigung von 50 Gulden das 1450 gemeinsam mit den Grautüchern erworbene Zunfthaus ‹zur Glocke› an der Freien Straße zwischen der Trinkstube der Schuhmacher und dem Haus ‹zum blauen Mann›. Ebenso sicherten sie sich die bereits erwähnte Rangstellung als fünfte Zunft, das heißt als erste Handwerkerzunft, unmittelbar hinter den vier Herrenzünften.

Im Gegensatz zu den in der Geltenzunft vereinigten Weinleuten, in deren Kompetenz der Weinmarkt und der Weinhandel fielen, hatten die Rebleute die Rebgebiete der Bürger, der Gotteshäuser und Klöster wie der Stadt, meist im Taglohn, mit Hacke, Spaten und Rebmesser zu bebauen und zu pflegen. Weit über das Mittelalter hinaus kam den Rebleuten zufolge des Umfangs der städtischen Rebgebiete große Bedeutung zu. In ihrer überwiegenden Mehrzahl führten sie eine bescheidene Existenz. Die meisten von ihnen waren in den Vorstädten seßhaft, besonders zu St. Alban, in der Aeschenvorstadt und in der Vorstadt ‹ze Spittelschüren› (St. Elisabethen), wo sich auch die obrigkeitlichen ‹Zwingtrotten› befanden. Zahlreiche Rebleute wohnten ebenso im Kleinbasel; dort hatten sie sich schon vor der Vereinigung der kleinen mit der großen Stadt im Jahre 1392 zusammengeschlossen zu einer Gesellschaft, die nach ihrer Trinkstube in der Nähe des Riehentors später Gesellschaft zum Rebhaus genannt wurde. Sie trug indessen keinen zünftischen Charakter; auch die Kleinbasler Rebleute gehörten der Großbasler Zunft zu Rebleuten an.

◁
Trinkgefäß der Rebleutenzunft: Wolf mit dem Rebmesser

Zu einem wesentlichen Teil rekrutierten sich die Zunftgenossen zu Rebleuten aus den Einwanderern, die im 15. und 16. Jahrhundert aus der Umgebung, aus den Weindörfern der Herrschaft Rötteln, aus dem Breisgau, dem Sundgau und Elsaß, aus dem Gebiet der Eidgenossenschaft und der gemeinen Herrschaften wie aus dem Welschland nach Basel strömten. Bemerkenswert ist der im letzten Viertel des 16. Jahrhunderts einsetzende starke Zuzug von Rebleuten aus dem zürcherischen Weingebiet, namentlich aus der Grafschaft Kiburg. Von dort kamen im Sommer 1579 auch die beiden Brüder Jakob und Heinrich Wettstein von Russikon hieher. Der erstere stieg bis zum Basler Spitalmeister auf; 1610 erlangte er mit seinem jüngsten, damals 16jährigen Sohn Johann Rudolf, dem späteren großen Bürgermeister und Staatsmann, das Zunftrecht zu

Rebleuten. Johann Rudolfs jüngster Sohn hinwiederum, Johann Friedrich Wettstein, amtete von 1671 bis 1691 al Rebleuten-Zunftmeister; 1672 präsentierte er seinen Meisterbecher ‹nebst ansehnlicher Kollation›.

Viel zu schaffen machten Meister und Vorgesetzten der Rebleutenzunft die sogenannten ‹Tauner›, niedergelassene Rebarbeiter, welche die Weinberge im Bereich der Stadt bebauten. Sie bildeten eine unliebsame Konkurrenz der zünftigen Rebleute, weil sie sich bei der Bürgerschaft zu niedrigeren Löhnen verdingten. Seit 1601 hatten sie der Zunft ein jährliches ‹Taunergeld› von 12 Batzen zu entrichten. Zu den Taunern zählten mehrere Glieder des Rebbauerngeschlechts Stikkelberg oder Stickelberger aus Haltingen. Hans Stickelberg, der 1605 noch als Tauner Verdinggeld gezahlt hatte, empfing am 5. Juli 1607 das städtische Bürgerrecht wie das Zunftrecht zu Rebleuten und wurde damit zum Ahnherrn der Familie, aus welcher der Kunstmaler Ernst Stückelberg, der Schöpfer der Fresken der Tellskapelle, und der Schriftsteller Emanuel Stikkelberger hervorgingen.

Das Entgegenkommen der Rebleutenzunft gegenüber den Taunern erklärt sich daraus, daß es im Laufe der Zeit immer mehr am Nachwuchs eigentlicher Rebleute aus der städtischen Bürgerschaft mangelte. Deshalb war die Zunft auch gezwungen, ihre Reihen weitgehend Personen zu öffnen, die nicht Rebleute von Beruf waren. Dieser Umstand führte im 17. Jahrhundert einen grundlegenden Wandel in der Zunft herbei. Kaufleute, Akademiker und Offiziere bewarben sich um die Aufnahme, obschon sie mit dem Handwerk der Rebleute nichts zu schaffen hatten; denn die Zugehörigkeit zu einer Zunft bildete, wie wir sahen, die Voraussetzung jeder politischen Laufbahn, die Vorbedingung für den Einzug in den aus den Sechsern der Zünfte zusammengesetzten Großen Rat und die Wahl in den Kleinen Rat, das heißt in die Regierung. So finden sich in den Mitgliederrödeln der Zunft zu Rebleuten Angehörige der alten Familien Meyer, Iselin, Merian, Frey, Burckhardt, Faesch und anderer Geschlechter wie Nachkommen von Refugianten. Diese berufsfremden Zunftgenossen hatten die doppelte Eintrittsgebühr zu bezahlen; oft machten sie der Zunft zur ‹Danksagung› für ihre Aufnahme auch einen kostbaren Becher zum Geschenk. 1678 wurde in der Person von Matthias Segenmann der letzte Rebmann zum Zunftmeister gewählt; seine Nachfolger aber waren ausnahmslos Angehörige der sogenannten ‹Herrenfamilien›, das heißt der am städtischen Regiment beteiligten Geschlechter. Zur Zeit der Staatsumwälzung von 1798 zählte die Rebleutenzunft nur noch

Meisterkrone der Zunft zu Rebleuten

wenige wirkliche Rebleute, und 1814 gehörte ihr überhaupt kein Vertreter dieses Handwerks mehr an. Von allen Zünften wurde daher diejenige der Rebleute durch den Untergang des Zunftregiments am wenigsten betroffen. Sie bildete seit der Mediationszeit, wie die übrigen Zünfte, noch eine Wahlkörperschaft für den Großen Rat und war bis 1880 an der Betreuung des Vormundschaftswesens mitbeteiligt; dann fiel auch diese letzte öffentliche Funktion dahin.

Bewahrt hat die Zunft zu Rebleuten bis heute ihr Zunfthaus an der Freien Straße. Seit der Mitte des 15. Jahrhunderts war es nicht nur die Stätte ernster Beratungen über die Ordnungen des Berufsstandes, sondern auch der Ort froher Geselligkeit. Insbesondere im 17. Jahrhundert ging es hoch her an den Zunftmählern, an denen auf der reichbesetzten Tafel die Pracht silberner und silbervergoldeter Becher und anderer kostbarer Trinkgefäße schimmerte. Aus jener Zeit hat sich der 1668 von Johann Jakob Biermann II. geschaffene ‹Sechserbecher›, der silbervergoldete Wolf mit dem Rebmesser, das Prunkstück der Zunft, erhalten und ebenso die Meisterkrone aus silbernen Weinranken und silbervergoldeten Trauben, ein Werk des Goldschmieds Christoph Beck. Wertvoller Zunftbesitz ist im weitern das 1790 angeschaffte, silberbeschlagene Wappenbuch, dessen Titelblatt eine kolorierte Federzeichnung von Marquard Wocher schmückt.

Zu allen Zeiten stellte die Instandhaltung ihres Hauses große finanzielle Anforderungen an die Zunft. Der hohe Bauaufwand zwang sie, zu Ende des 17. Jahrhunderts ihren Landbesitz zu verkaufen; er bestand aus einem Stück Rebland auf der Breite, einem ‹Holz› im Münchensteiner Bann und einer oberhalb von Brüglingen gelegenen Matte, die lange Zeit dem jeweiligen Inhaber der Brüglinger Mühle verpachtet worden war. Zu zweien Malen im Lauf des 17. Jahrhunderts erfuhr das Zunfthaus eine Renovation. Seine Räume wurden, vor allem während der Messe, an Seiltänzer und Gaukler, Akrobaten und Fechtmeister, ja sogar als Tanzplatz vermietet. Um die Wende vom 17. zum 18. Jahrhundert brachte dort der Medizinprofessor Theodor Zwinger seine große Bibliothek unter; doch war es ihm untersagt, «bei nächtlicher Weil mit Feuer oder Licht darein zu gehen». Beim Durchzug der Alliierten diente das Haus als Kaserne; dann beherbergte es während einiger Dezennien die ‹Centralpolizeidirektion›, auf der die fremden Handwerksburschen ihr Wanderbuch visieren lassen mußten.

«In seinen Räumen herrschte nicht die Freude,
Es war der Polizei ihr ernstes Haus.
Der Handwerksbursche saß mit schwerem Leide
Und leerem Beutel oft darin mit Graus!
Statt Rebensaft ward Tinte nur gerochen,
Die ihn ‹zur Stadt hinaus› dann hat gesprochen» -

so dichtete der Vorgesetzte Felix Schneider im Jahre 1841, als die Polizeidirektion endlich wieder ausgezogen war.
Ein halbes Jahrhundert später nötigte dann die Korrektion der Freien Straße zu einem Neubau, dessen Planung den Architekten Emanuel La Roche und Adolf Staehelin übertragen wurde. 1926 wurde die Fassade durch Kunstmaler Numa Donzé mit den Fresken geschmückt, die vielen Baslern noch heute lebendig vor Augen stehen. Als Wirtshaus angelegt, mußte das Gebäude, nachdem der Restaurationsbetrieb eingegangen war, zu geschäftlichen Zwecken umgestaltet werden; doch vermochte diese Lösung wegen der hiefür ungeeigneten Disposition nie zu befriedigen. 1954 ergriff daher die Zunft die einmalige Gelegenheit, mit der Liegenschaften AG, einer Immobiliengesellschaft der Magazine zum Globus AG, einen Baurechtsvertrag abzuschließen, auf Grund dessen die genannte Gesellschaft in den Jahren 1956-1958 auf ihre Kosten das heutige Geschäftshaus der ABM (Au Bon Marché) erstellte.
Im fünften Stock des Gebäudes, hoch über der Freien Straße, hat die Zunft damals eine schöne, geräumige Vorgesetztenstube erhalten. Für deren Ausstattung konnten Bestandteile des alten Zunftsaals, insbesondere die historischen Holzsäulen aus dem Jahr 1692, sowie des bisherigen Vorstandszimmers weitgehend mitverwendet werden. Die alten Wappentafeln,

Titelblatt des Wappenbuchs der Rebleutenzunft von 1792, gezeichnet von Marquard Wocher

die Wappenscheiben sämtlicher Zünfte, die in das Zunfthaus von 1897 gestiftet wurden, und ein Porträt von Bürgermeister Johann Rudolf Wettstein, dem berühmtesten Zunftbruder, bilden besondere Schmuckstücke dieser Zunftstube, eines der schönsten Innenräume unserer Stadt, der die Rebleute mit berechtigtem Stolz erfüllen darf.

Innerhalb des Bereichs, in dem ihr die Bewachung der Stadtmauer - vom Eckturm zu St. Alban am Rhein bis zum Aeschentor - aufgetragen war, in der Kirche zu St. Alban, feierte die Zunft zu Rebleuten am 22. Oktober 1966 in würdiger Weise das Jubiläum ihres 600jährigen Bestehens. Wohl hat auch sie gleich den andern Zünften im 19. Jahrhundert ihre politische Bedeutung verloren; aber nicht erloschen sind ihre Aufgaben als Sammelpunkt vaterländisch gesinnter Bürger wie als Pflegestätte historischer Tradition, freundschaftlicher Geselligkeit und edler Wohltätigkeit, die sie mit ihren erfreulich reichen Mitteln auch in Zukunft treulich zu erfüllen gewillt ist.

Die Zunft zu Brotbecken

Die Zunft zu Brotbecken hat im Jahre 1956 jubilieren können; denn die älteste Urkunde, die uns von einer Gemeinschaft der Basler Brotbecken Kenntnis gibt, ist datiert vom 30. Januar 1256. In dem lateinischen Brief, den er an jenem Tag ausstellte, bestätigte Bischof Bertold von Pfirt den Brotbecken feierlich ihre altüberlieferten Rechte. Die Brotbeckenzunft ist also wesentlich älter als diese Zunfturkunde; möglicherweise stellt sie überhaupt die älteste der Basler Handwerkerzünfte dar.

Ihre Keimzelle scheint die Vereinigung der Brotbecken gewesen zu sein, die im Haushalt des Bischofs tätig waren. Zu ihnen mögen sich früh schon die Berufsgenossen gesellt haben, welche die städtische Bevölkerung mit Brot versorgten. Mit deren Zunahme und dem allgemeinen Aufschwung des Gemeinwesens lockerte sich allmählich die enge Bindung dieser ersten Gemeinschaft der Bäcker zur bischöflichen Hofhaltung; gleich den andern Handwerkern organisierten sich auch die Bäcker als eigentliche Zunft. Indessen übte der Bischof als Stadtherr auch weiterhin die Aufsicht und Rechtsprechung über das Bäckergewerbe aus. Freilich tat er es nicht persönlich, sondern verlieh diese Kompetenzen einem seiner wichtigsten Beamten, dem Vicedominus oder Viztum, der sie weiter an den ihm unterstellten Brotmeister delegierte; dafür hatte der Brotmeister dem Viztum jährlich zwei Schweine im Wert von 24 Schilling oder diesen Betrag in klingender Münze zu entrichten. In ältester Zeit scheint der Brotmeister auch als Meister der Zunft geamtet zu haben; doch war er im Gegensatz zu den übrigen Zunftmeistern mit weitgehenden öffentlichen Befugnissen im Bereich des Brotgewerbes und der Brotversorgung ausgestattet.

Zur Zeit des Zunftbriefs von 1256 besaßen die Brotbecken noch keine Läden; ihre Ware hielten sie auf der ‹Brotbank› am Brotmarkt feil, den der Brotmeister zu beaufsichtigen hatte. Wollte sich ein Bäckerknecht als Selbständigerwerbender am Brotmarkt beteiligen, dann sammelte der Brotmeister die Bäcker um sich, damit sie über den Kandidaten entschieden. Wurde er in ihre Gemeinschaft aufgenommen, so hatte er ihr, wie es im Zunftbrief heißt, 10 Schillinge ‹zer Zehrung› zu bezahlen. Dies läßt darauf schließen, daß die Brotbecken bereits 1256 über eine eigene Stube verfügten, auf der sie sich zu geselligen Anlässen zusammenfanden.

Abgesehen vom Zunftbrief von 1256 besitzen wir vor dem 15. Jahrhundert nur spärliche Kunde über die Brotbeckenzunft. In der ältesten Ratsbesatzung vom Jahr 1357 figuriert sie an der sechsten Stelle der offiziellen Rangordnung der Zünfte. Damals hatte bereits der Zunftratsherr als Vertreter der Brotbecken Einsitz im Rat; 1382 gesellte sich ihm auch der zu jener Zeit bereits von der Zunft selbst gewählte Zunftmeister. Eine wichtige Veränderung in den Verhältnissen des Bäckerhandwerks vollzog sich im Jahre 1404, als die Ämter des Viztums und des Brotmeisters um die Summe von 400 rheinischen Gulden käuflich vom Bischof an den städtischen Rat übergingen. Das Basler Konzil brachte dem Bäckergewerbe in den Jahren 1431-1448 einen mächtigen Auftrieb; doch war diese frühe Blüte der Brotbeckenzunft nur von kurzer Dauer. In der Konzilszeit begegnet uns die erste schärfer umrissene Persönlichkeit der Brotbecken: ihr Zunftmeister Hans Sperrer, genannt Brüglinger, der durch sein Handwerk zu beträchtlichem Vermögen gelangte; ihm verdanken wir einen der wertvollsten Berichte über die Schlacht bei St. Jakob an der Birs im Jahr 1444. Ein Zeitgenosse Brüglingers war der Bäckermeister Konrad Kilchenmann aus Mellingen, der ebenfalls als Zunftmeister amtete; sein Sohn Ludwig stieg 1500 als Mitglied der Hohen Stube des Adels sogar zum Bürgermeister auf und trug maßgebend dazu bei, daß sich Basel im folgenden Jahr dem Bund der Eidgenossen anschloß.

Von dem wirtschaftlichen Niedergang der Stadt, der nach dem Ende des Konzils einsetzte, wurden auch die Brotbecken betroffen. Sie litten indessen nicht nur unter den allgemeinen Verhältnissen der Zeit, sondern auch unter der Politik des Rates, welche die Möglichkeiten der freien Entfaltung des Bäckergewerbes empfindlich beschnitt. Vor allem die Maßnahmen der Obrigkeit zur Regelung des Getreidehandels hatten einen schwerwiegenden Rückgang des Berufsstandes der Brotbecken zur Folge. Bis gegen das Ende des 15. Jahrhunderts hatten sich die Bäcker auf dem städtischen Markt frei mit Korn eindecken können; 1483 aber wurde der Einkauf auf das Maß ihres täglichen Bedarfs reduziert, und in der Folge wurde den Bäckern der Kornmarkt auf dem heutigen Marktplatz sowie das Kornhaus, das sich auf dem Areal der Alten Gewerbeschule am Eingang der Spalenvorstadt befand, für den Einkauf von Getreide überhaupt gesperrt. Alle Gesuche der Bäcker, wieder zum öffentlichen Kornmarkt zugelassen zu werden, blieben ohne Erfolg; nach wie vor wurden sie dazu angehalten, sich das für ihr Gewerbe notwendige Getreide bei den Bauern außerhalb des Stadtbanns zu beschaffen. Diese Politik be-

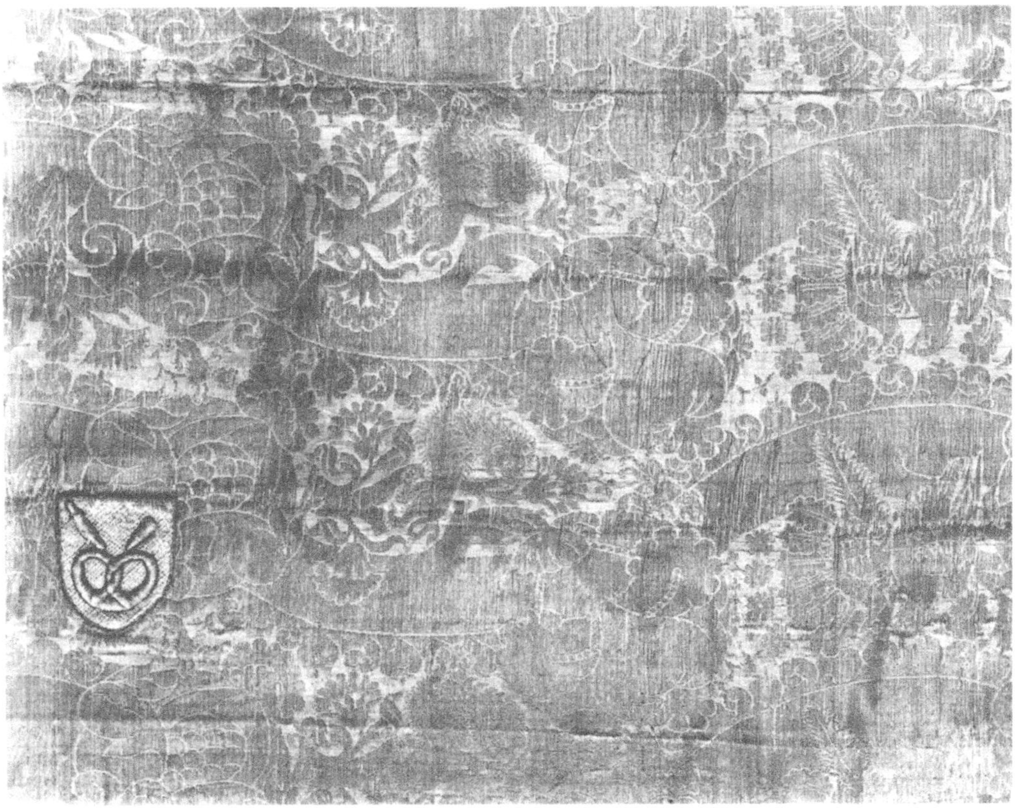

Altes Bahrtuch der Zunft zu Brotbecken

zweckte, möglichst viel Korn in die Stadt zu ziehen und damit die Getreideversorgung der Bevölkerung in Zeiten der Not sicherzustellen. Gleichzeitig übte der Rat indessen eine rigorose Aufsicht über den Brotmarkt aus. Nachteilig fiel für die einheimischen Bäcker auch die Konkurrenz ihrer auswärtigen Gewerbsgenossen ins Gewicht, welchen die Obrigkeit den Brotverkauf in der Stadt ebenfalls erlaubte, weil sie die ärmere Bevölkerung in der Regel zu billigeren Preisen belieferten. Aus allen diesen Gründen war das Verhältnis zwischen dem Rat und den Brotbecken zeitweise außerordentlich gespannt, so daß diese einmal drohten, gesamthaft aus der Stadt auszuwandern.

Der Stand der Brotbecken umfaßte im alten Basel die beiden Gruppen der Hausfeurer und der Feilbecken. Die Hausfeurer buken den Bürgern im Lohnwerk das Brot aus deren eigenem Mehl; im Haus ihres Auftraggebers machten sie unter dessen Augen den Teig. Diesen freilich nahmen sie meist in ihre Backstuben mit; doch besaß der Kunde das Recht, den Vorgang des Backens durch sein Gesinde überwachen zu lassen, um zu verhindern, daß der Bäcker einen Teil des Teigs unterschlug oder das daraus hergestellte Brot anderweitig verkaufte. Die wirtschaftliche Lage der Hausfeurer war bescheiden, ja dürftig; denn der Lohn, den sie von ihren Auftraggebern erheben durften, war von der Obrigkeit genau festgelegt, und namentlich in Zeiten hoher Holzpreise gestaltete sich ihre Tätigkeit sehr wenig rentabel. Günstiger stellten sich die Feilbecken, welche Brot zum Verkauf buken und es in den Brotlauben auf dem Marktplatz, beim Spital an den Schwellen zwischen Barfüßergasse und Freier Straße, unterm Aeschen- und Spalentor, in den Vorstädten zu St. Alban, an den Steinen und zu St. Johann sowie am Kleinbasler Brückenkopf auflegten, später auch im obrigkeitlichen Brothaus an der Weissen Gasse. In der Art ihrer Produktion waren die Feilbecken indessen stark eingeschränkt; denn der Rat trachtete vor allem danach, daß die Bürger und Einwohner mit genügenden Mengen von Hausbrot versehen wurden. In dieser Absicht erließ er genaue Vorschriften über das Verbacken von Mehl zu Wecken, Ringen und Kuchen; abwechselnd war es je einem der Weißbecken gestattet, pro Woche vier Sester feinen Mehls zu solchen Backwaren zu verarbeiten.

Die besonderen Schwierigkeiten, mit denen die Bäcker zufolge der geschilderten rigorosen Maßnahmen der Obrigkeit zu kämpfen hatten, veranlaßten sie dazu, an ihren Vorrechten bis zur Aufhebung der Zunftverfassung mit Zähigkeit festzuhalten und allen Neuerungen, die der Rat auf dem Brotmarkt durchzuführen versuchte, hartnäckigen Widerstand entgegenzusetzen. Im Gegensatz zu den meisten andern Zünften öffnete die Brotbeckenzunft ihre Reihen auch in den späteren Jahrhunderten ausschließlich den eigenen Berufsgenossen; dadurch blieb sie in ihrem politischen Einfluß beschränkt. Umso mehr erstarkte in solcher Geschlossenheit der Geist der Gemeinschaft, der nicht nur in der Meisterschaft gepflegt wurde, sondern auch in der Bruderschaft der Beckenknechte, einer Art Gesellenverband, in dem die gegenseitige Fürsorge eine wichtige Rolle spielte.

Wie in den andern Handwerkerzünften bildete bei den Brotbecken der Nachweis der freien und ehelichen Geburt wie einer genügenden Lehrzeit die Voraussetzung für die Aufnahme. Mit der Zugehörigkeit zur Zunft waren auch für die Brotbecken militärische Pflichten verbunden, nicht allein in Kriegszeiten, wo sie unter dem Fähnlein der Zunft dem Kommando des Meisters folgten, sondern auch hinsichtlich der Bewachung der städtischen Ringmauer. Zusammen mit den Angehörigen der Zünfte zu Gartnern, zu Fischern und zu Schiffleuten war ihnen die Hut über den Abschnitt aufgetra-

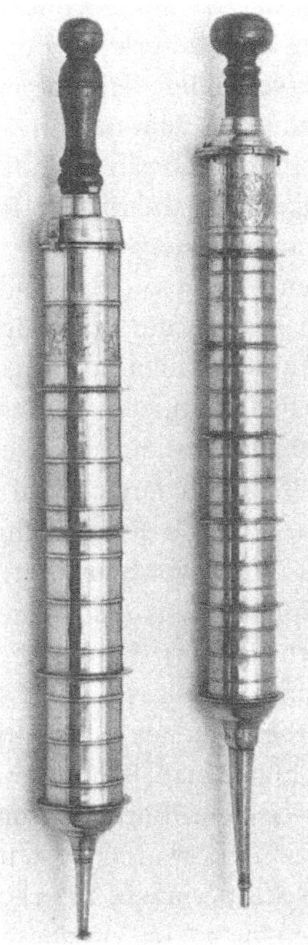

Handfeuerspritzen der Zunft zu Brotbecken

gen, der vom Turm Luginsland (hinter dem heutigen Bernoullianum) bis zum Thomasturm am Rhein reichte.
Die erste Zunftstube der Brotbecken lag vermutlich in der Nähe des Fischmarktes, unfern vom ältesten Brotmarkt. 1413 erwarb dann Henman Meiger, der Meister der Brotbeckenzunft, in deren Namen von den Brüdern Burkart und Claus Zibol, den Söhnen des Oberstzunftmeisters und Bürgermeisters Jacob Zibol, der 1401 das Kartäuserkloster am Rhein, die heutige Stätte des Bürgerlichen Waisenhauses, gestiftet hatte, um 245 Gulden die Liegenschaft ‹zem güldin Vane› (‹zum goldenen Fahnen›) an der Freien Straße (jetzt Nr.26), die auf der Rückseite bis zu dem damals die Stadt offen durchfließenden Birsig reichte. Daß die Zunft dieses bedeutende Anwesen in ihren Besitz bringen konnte, zeugt für die Erstarkung ihrer Gemeinschaft. Offenbar erfuhr das Gebäude damals eine mit wesentlichen Kosten verbundene bauliche Umgestaltung. Das läßt sich schließen aus der Tatsache, daß der Zunftmeister zu Brotbecken im gleichen Jahr das außerordentlich hohe Darlehen von 432 Gulden bei Johann Sigk von Mömpelgard (Montbéliard) aufnahm, dem die Zunft dafür eine durch die Verpfändung ihres Hauses gesicherte jährliche Leibrente von 48 Gulden auszurichten hatte. Die Obereigentümerin, welche die Liegenschaft den Brotbecken zu Erbrecht verlieh, war die Gattin des Henman von Mülhusen, genannt Schlosser; sie bezog davon einen Zins von sechs Pfund. Ein Teil davon ging in der Folge über an Ursula, die Witwe des Gerbers Henman Luterbach, welche die Abgabe von 30 Schilling, die sie von den Brotbecken bezog, an Anna, die Witwe des Henman Schölderlin, verkaufte; diese vergabte die Hälfte hievon 1406 an das Kartäuserkloster. Ein weiterer Zins, der offenbar von der erwähnten Gattin des Henman Schlosser gestiftet worden war, ging an das Chorherrenstift von St. Peter für die Abhaltung der Jahrzeiten für den Kanoniker und Kantor Paulus Schlosser und dessen Bruder Johannes, Kaplan zu St. Peter.
Im Juni 1529 wurde das Zunfthaus der Brotbecken von einem Hochwasser des Birsigs heimgesucht, welches großen Schaden anrichtete. Auch später bedeutete der Unterhalt des Hauses für die Zunft eine schwere Last; sie zwang sie dazu, 1586 bei Katharina, Joder (Theodor), Maria und Elisabeth Hertenstein, den Kindern des verstorbenen Joder Hertenstein, ein Darlehen von 400 Pfund aufzunehmen, das viele Jahrzehnte lang mit 20 Pfund verzinst werden mußte. Immer wieder bereitete es der Zunft große Mühe, diesen Betrag aufzubringen, namentlich im Jahr 1666, als man sich mangels anderer Mittel dazu entschließen mußte, das Silbergeschirr, «welches unsere in Gott

ruhenden Vorfahren erspart haben», zu verkaufen. Glücklicherweise wurde damals nicht auch das Prachtsstück der Zunft veräußert, der kostbare, große, silbervergoldete Hirsch, ein Werk der Augsburger Goldschmiedekunst aus dem Beginn des 17. Jahrhunderts, der sich noch immer in ihrem Besitz befindet, während der schwere silberne Meisterkranz im Jahre 1820 für 89 Franken und 1 Batzen zu Geld gemacht wurde.

Bescheidene Einnahmen flossen der Zunft schon seit dem Ende des 15. Jahrhunderts von ihrem Keller zu, «da die Frömbden ihr Wyn inlegen», und später auch von den Läden im Erdgeschoß an der Freien Straße, die seit 1600 vermietet wurden; doch reichten sie nicht hin, um das Gebäude instand zu halten und die ‹presthafte› Mauer gegen den Birsig, die immer wieder einzustürzen drohte, gründlich zu reparieren. Zu einem mehrjährigen Bauhändel kam es, als die Zunft «umb mehrerer Komblichkeit willen» hinter ihrem Sommerhaus ein kleines ‹Gebäw› errichtete. Dagegen erhob der Ratsherr Franz Ebneter in der angrenzenden ‹Schwanenau› (Freie Straße 24) Einspruch beim Fünfergericht, das die Funktionen der heutigen Baupolizei ausübte, da er befürchtete, man könnte von einem Haus in das andere steigen. Seinem Begehren um Entfernung dieses Anbaus gaben die ‹Fünfer› zwar nicht statt; doch wurde die Zunft verpflichtet, die Scheidemauer zu erhöhen und das hintere Fenster zu vermauern. 1693 gelangte Ebneter nochmals an die Richter mit einer Beschwerde wegen des ‹Täschentachs›, mit dem die Brotbecken ihr Sommerhaus überwölbt hatten. Diesmal erhielt er Recht: Die Zunft hatte dieses Dach abzutragen und zu ersetzen durch «ein flaches Satteldächlin, so gegen den Birsickh mit einem schrägen Wälmlin versehen».

Die Zunftstube mit ihren prächtigen, heute im Historischen Museum befindlichen Kabinettscheiben war nicht nur die Stätte ernster Beratungen und froher Gelage; der stets auf die Erhöhung seiner Einnahmen bedachte Stubenknecht stellte sie gerne auch durchreisenden Artisten zur Verfügung. 1642 produzierte sich hier einer, «so ein Bären gehabt»; 1652 trat ein Spielmann mit einem ‹Trampeltier› auf; drei Jahre zuvor hatte man einem Seiltänzer Beifall geklatscht. 1675 konnte man acht Tage lang ein Roß mit acht Füßen und 1692 während zwölf Tagen gar einen ‹Ellifanten› bestaunen, den acht bis zehn Männer gleichzeitig bestiegen, worauf er mit dem Rüssel eine Pistole losdrückte.

In der Revolutionszeit von 1798/99 wie beim Durchzug der Alliierten um die Jahreswende 1813/14 wurde das Haus der Brotbecken durch die Einquartierung von Truppen stark mit-

Tafel 5
Prachtswerke der Goldschmiedekunst:
Wappenbuch und Meisterkrone
der Zunft zu Safran

Hirschbecher der Zunft zu Brotbecken

genommen. Wiederholt plante die Zunft eine Renovation der Liegenschaft; doch reichten ihre Mittel knapp zu deren Unterhalt und zur Bestreitung der Unkosten aus. Mehr und mehr drängte sich mit der Zeit ein Neubau auf, zu welchem sich die Zunft nach langem Zögern im Jahr 1842 entschloß, nachdem ihr der Stadtrat, die Exekutive der von 1803 bis 1876 bestehenden Stadtgemeinde, erlaubt hatte, eine Hypothek von 16000 Franken aufzunehmen. Damit konnte die Vorderfassade erneuert, das Erdgeschoß zu Läden eingerichtet und im zweiten Stockwerk eine geräumige Wohnung eingebaut werden. Der Auftrag wurde dem Baumeister Jakob Heimlicher erteilt, welcher das Haus mit einer schön gegliederten, klassizistischen Fassade schmückte, die allgemein als Zierde der Freien Straße betrachtet wurde. Den Laden im Erdgeschoß vermietete die Zunft dem Pastetenbeck Sebastian Burckhardt; den obern Stock überließ sie dem Gastwirt des gegenüber gelegenen Gasthofs ‹zum Wilden Mann› als Dépendance zur Einlogierung von Fremden. Aber schon rund fünfzig Jahre später verschwand das Zunfthaus der Brotbecken; im Zusammenhang mit der Korrektion der Freien Straße mußte es um 187500 Franken an den Staat abgetreten werden, der es 1897 niederreißen ließ. In der Folge ging das Areal in private Hände über, und nachdem auf dessen Hinterseite der Birsig durch die Falknerstraße überdeckt worden war, erstand hier um die Jahrhundertwende das Hotel Central.

Nahezu ein halbes Jahrtausend lang war das Zunfthaus der Brotbecken der Schauplatz ihrer Zusammenkünfte. Meister und Vorgesetzte tagten und tafelten in der vorderen Stube des ersten Stocks mit dem Ausblick auf die Freie Straße, während sich die Zunftgenossen zu ihren Versammlungen und Gelagen in der hintern großen Stube gegen den Birsig vereinigten, vor allem am Neujahr und am Tag Johannes des Täufers aus Anlaß der Neuwahl von Ratsherr, Meister und Sechsern. Zu Neujahr wurde bis zum Beginn des 16. Jahrhunderts die berühmte Gallerte, eine Sülze aus Fischen oder Fleisch mit mancherlei Zutaten, aufgetischt, die zur festen kulinarischen Tradition in den Basler Zünften wurde; am frühesten wird sie in den Zunftbüchern der Brotbecken im Jahre 1419 erwähnt. Köstlich in doppeltem Sinne waren auch die Mahlzeiten, welche die neugewählten Mitglieder des Zunftvorstandes, die Sechser, zu spendieren hatten. Sie waren verpflichtet, nach ihrer Ernennung ihre Kollegen zu Mittag und zu Nacht einzuladen und überdies jedem einen Neuthaler als ‹Bhaltis› zu verabfolgen. Man hört im Geist den Seufzer, den der Ratsherr Johannes Dietschy ausstieß, als er 1768 in seinem Ausgabenbüchlein notierte: «Das Sechsertum auf Einer Ehrenzunft zu Brotbecken ist mich erstens die Mahlzeit auf 156 Pfund kommen, für den Silberbecher 50 Pfund, jedem Vorgesetzten einen Neuthaler, macht wiederum 50 Pfund, dem Stubenknecht drei Neuthaler, jedem Herrendiener neun Batzen, jedem Stadtknecht drei Batzen, vier Stadtboten jedem fünf Batzen, jedem der beiden Überreiter fünf Batzen und (an die Torwache) unter das St. Alban-Thor eine 16mäßige Flasche Wein.»

Die heutigen Zunftessen der Brotbecken, die auf das Jahr 1855 zurückgehen, sind einfacher geworden; aber sie erhalten ihren besondern Glanz nicht nur durch das im Zunftbesitz verbliebene silberne Tafelgerät, sondern auch durch die prachtvollen Schaubrote, die als Zeugnisse der handwerklichen Kunst der jetzigen Zunftbrüder den Ehrentisch schmücken. Ein Höhepunkt des Abends ist Jahr für Jahr der Auftritt des Zunftchors, wenn er den schönen Segensspruch der Basler Brotbecken anstimmt:

«Allzeit gut Brot,
Keiner in Not,
S Land nie zum Spott:
Das walte Gott!»

Die Zunft zu Schmieden

Waffen und metallene Gegenstände des friedlichen Gebrauchs wurden seit ältester Zeit von der städtischen Bevölkerung benötigt, und so entwickelte sich schon früh das Handwerk der Schmiede. Die Berufsgruppe, die es in Basel betrieb, setzte sich aus mehreren Zweigen mit verschiedenem Domizil zusammen. Die Huf- und Waffenschmiede wohnten ursprünglich an der ‹Schmiedgasse› am Spalenberg, während die meisten Messerschmiede im Gebiet der Spiegelgasse seßhaft waren. Wann ihr Zusammenschluß zu einer zünftigen Organisation erfolgte, bleibt im Dunkeln. Indessen dürfte eine Innung der Schmiede bereits im Jahr 1248 bestanden haben, in dem das städtische Gemeinwesen im Kampf zwischen Ghibellinen und Guelfen auf die Seite des Papstes übertrat, wohl nicht zuletzt in der Absicht, durch diesen Schritt vom bischöflichen Stadtherrn weitgehende Rechte für Rat und Bürgerschaft zu erwirken. Mit andern Berufsgenossenschaften des wirtschaftlich erstarkenden Handwerkerstandes mögen damals auch die Schmiede von Bischof Lütold II. von Rötteln die Gutheißung der von ihnen zum Schutz der gemeinsamen Interessen getroffenen Vereinbarungen erlangt haben. Ebenso darf angenommen werden, daß Bischof Heinrich von Neuenburg beim Antritt seines Amtes im Jahre 1262 die Satzungen der Schmiedenzunft in einem neuen Brief bestätigte. Der früheste Nachweis eines zünftigen Zusammenschlusses der Schmiede datiert indessen bereits acht Jahre vorher: Er findet sich in einer lateinischen Urkunde vom 12. August 1255, in der das Chorherrenstift St. Peter dem Schmied Heinrich ein Haus zu Erbrecht verleiht; denn unter den Zeugen der Handlung figuriert auch Heinricus faber, der Zunftmeister, Bürger zu Basel. Auf Grund dieses Dokuments ist das 700jährige Bestehen der Zunft zu Schmieden 1955 gefeiert worden.

Die älteste erhaltene Zunftordnung der Schmiede, die auf einem aus der ersten Hälfte des 14. Jahrhunderts stammenden Pergamentrodel überliefert ist, galt noch für alle in der Schmiedenzunft zusammengefaßten Berufszweige; doch enthält sie bereits Sonderbestimmungen für die spezialisierten Handwerke, die sich innerhalb der Zunft gebildet hatten. Schon im 13. Jahrhundert muß die Arbeitsteilung bei den Schmieden in Basel weit fortgeschritten gewesen sein. Die zahlenmäßig stärkste Gruppe bildeten bis ins 16. Jahrhundert die Messer-

Kafferhalle zu Schmieden

schmiede. Die Basler Messerschmiede genossen, ebenso wie diejenigen von Wien, Heidelberg und München, besonderes Ansehen; ihr handwerkliches Brauchtum war für die Vereinigungen der Messerschmiede in sämtlichen Städten des ganzen Deutschen Reichs maßgebend und richtungweisend. Basler Messer waren noch im 15. Jahrhundert ein wichtiger Exportartikel; doch sank später die Produktion infolge des Wandels der Mode, und damit ging auch die Zahl der Meister stark zurück. Im 16. Jahrhundert wurden die Messerschmiede überflügelt von den Schlossern, welche auch kunstvolle Beschläge wie reichverzierte eiserne Gitter und Tore schufen. Zur Meisterschaft der Schlosser zählten auch die Uhrmacher, unter ihnen jener Heinrich Halder, der 1372 die erste Turmschlaguhr am Straßburger Münster errichtete und damit ein für seine Zeit einzigartiges Werk vollbrachte. Den Schlossern und Uhrmachern gesellten sich im 15. Jahrhundert die Winden- und Büchsenmacher zu. Diese vier Berufszweige wurden 1647 zu einer einzigen Organisation, den ‹vier vereinbarten Handwerken›, zusammengefaßt. Zu Schmieden zünftig waren auch die Müller, weil ihre Interessen als Mitglieder der Teichkorporationen zu St. Alban und im Kleinbasel ähnlich gelagert waren wie diejenigen der Kupfer- und Messerschmiede; doch blieben sie, nicht zuletzt wegen ihrer Diskriminierung durch die Behörden, stets ein Fremdkörper innerhalb der Zunft. Huf- und Waffenschmiede, die ‹vier vereinbarten Handwerke›, die Kupferschmiede oder Keßler, die Messerschmiede und zeitweise auch die Nagler bildeten seit dem 17. Jahrhundert selbständig organisierte Meisterschaften mit eigener Gerichtsbarkeit in Sachen ihrer Handwerke.

◁
Die gotische Hauptfassade des ehemaligen Zunfthauses zu Schmieden an der Gerbergasse

Ursprünglich stellte die berufliche Tüchtigkeit, die seit alters in einer dreijährigen Lehre und auf der anschließenden Wanderschaft erworben wurde, die Voraussetzung für den Eintritt in die Zunft dar. Im Laufe der Zeit bewarben sich indessen auch zahlreiche Bürger, die keines der genannten Handwerke praktizierten, um die Aufnahme, vor allem Kaufleute, die das Zunftrecht zu Schmieden besitzen mußten, um mit Eisenwaren handeln zu können. Darunter befanden sich einige der reichsten Persönlichkeiten der Stadt im 15. Jahrhundert, die der Zunft besonderes Relief verliehen. Die wirtschaftliche und soziale Lage der Zunftgenossen war demzufolge sehr verschieden; denn nicht wenige der zu Schmieden zünftigen Handwerksmeister lebten in recht dürftigen Verhältnissen. Denken und Wollen der Zünfter schlugen sich nieder in der Zunftordnung. Ihre Bestimmungen regelten den Verkehr zwischen den Angehörigen der Zunft, schützten die vertraglichen Bindungen des einzelnen Meisters, ermöglichten oder erleichterten ihm die Beschaffung von Rohstoffen und Hilfsmaterialien wie Eisen, Stahl, Buchsholz (für die Schäfte) und Kohle, befaßten sich mit der Qualität der Erzeugnisse und ordneten die Fragen der Berufsbildung. Alle diese Vorschriften waren ursprünglich aus einem echten Gemeinschaftssinn erwachsen; seit dem 16. Jahrhundert aber verfolgte die Zunft damit mehr und mehr eindeutige wirtschaftspolitische Ziele. Die einstige solidarische Gemeinschaft wandelte sich zur ausgeprägten Zwangsgenossenschaft mit monopolistischen Tendenzen. Freilich vermochte die Zunft den Gang der wirtschaftlichen Entwicklung nicht aufzuhalten. Mit der Französischen Revolution hatte sie ihre traditionelle Rolle ausgespielt, und mit dem Verlust ihrer gewerbegerichtlichen Kompetenzen büßte sie auch ihre wirt-

Glasscheibe der Kupferschmiede

schaftliche Bedeutung ein, wenngleich der Zunftzwang bis zum Jahr 1874 fortbestand.
Wie die politischen und wirtschaftlichen Rechte den Angehörigen des Schmiedehandwerks nur im Rahmen des Zunftverbandes gewährleistet wurden, so hatten sie auch ihre öffentlichen Pflichten, vor allem ihre militärischen Leistungen, in

Fähnlein der Schmiedenzunft aus dem 15. Jahrhundert

dieser Gemeinschaft zu erfüllen. Meister und Vorgesetzte sammelten die Zunftgenossen unter dem eigenen Banner, dessen Führung schon Bischof Heinrich der Zunft gestattet hatte. Erhalten hat sich ein Fähnlein aus dem 15. Jahrhundert, welches das Zeichen der Zunft, eine von zwei Schmiedehämmern flankierte Feuerzange, trägt. Es rief die Zunftbrüder nicht nur zum Kampf und zur Verteidigung der Stadt in gefahrvoller Zeit, sondern versammelte sie ebenso jahraus, jahrein zur Bewachung des ihnen zugewiesenen Abschnitts der städtischen Ringmauer, der 1444 vom Turm auf dem Luginsland (hinter dem heutigen Bernoullianum) bis zum Eglolfstor auf der Lys reichte. In den Aufgabenkreis der Zunft fiel auch die Stellung eines ständigen Feuerwehrpiketts von 12 bis 16 Mann mit eigenen Geräten.
Der wachsende Zustrom fremder Schmiedeknechte, die sich während ihrer Wanderzeit kürzer oder länger in Basel aufhielten, begünstigte die Bildung selbständiger Bruderschaften der Gesellen, welche deren Interessen gegenüber den Meistern wahrzunehmen trachteten, vor allem aber der Pflege des religiösen und geselligen Lebens dienten. Nach der Reformation trat ihre soziale Aufgabe in den Vordergrund: die Fürsorge für bedürftige und kranke Mitglieder, denen die Kasse der Bruderschaft auch kleinere Darlehen gewähren konnte.

Schon 1513 waren diese Hilfeleistungen genauer geregelt worden: Die Bruderschaft zahlte, wahrscheinlich mit der Unterstützung der Meisterschaft, 40 Pfund an das Spital an den Schwellen auf dem Areal zwischen Barfüßerplatz und Freier Straße, das dafür auf ewige Zeiten einen Freiplatz für kranke Gesellen zusicherte, welche unentgeltlich verköstigt und gepflegt wurden. Beim Eintritt hatten die Patienten ihr ganzes Vermögen zu hinterlegen; im Todesfall verblieb es dem Spital. Aus der ‹Gesellen-Krankenlade› der Schlosser ging später die Schlosser-Krankenkasse in Basel hervor; sie erinnert an die weit in die Vergangenheit zurückreichenden Anfänge der Sozialversicherung.

Die Trinkstube der Huf- und Waffenschmiede befand sich bis zu Beginn des 15. Jahrhunderts beim Spalen-Schwibbogen, dem 1838 abgebrochenen innern Stadttor am obern Ausgang des Spalenbergs gegenüber der Alten Gewerbeschule, während sich die Messerschmiede damals im Haus ‹zum Korb› an der Spiegelgasse vereinigten. Erst 1411 wurde die den Zwecken der gesamten Zunft dienende Liegenschaft am alten Rindermarkt in der Gerbergasse gegenüber dem Kaufhaus, der heutigen Hauptpost, erworben, wo bis dahin eine religiöse Gemeinschaft armer Schwestern oder Beginen gelebt hatte. Wohl gegen das Ende des 16. Jahrhunderts ließ die Zunft das Gebäude mit prächtigen Wandmalereien schmücken, die unter anderm die Legende vom heiligen Eligius, dem Schutzpatron der Schmiede, darstellten, welcher einem Pferd den abgetrennten Fuß wieder anheilte. Leider widerstanden diese auch von Jacob Burckhardt als höchst wertvoll erachteten Fresken dem Zahn der Zeit nicht, so daß 1876 auf deren unmöglich gewordene Restauration verzichtet werden mußte. Im Innern war das Zunfthaus geschmackvoll ausgestattet; oft wurden auch Gäste des Rates, die sich in Basel aufhielten, hier empfangen. Die Zunftstube war der beliebte Treffpunkt der Zunftbrüder, die sich zum Jahresanfang, am Fronleichnamstag, am Aschermittwoch wie am Tag der Wahl der Zunfthäupter und der Einführung der neuen Räte auch zu gemeinsamen Festmahlzeiten zusammenfanden. Zeitweise verfügte die Schmiedenzunft über Stubenwirte, die sich ausgezeichnet auf die Küche verstanden; so wurde 1728 der Zunftknecht Christoph Imhof vom kaiserlichen Gesandten bei der Tagsatzung als Koch engagiert.

Mit dem Ende der alten Zunftherrlichkeit schwand die volle Verwendungsmöglichkeit des Hauses zu Zunftzwecken dahin; doch fehlten eigene Mittel, die einen würdigen Umbau gestattet hätten. 1887 beschloß daher die Zunftversammlung auf

◁
Der Rümelinsplatz um die Jahrhundertwende mit der gotischen Fassade des ehemaligen Zunfthauses zu Schmieden

Decke des Wappenbuchs der Zunft zu Schmieden

Antrag des Vorstandes den Verkauf der Liegenschaft an die Gesellschaft zur Beförderung des Guten und Gemeinnützigen, womit das Haus einer Institution dienstbar gemacht wurde, welche seit zwei Jahrhunderten als wertvolle Schrittmacherin der sozialen Entwicklung in Basel wirkt. Die Schmiedenzunft selbst aber, die dank strenger Handhabung der Aufnahmebedingungen nach jahrhundertelangem Unterbruch wieder zu einer reinen Handwerkerzunft geworden ist, hat sich lebendig erhalten als Ort der Sammlung der durch die Liebe zur Vaterstadt und zum Vaterland verbundenen Zunftbrüder.

Die Zünfte zu Schuhmachern und zu Gerbern

Bereits 1950 hat die Zunft zu Schuhmachern das Jubiläum ihres siebenhundertjährigen Bestehens feiern können; denn schon 1250 treten die Schuhmacher in einem geschlossenen Verband auf. Indęssen hat sich ein Stiftungsbrief der Zunft nicht erhalten; er muß im großen Erdbeben des Jahres 1356 verloren gegangen sein. Gleich andern Handwerkern besaßen die Schuhmacher ihre Arbeits- und Wohnstätten am selben Straßenzug in der Innerstadt. Für die Bearbeitung des Leders waren sie auf das Wasser angewiesen, und so siedelten sie sich in der Nähe des einst offen durch die Stadt fließenden Birsigs und Rümelinbachs an, im obern Teil der Gerbergasse, der im 13. Jahrhundert vicus sutorum, das heißt Sutergasse oder Schustergasse, hieß.

Die Stiftung der Zunft zu Gerbern dürfte ebenfalls in die erste Hälfte des 13. Jahrhunderts anzusetzen sein; doch ist auch ihr Zunftbrief nicht auf uns gekommen. Die erste erhaltene Urkunde der Gerberzunft stammt aus dem Jahr 1358; sie berichtet von der Aufnahme einer Schuld, wofür die offenbar durch das Erdbeben von 1356 hart betroffene Zunft ihr Zunfthaus zu verpfänden hatte. Daß sich das Handwerk der Gerber indessen schon im 13. Jahrhundert zu schöner Blüte entwickelt hatte, beweist die Sage von der Begegnung des Grafen Rudolf von Habsburg mit dem reichen Gerber zu Basel, die uns der Chronist Johann von Winterthur überliefert. Zwar wird der Wohlstand des baslerischen Gerberhandwerks nicht durch zeitgenössische Quellen bestätigt; doch spiegelt sich in der stattlichen Zahl von 59 Gerbern, die uns für das Jahr 1428 bezeugt ist, noch etwas vom Glanz des Gewerbes in frühester Zeit. Das Zunfthaus der Gerber stand von jeher mitten in den Wohnstätten der Angehörigen des Gewerbes, die sich gleich denen ihrer Abnehmer, der Schuhmacher, anfänglich an der heutigen Gerbergasse konzentrierten.

Ursprünglich hatten wohl Schuhmacher wie Gerber eigene, voneinander getrennte Organisationen gebildet; in der Zeit aber, in der sich das über ihrer Entstehung liegende Dunkel dank der schriftlichen Überlieferung lichtet, treten uns die beiden Gewerbe bereits als gemeinsamer Verband entgegen. Schuhmacher und Gerber sind die erste Doppelzunft, von der wir Kunde erhalten. Ihre Zusammenfassung erfolgte indessen nicht aus politischen Gründen, wie etwa diejenige der Grautü-

cher und Rebleute, sondern aus rein gewerblichen Überlegungen: Als Rohstofflieferanten der Schuhmacher wurden die Gerber mit diesen vereinigt. Die beiden durch ihre Tätigkeit eng miteinander verwandten Halbzünfte besaßen den aufrechten Löwen als Wappentier; doch trug der Löwe der Gerber als Zeichen ihres Handwerks das Messer in den Vorderpfoten.
Unter den fünfzehn historischen Basler Zünften rangierte die Doppelzunft der Schuhmacher und Gerber an achter Stelle. Im Rahmen der Zunft waren beide Teilzünfte einander gleichgestellt. Je drei Vorgesetzte oder Sechser wurden aus dem Kreis der Schuhmacher und der Gerber gewählt. In den Spitzen der Zunft wechselten die beiden Halbzünfte miteinander ab: In demjenigen Jahr, in welchem die Schuhmacher den Zunft-Ratsherrn stellten, amtete ein Gerber als Zunftmeister; im andern Jahr, in welchem die Gerber mit dem Zunft-Ratsherrn zum Zug kamen, wurde der Zunftmeister aus den Reihen der Schuhmacher ernannt. Der Zunftmeister bildete zusammen mit den Sechsern das Zunftgericht, welches über alles, was die beiden Handwerke gemeinsam anlangte, sein Urteil fällte. Die Arbeitsschau wurde indessen für Schuhmacher und Gerber getrennt vorgenommen; sie oblag ausschließlich den Beamten der beiden Gewerbe.
Nicht immer beherrschte freundschaftliche Harmonie das gegenseitige Verhältnis der beiden Halbzünfte. Schon im Jahr 1364 brachen zwischen ihnen Streitigkeiten über die Bestellung des Zunftvorstandes aus. Schuhmacher wie Gerber wandten sich an die Obrigkeit mit der Bitte, diese ‹Stöße› und Mißhelligkeiten zu ‹lüttern›. Einem Ausschuß des Rates gelang es damals, die Differenzen vorübergehend zu schlichten und die beiden Teilzünfte auf den geschilderten Wahlmodus zu verpflichten. Indessen dauerten die Spannungen zwischen Schuhmachern und Gerbern fort; die Verwaltungsbefugnisse wie die städtischen und zünftischen Pflichten der beiden Gewerbe blieben Gegenstand langwieriger Auseinandersetzungen. Der Rat bemühte sich auf jede Weise, die Katastrophe aufzuhalten, indem er die beiden Handwerke versöhnlich zu stimmen suchte oder ihren inneren Zwiespalt einfach ignorierte. 1441 konnte er nicht mehr ausweichen: Jetzt wurden das Zunftgut, die Zunftkaufsgelder und die gewerbliche Gerichtsbarkeit getrennt. Dem beidseitigen energischen Verlangen nach vollständiger Separierung entsprach die Obrigkeit indessen nicht; um den Rat nicht erweitern zu müssen, beharrte sie darauf, daß die beiden Halbzünfte wie bisher unter einer einheitlichen obersten Leitung vereinigt blieben und unter dem gemeinsamen Banner ausrückten. In der Person des Zunftmeisters

verkörperte sich weiterhin die formelle Einheit der beiden Handwerke.

Damit konnte die Periode der Verfassungsstreitigkeiten als abgeschlossen betrachtet werden; doch setzten nunmehr neue Zwistigkeiten kommerzieller Natur zwischen Schuhmachern und Gerbern ein. Immer wieder versuchten die Schuhmacher, sich von den Gerbern als ihren natürlichen Rohstofflieferanten zu lösen und diese einerseits gegen die hausierenden Landgerber, anderseits gegen die sich in den Lederhandel eindrängenden Kaufleute auszuspielen. 1448 beschwerten sich die Gerber darüber, daß die Schuhmacher das Leder en gros einkauften und en détail an die Angehörigen der Zunft weiter verkauften, obschon der Handel in Leder ihnen, den Gerbern, vorbehalten sei. Der Rat untersagte hierauf den Schuhmachern ausdrücklich, unter Androhung von Konfiskation und Strafe, jeden Verkauf, mit Ausnahme der von ihnen selbst angefertigten Schuhe, Stiefel und Pantoffeln. 1523 erhoben die Gerber Klage darüber, daß die Schuhmacher ihren Bedarf an Leder nicht bei ihnen, sondern bei fremden Kaufleuten eindeckten. Von neuem insistierte der Rat bei dieser Gelegenheit auf dem für Schuhmacher und Gerber festgelegten Gewerberecht. Auch in der Folge gelang es immer wieder, die Gegensätze zu überbrücken. So blieben Schuhmacher und Gerber beisammen und bildeten bis zur Aufhebung des alten Ratsherren-Regiments durch die Kantonsverfassung vom Jahr 1875 eine gemeinsame Wahlzunft.

Zahlenmäßig besaßen die Schuhmacher stets ein Übergewicht gegenüber den Gerbern, und so hatten sie regelmäßig eine größere Mannschaft zum Kriegs- und Wachdienst zu stellen. In der Alarmordnung des Jahres 1531 war den Schuhmachern und Gerbern zusammen mit den Webern die Hut der Stadtmauer vom Herthor, d.h. dem Steinentor, bis zum Eglolfstor auf der Lys aufgetragen. Am Kriegswesen waren die Schuhmacher stark beteiligt; mit den Zünften zu Safran, zu Rebleuten und zu Schmieden zählten sie zu den militärisch besonders hervortretenden Innungen. 1529 rückten von ihren Angehörigen zum Banner 44 Mann ein mit 8 Büchsen, 26 Spießen und 10 Hellebarden und zum Fähnlein 25 Mann mit 4 Büchsen, 14 Spießen und 7 Hellebarden. Als Basel 1531 wegen des Hochgerichts zu Gempen mit Solothurn in Streit geriet, zogen von den Schuhmachern 25, von den Gerbern aber nur 8 in diesen ‹Galgenkrieg›, und im gleichen Jahr nahmen 15 Mann von den Schuhmachern und Gerbern, mit 3 Büchsen, 8 Spießen und 4 Hellebarden ausgerüstet, teil am Auszug gegen Gian Giacomo de Medici.

Wenn die beiden Halbzünfte in politischer und militärischer Beziehung als eine einheitliche Körperschaft auftraten, so war anderseits jede von ihnen in der Regelung ihrer gewerblichen und internen Angelegenheiten völlig selbständig. Beide besaßen ihr eigenes Zunfthaus mit besonderem Stubenmeister und Stubenknecht. Vor allem ihre beruflichen Ordnungen trafen sie ohne jeden Einfluß der andern Teilzunft. Dies galt auch für das Lehrlingswesen. Wer das Schuhmacherhandwerk erlernen wollte, hatte eine dreijährige Lehre zu absolvieren und dafür ein Lehrgeld von vier Gulden zu entrichten; nur Knaben, die im hiesigen Waisenhaus aufgewachsen waren, wurde es erlassen. Nach dem Ende der Lehrzeit trat der junge Schuhmacher eine vierjährige Wanderschaft an. Bei seiner Rückkehr legte er alsdann die Meisterprüfung ab, wobei er auf dem Zunfthaus zwei Paar Mannsschuhe und ein Paar Weiberschuhe nach der jeweiligen Mode anzufertigen hatte. Wurden diese Meisterstücke für gut befunden, so stand ihm die Aufnahme in die Zunft offen. Dafür war nach der Ordnung von 1835 eine Gebühr von 24 Franken zu bezahlen, die sich für den Sohn eines Meisters auf die Hälfte ermäßigte. Keinem sollte es erlaubt sein, irgendwelche Schuhmacherarbeit selbständig auszuführen, bevor er das Meisterstück präsentiert hatte und in die Zunft aufgenommen worden war. Dem Meister war es gestattet, einen Lehrjungen zu halten, aber niemals zwei zu gleicher Zeit. Die Zahl der Gesellen, die er beschäftigen durfte, betrug drei; erst 1817 wurde sie auf fünf erhöht. «Bei Verantwortung und Strafe» war es einem Meister verboten, einen Gesellen von einem Mitmeister wegzulocken und an sich zu ziehen. Ein fremder Geselle, der mutwillig die Arbeit versäumte und ‹feierte›, wurde durch die Polizei kurzerhand aus der Stadt gewiesen. Noch 1821 setzte sich die Zunft zu Schuhmachern ausschließlich aus Angehörigen des eigenen Handwerks zusammen.

◁
Das ehemalige Zunfthaus zu Schuhmachern an der Freien Straße (links). Aquarell von J.J. Schneider

Meister und Gesellen der Schuhmacher waren nicht allein in ihrer Zunft zusammengeschlossen, sondern auch in besondern Bruderschaften, deren Ursprung möglicherweise noch tiefer in der Vergangenheit wurzelt als derjenige der Zunft. Die Bruderschaften der Schuhmacher verfolgten zunächst vorwiegend religiöse Zwecke; vor allem sorgten sie für das Seelenheil ihrer Angehörigen durch die Stiftung kirchlicher Jahrzeiten. Die Schuhmachermeister unterhielten einen besondern Altar in der Predigerkirche am Totentanz, die Schuhmachergesellen einen Seitenaltar in der Martinskirche, wo diese Jahrzeit-Gottesdienste abgehalten wurden. In Zeiten der Not und der Krankheit standen die Mitglieder der Bruderschaften gegenseitig für einander ein, und ebenso waren sie beim Hinschied eines Bruders auf dessen würdiges Begräbnis bedacht. Im frühen Mittelalter wurden die Schuhmachergesellen in der Nähe ihres Altars, auf dem Kirchhof zu St. Martin, beigesetzt; ein Grabstein der Bruderschaft der Schuhmacherknechte, in welchen der Umriß eines Stiefels eingegraben ist, wird im Historischen Museum aufbewahrt. Die gegenseitige Fürsorge erhielt in der Folge den Charakter einer festen Institution: Sie entwickelte sich zu der sogenannten ‹Krankenlade› der Schuhmacher, einer Kranken- und Sterbekasse, die, ebenso wie die Lade anderer Bruderschaften, als frühes Werk der Sozialversicherung betrachtet werden darf. Aus ihren Mitteln wurden bis ins ausgehende 19. Jahrhundert auch arme durchreisende Schuhmacher unterstützt.

Bereits zwei Jahre vor dem großen Erdbeben von 1356 erhalten wir Kunde von einem eigenen Zunfthaus der Schuhmacher. Seit alters stand es an der Freien Straße, unfern von ihren Niederlassungen an der Sutergasse, d.h. der obern Gerbergasse. Die Schuhmacher waren die erste der sieben Zünfte, die im Lauf der Zeit ihre Zunfthäuser an diesem wichtigsten Straßenzug der mittelalterlichen Stadt erwarben. Ihre Liegenschaft, die erstmals 1354 in einer Registratur des Barfüßerklosters erwähnt wird, welchem die Schuhmacher zinspflichtig waren, befand sich unmittelbar unterhalb der Liegenschaft ‹zum Palast›, dem heutigen Domizil der Maison Lehmann. Um die Mitte des 16. Jahrhunderts mußten in dem Haus grundlegende Veränderungen vorgenommen werden. Davon zeugt die Jahrzahl 1556, die auf zwei heute im Historischen Museum stehenden Fensterpfeilern mit dem Zunftwappen angebracht wurde. Ebenso hat sich der bemalte Schlußstein eines Türbogens aus rotem Sandstein erhalten, der gleichfalls aus dem 16. Jahrhundert stammen dürfte und einen Löwen zeigt, welcher das Wappenschild der Zunft hält.

Nur wenige Reste aus dem einstigen Besitz der Schuhmacherzunft sind auf uns gekommen. Eines der bemerkenswertesten Stücke ist der Zunftbecher aus dem Jahr 1661, in dem sich der humorvolle Sinn der Goldschmiede früherer Zeiten köstlich widerspiegelt. Der Becher, ein sogenanntes ‹Trinkspiel›, stellt einen Schuh in der Gestalt eines Delphins mit silbervergoldetem Mundstück dar. Wenn nun der Uneingeweihte zum ersten Mal aus diesem ‹Vexierbecher› trank, dann strömte ihm aus dem Kopf des Delphins der Wein in großem Schwall entgegen, zum Gaudium der anwesenden Zunftbrüder, die sich auf diesen Augenblick schon lange im voraus gefreut hatten!

Zur Messezeit wurde das Zunfthaus der Schuhmacher auch als

Tafel 6
Der große Nautilusbecher
der Safranzunft
von Sebastian I. Fechter
aus dem Jahr 1676

Stiefelglas der Zunft zu Schuhmachern aus dem 18. Jahrhundert

Verkaufslokalität wie für Schaustellungen vermietet. Aus dem Jahr 1697 erfahren wir, daß hier ein Wachsfigurenkabinett zu sehen war, welches den König Balthasar von Babylon mit seinem ganzen Hofstaat darstellte. Und zwanzig Jahre später konnte an der gleichen Stätte ein Ochse im Gewicht von 21 Zentnern bestaunt werden, der hier als Preis eines Wettschießens ausgestellt war. Die ganze Stadt interessierte sich für dieses Wundertier auf der Schuhmacherzunft. Als es dann von

der Freien Straße auf die Schützenmatte geführt wurde, begegnete ihm in der Spalenvorstadt die Prinzessin von Baden-Durlach, die damals im Markgräflerhof an der Neuen Vorstadt, der heutigen Hebelstraße, residierte. Der gewaltige Ochse muß die Fürstin mächtig beeindruckt haben; denn sie machte dem Führer des Tiers vier Gulden zum Geschenk.
1809 wurde das Zunfthaus der Schuhmacher dem Koch und Pastetenbäcker Johann Jacob Weißenberger vermietet, und 1811 übernahm Melchior Berri, Pfarrer zu Münchenstein, den Keller. Er war der Vater des großen Architekten Melchior Berri, dem wir unter anderm den Bau des klassizistischen Museums an der Augustinergasse sowie den Entwurf des ‹Basler Dybli› verdanken. Im Lauf des 19. Jahrhunderts folgten dann als weitere Mieter des Zunfthauses der Schuhmacher Johannes Oser, der Tapezierer Jakob Salathé und der Vergolder Johann Friedrich Rath.
Bei der Korrektion und Verbreiterung der Freien Straße, die zu Ende des 19. Jahrhunderts projektiert wurde, hätte die Schuhmacherzunft ihr Haus selbst umbauen sollen; allein sie verfügte hiefür nicht über die erforderlichen Mittel. Längst lasteten auf ihrer Liegenschaft drückende Hypotheken, und stets bereitete es der Zunft große Mühe, für deren Verzinsung aufzukommen. 1892 gelangte sie daher an den Bürgerrat mit dem Gesuch, das Haus veräußern zu dürfen; doch widersetzte sich dieser zunächst einer solchen Absicht, weil er befürchtete, daß dann auch die übrigen Zunfthäuser auf der gleichen Seite der Freien Straße, diejenigen der Brotbecken, der Hausgenossen und der Rebleute, in Privatbesitz übergehen würden. In der Folge entschlossen sich indessen die Zünfte zu Rebleuten und zu Hausgenossen zu einem Neubau ihrer Zunfthäuser, während die Brotbeckenzunft ihre Liegenschaft an den Staat abtrat. 1895 erhielt hierauf auch die Schuhmacherzunft die Bewilligung zum Verkauf ihres Hauses an die Actienbrauerei, die sich gegenüber der Regierung dazu verpflichten mußte, das Gebäude innert zweier Jahre abzubrechen und einen Neubau auf der neuen Baulinie zu erstellen. So verschwand das ehrwürdige Zunfthaus, das den Schuhmachern mehr als fünf Jahrhunderte lang gedient hatte, aus dem Stadtbild; an seiner Stelle erhebt sich heute das moderne Geschäftshaus Freie Straße 52.
1926 gewährte die Brauerei Feldschlößchen der Schuhmacherzunft vorübergehend Gastrecht in ihrem Haus an der Ecke der Hutgasse und der Glockengasse, das seither den Namen der Zunft trägt. Vor einigen Jahren hat die Gilde der Schuhmacher im Haus ‹zum Fälkli› am Stapfelberg, der alten

Herberge des Augustinerklosters, ein reizvolles neues Heim erhalten. Für die gesamte Zunftgemeinde freilich sind die jetzigen Räumlichkeiten zu klein; aber Meister und Vorgesetzte freuen sich, wenigstens in kleinerem Kreis an dieser geschichtlichen Stätte zu tagen und hier die über siebenhundertjährige Tradition der Schuhmacherzunft weiter zu pflegen.

Von den ersten Anfängen der Zunft zu Gerbern war bereits einleitungsweise die Rede. Ob sie aus der vorwiegend religiösen Charakter tragenden Bruderschaft der Gerber hervorgegangen ist, die bis zur Reformation das Grab des Bischofs Adelberg zu bezünden hatte, ist mit Sicherheit nicht auszumachen. Jedenfalls hätte der letzte der drei Träger dieses Namens, der von 1134 bis 1137 auf dem Basler Bischofsstuhl saß, den Gerbern damals noch keine politischen Rechte erteilt, sondern ihnen höchstenfalls gewisse bruderschaftliche Vergünstigungen zuteil werden lassen. Die Kultstätte der Gerber-Bruderschaft war die zu Ende des 16. Jahrhunderts abgetragene St. Oswalds-Kapelle am Leonhardsberg, die sich somit in unmittelbarer Nähe der Niederlassungen der Gerber an der Gerbergasse befand. Wie die Bruderschaft, so unterhielt später auch die Gerberzunft besonders enge Beziehungen zu diesem Gotteshaus.

Ursprünglich umfaßte die Zunft zu Gerbern ausschließlich die Rot- oder Lohgerber, die das starke, derbere Leder anfertigten. Rotgerber wurden sie genannt nach der dunkelrot-bräunlichen Farbe ihres Leders, Lohgerber nach dem Gerbstoff der Lohe, den sie für die Zubereitung des Leders verwendeten. Die Weißgerber dagegen, welche die feineren Lederarten für Polsterung, Schmuck und Luxusgegenstände herstellten und damit die Taschner und Seckler belieferten, waren gleich diesen zu Safran zünftig. Zwischen diesen beiden Kategorien standen seit dem 16. Jahrhundert die sogenannten Lederbereiter, die sich zunächst darauf beschränkten, die als Oberleder geeigneten feineren Fabrikate der Rotgerber und die roheren Produkte der Weißgerber zu schwärzen, zu wichsen, auf der Glanztrockne herzurichten und für die Schuhmacher zurechtzuschneiden; später aber erweiterten sie ihr Gewerbe, indem sie ihre Leder selbst, zum Teil auch mit Lohe, gerbten, wodurch sie zu Konkurrenten der Rotgerber wurden. Nach jahrzehntelangen Auseinandersetzungen machte der Rat den Streitigkeiten ein Ende, indem er die Lederbereiter, die bisher gleich den Weißgerbern der Safranzunft angehört hatten, 1696 der Gerberzunft zuwies, zu deren Hochblüte um die Wende vom 17. zum 18. Jahrhundert sie nicht wenig beitrugen.

Die Entwicklung der Gerberei und damit auch der Gerberzunft verlief nicht geradlinig; doch hielt die frühe Blüte des

EXPRESS.
Dienstmänner-Anstalt
RUD. GNÖPFF.

Gewerbes in der Zeit nach dem großen Konzil, welche für die Stadt eine Periode schwerer wirtschaftlicher Depression bedeutete, zunächst noch an. Als die Vornehmsten unter den Handwerkern verfügten die Gerber lange über ein beachtliches Durchschnittsvermögen; doch ging ihre Zahl im Lauf des 15. Jahrhunderts zufolge des hohen Preises für den Einkauf in die Zunft und der Zerwürfnisse mit den regulären Abnehmern des Leders mehr und mehr zurück. Um das Jahr 1500 schien das Gewerbe gänzlich auszusterben. Die Gerber machten dafür neben den Schuhmachern insbesondere die Kaufleute verantwortlich, welche rohe Felle kauften, gerben ließen und das Leder wieder verkauften. Der Rat versuchte, zur Hebung des Gerberhandwerks beizutragen, indem er die Rechte der Kaufleute im Bereich des Lederhandels beschnitt: Sie sollten fortan Leder nur nach auswärts, nicht mehr aber an die städtischen Schuhmacher verkaufen dürfen; diese wurden angewiesen, ihren Bedarf ausschließlich bei den Angehörigen der Gerberzunft zu decken. Die Gerber ihrerseits rafften sich zu einer besondern Anstrengung im Interesse ihres Gewerbes auf, indem sie 1531 auf genossenschaftlicher Basis eine gemeinsame Institution der Zunft ins Leben riefen, die auf Grund der von den einzelnen Meistern geleisteten Vorschüsse das Rohmaterial - die Rinde, aus der die Lohe zubereitet wurde, sowie die Häute und Felle - en gros einkaufte und hernach an die einzelnen Meister verkaufte. Dieser Engros-Einkauf verhalf der Zunft zu bedeutendem Gewinn. Ein weiterer Schritt gemeinsamer Selbsthilfe erfolgte im Jahr 1575 durch den Ankauf der Lohstampfe und Lederwalke auf der linken Seite des Rümelinbachs vor dem Steinentor, deren kostspielige Einrichtungen von den Zunftangehörigen benützt werden konnten. Durch diese Erleichterung der Vorbedingungen des Handwerksbetriebs wurden auch jüngere Kräfte, die nicht über das erforderliche Betriebskapital verfügten, angezogen, und so stieg die Zahl der Gerbermeister, die 1500 auf acht herabgesunken war, rasch wieder an. Die Zunft besetzte die Stelle des von ihr besoldeten Stämpfers, der auch die mit der Stampfe verbundenen Nebenwerke zu versehen hatte, nämlich die Farbholzmühle und die Gallimühle, auf welcher die Galläpfel zu Gerbzwecken verrieben wurden.

◁ Das 1874 abgetragene, ehemalige Zunfthaus der Gerber am Gerberberg

Ihren stolzen Abschluß fand diese Entwicklung im Jahr 1664, in dem die Zunft von dem Gerber Jacob Burckhardt den von der Stampfe durch Mauer und Graben getrennten ‹Gerbstoff› ankaufte und als eigentliche Gerbanstalt der Zunft einrichtete; hier erhielt jeder Gerber, der in seinem Hause nicht über den nötigen Platz verfügte, die Möglichkeit, Äscher, Gruben und

Lohkästen zu mieten. Zu Beginn des 17. Jahrhunderts zogen verschiedene Gerbereien in die Nähe dieser Gerbanstalt vor dem Steinentor. Damit wurde die äußere Steinenvorstadt, die bis anhin das Revier der Weber gewesen war, nun auch dasjenige der Gerber, welche ihre ursprünglich im Umkreis des Zunfthauses an der Gerbergasse gelegenen Arbeitsstätten mehr und mehr aufgaben. Ebenso faßten um die Mitte des 17. Jahrhunderts mehrere Betriebe im Kleinbasel Fuß, wo ihnen im Rappoltshof, genannt der Rumpel, das reine Wasser des Riehenteichs zur Verfügung stand, in den sie die Häute einlegten; die Abfälle führte der Teich dem Rhein zu.

Parallel zur inneren Erstarkung des Gewerbes vollzog sich dessen erfreuliches äußeres Wachstum. Dazu kam am Ende des 17. Jahrhunderts der bedeutende Zuwachs, den die Zunft durch die erwähnte Zuweisung der Lederbereiter erfuhr, welche bisher der Safranzunft angehört hatten. Die Politik trat in der Gerberzunft des 17. Jahrhunderts ganz zurück hinter den gewerblichen Interessen. Während sich andere Zünfte durch Veranstaltung revolutionärer Versammlungen an den städtischen Wirren des Jahres 1691 lebhaft beteiligten, hielten sich die Gerber davon fern; sie waren damals beschäftigt mit dem Umbau der alten zerfallenen Rindenscheune zu einer zweiten Lohstampfe, weil das Werk von 1575 nicht mehr in der Lage war, für die nunmehr rund sechzig Gerbermeister genügende Mengen von Lohe zu liefern. Das Basler Leder genoß dank seiner hervorragenden Qualität, über der die Zunft sorgsam wachte, großen Ruf; weit über die Grenzen der Stadt hinaus fand es im größten Teil der Schweiz, im Elsaß wie in Vorderösterreich und bis hinunter nach Italien Absatz, und an der Zurzacher Messe erschienen selbst Polen und Russen, um ihre Pelze gegen das geschätzte Produkt der hiesigen Gerbereien einzutauschen. Neben den Gewerben von Augsburg und Nürnberg genossen die Basler Gerber in ganz Oberdeutschland das höchste Ansehen.

Der lange andauernden Glanzperiode der Basler Gerberei setzten die im 18. Jahrhundert mehr und mehr aufkommenden Verkehrssperren und Schutzzölle der umliegenden Gebiete ein Ende. Schon im Jahr 1682 war der Jahrmarkt von Aarau für Basler Leder verschlossen worden. Hinter diesem Verbot stand die bernische Obrigkeit, die damit ihr eigenes städtisches Gewerbe wie die zahlreichen Landgerbereien zu stützen versuchte. 1719 wurde den Basler Gerbern ganz allgemein der Besuch der Jahrmärkte auf bernischem Gebiet untersagt. Noch einschneidender wirkten sich die rein fiskalischen Interessen dienende Zollpolitik Vorderösterreichs und die Erschwerung

Steinplastik am ehemaligen Zunfthaus zu Gerbern

der Ausfuhr französischer Rinde aus, die nach der weitgehenden Erschöpfung der Eichenbestände des Schwarzwalds im 18. Jahrhundert vor allem aus der Franche Comté, insbesondere aus den Dörfern Plancher und Champagney im Département Haute-Saône, bezogen wurde. Weitere Schwierigkeiten erwuchsen den Basler Gerbern durch die Beschränkungen im Export von Häuten und Fellen aus dem Markgrafenland und dann namentlich durch die Gründung des deutschen Zollvereins. Unter dem Druck dieser Verhältnisse gaben die meisten Basler Gerber ihre angestammte Tätigkeit auf, indem sie sich dem Lederhandel oder andern Berufsarten zuwandten; einzel-

ne Gerbereien verlegten ihren Betrieb ins Wiesental und ins Elsaß, um ihres ausländischen Absatzgebietes nicht verlustig zu gehen. Schon im Jahr 1800 war die Zahl der Gerber auf 20 zurückgegangen, und zu Ende des 19. Jahrhunderts besaß Basel nur noch einen einzigen Gerbereibetrieb, das Unternehmen von August Raillard-Staehelin an der Rheingasse. Schon 1867 hatte die Zunft ihre Liegenschaften vor dem Steinentor veräußert; an sie erinnert heute nur noch die Bezeichnung der Verbindung zwischen Steinenvorstadt und Birsigstraße: der Lohweg.
1874 erfolgte auch der Verkauf des Zunfthauses, das sich von jeher an der Einmündung des Gerberbergs in die Gerbergasse befand, in der Nähe des Richtbrunnens, wo der Propst des Chorherrenstifts St. Leonhard unter einer bis ins 17. Jahrhundert bestehenden Linde Gericht hielt und der Sage nach bei der Gründung der Stadt ihr Wappentier, der Basilisk, gehaust haben soll. Die Gerberlaube im Erdgeschoß war die Stätte des Lederverkaufs; dort bezogen die Meister auch die von der Zunft gemeinsam eingekaufte Gerbrinde sowie die zur Verarbeitung bestimmten Häute und Felle. Über der Laube lag die Zunftstube, die im Lauf der Jahrhunderte behaglich ausgestattet und mit einem Tafelbild des heiligen Crispinus, des Patrons der Gerber, geschmückt wurde. Wie auf anderen Zunftstuben, so wurde auch auf derjenigen der Gerber, insbesondere während der Messe, mannigfache Kurzweil geboten. Aus dem Jahr 1696 hören wir von einer Vorstellung, die hier durch französische Artisten gegeben wurde. «Sie hatten», so berichtet ein Zeitgenosse, «zwei Luftspringer, dergleichen noch nicht gesehen worden. Unter anderm war sonderlich mit Verwunderung zu sehen, wie einer dieser Luftspringer zwei Gläser voll Wassers auf sein Angesicht stellte, dieselben eine ganze halb Stund ohnverrückt und ohnverschüttet gehalten, in beiden Händen bloße Degen, und an beiden Füßen auch dergleichen (Degen) gebunden, mit diesem allem modo miraculoso sich durch einen kleinen Reif gezogen samt den vier Degen, da doch kein Tröpflein Wassers verschüttet worden.»
1733 erfuhren das Zunfthaus und die Zunftstube eine gründliche Renovation, von der eine Inschrift auf schlichter Lindenholztafel Kenntnis gibt. Das Inventar von 1738 nennt als Schmuck der Stube einen Spiegel mit vergoldetem Rahmen, vier Stück baumwollene, geblümte Vorhänge und ein wollenes, gestreiftes Tafeltuch. Ebenfalls in vergoldetem Rahmen hing an der Wand eine ‹Duliba›, die der Markgraf Carl Wilhelm von Baden-Durlach bei der Erneuerung seines städtischen Bürgerrechts im Jahr 1736 der Zunft geschenkt hatte. Der

Fürst, der als großer Blumenfreund in seinem vom Markgräflerhof bis hinunter zur Predigerkirche am Totentanz reichenden Garten die Tulpenzucht liebevoll hegte, ließ aus dem genannten Anlaß durch eine Künstlerin einige besonders schöne Tulpen malen und schenkte dann die Aquarelle als Zeichen seiner Gewogenheit an Private und Zünfte; auch die Korporationen zu Hausgenossen, zu Webern und zum Himmel wurden mit solchen Malereien beehrt.

Der Zunftsaal sah Meister, Vorgesetzte und Zunftgenossen an vielen Abenden froher Geselligkeit beisammen. Unter sich waren der Zunftratsherr, der Zunftmeister und die Sechser jeweils am Dreikönigstag; denn 1689 hatte an diesem Tag, seinem 80. Geburtstag, der Ratsherr Augustin Schnell der Zunft den Betrag von 200 Gulden gestiftet, aus dessen Zinsen jedes Jahr die Kosten einer Mahlzeit zu seinem Gedächtnis bestritten werden sollten.

Abgesehen von den mannigfachen Baustreitigkeiten, in welche die Zunft zu Gerbern mit ihren Nachbarn verwickelt war, erfahren wir aus den Akten nur wenig über die Schicksale ihrer Liegenschaft. Die Kosten ihres baulichen Unterhalts belasteten den Zunftsäckel so schwer, daß sich Meister und Vorgesetzte bereits in den 1850er Jahren mit dem Gedanken beschäftigten, das Gebäude zu veräußern. 1859 trugen sie ihr Anliegen dem Stadtrat, der Exekutive der seit der Mediationszeit bis zur Verfassungsrevision des Jahres 1875 bestehenden Stadtgemeinde, vor; doch verweigerte diese Behörde, welche als Vorgängerin des Bürgerrates die Aufsicht über die Zünfte führte, vorerst ihre Zustimmung. Die Gerberzunft vermietete alsdann das Haus an Rudolf Gnoepf-Schardt, der hier 1863 die erste Basler Dienstmänner-Anstalt einrichtete. In den 1870er Jahren aber schlug die letzte Stunde des Zunfthauses: Eine Korrektion der Gerbergasse, die damals noch enger war als heute, erwies sich als unumgänglich und nötigte den Staat, die Liegenschaft zum Preis von 45000 Franken zu übernehmen, ebenso wie die Häuser der Zünfte zu Schneidern und zu Gartnern, die sich gleichfalls an der Gerbergasse befanden. Das bereits recht verwahrloste Haus wurde abgetragen; seine besondere Zierde aber, ein dem 17. Jahrhundert entstammender, bemalter Löwe aus rotem Sandstein, der bisher am Eckpfeiler angebracht war, fand Aufnahme im Historischen Museum.

Nach langer Wanderung ist die Zunft zu Gerbern vor einigen Jahren wiederum zu einer historischen Heimstätte, unfern vom alten Zunfthaus, gelangt: im Haus ‹zum Löwenzorn› am Gemsberg, das sie jetzt zusammen mit der Zunft zu Schneidern beherbergt. Es ist unter kultur-, kunst- und familiengeschichtlichem Aspekt eine der interessantesten Liegenschaften der Altstadt und fesselt die Aufmerksamkeit des Betrachters schon durch das prachtvolle Renaissanceportal, das demjenigen des Schützenhauses gleicht und ums Jahr 1560 für den reichen Kaufherrn und ‹Gutfertiger› (Spediteur) Balthasar Ravalasca geschaffen worden sein dürfte. Im Innern aber überrascht der mit reichen Intarsien geschmückte Prunksaal des ersten Stocks; dort finden sich Meister und Vorgesetzte der Zunft zu Gerbern alljährlich am Dreikönigstag in solennem Rahmen an festlicher Tafel zum Augustin Schnell-Mähli ein, um das Andenken seines Stifters zu ehren und freundschaftliche Geselligkeit zu pflegen.

Die Zünfte zu Kürschnern und zu Schneidern

Die Zunft zu Kürschnern kann sich rühmen, den ältesten Stiftungsbrief aller Basler Zünfte zu besitzen, ja überhaupt die früheste Zunfturkunde, die im Gebiet der heutigen Eidgenossenschaft ausgestellt wurde und erhalten blieb. Der Kürschner-Zunftbrief stammt von 1226, also aus dem Jahr nach dem Bau der Mittleren Rheinbrücke; verliehen wurde er durch deren Erbauer, den weitblickenden Bischof Heinrich von Thun. Gleich wie er als Stadtherr darnach trachtete, durch den Brückenschlag die bevorzugte Stellung Basels im Netz der mittelalterlichen Verkehrsadern Europas fest zu verankern, so wünschte er durch die Hebung von Handwerk und Gewerbe die wirtschaftliche Entwicklung der Stadt zu fördern. In diesem Licht ist auch die Gründung der Zunft der Kürschner zu betrachten. Angehörige dieses Berufes hatte es in Basel natürlich schon zuvor gegeben; denn das Pelzwerk spielte im Mittelalter für die Bekleidung aller Stände der Gesellschaft eine wichtige Rolle. Jetzt aber stellten die Kürschner durch eine solidarische Vereinbarung eine Ordnung über den Betrieb ihres Handwerks auf, welche der Bischof, der sich davon eine Belebung und Bereicherung des Marktes versprechen mochte, zu Ehren und Nutzen der Stadt bestätigte. Der Zweck dieser Ordnung war die Förderung aller Zunftgenossen durch die gemeinsame Regelung des Einkaufs der Rohstoffe wie des Verkaufs der Fertigware, vor allem aber der Zunftzwang: Kein Kürschner sollte fortan berechtigt sein, dieses Handwerk in Basel zu betreiben, ohne der Zunft anzugehören; wer außerhalb der Zunft stand, blieb vom Recht der Arbeit wie vom Markt in Kauf und Verkauf und von aller Gemeinschaft mit seinen Berufsgenossen ausgeschlossen. Nur dem Zunftbruder sollte Schutz und Schirm der gewerblichen Korporation zuteil werden.

34 Jahre nach den Kürschnern - anno 1260 - erhielten die mit ihnen beruflich eng verwandten Schneider ihren Zunftbrief durch Bischof Berthold von Pfirt, und wohl noch im 13. Jahrhundert wurden die beiden Zünfte durch den Rat zu einer ‹gespaltenen› Zunft vereinigt. Beide Korporationen, die der Kürschner wie die der Schneider, bildeten seither Halbzünfte wie die Schuhmacher und Gerber und später auch die Fischer und Schiffleute. Zwar regelten sie die Angelegenheiten ihrer Gewerbe selbständig, und ebenso besaßen sie ihr eigenes

Zunfthaus mit besonderem Stubenmeister und Zunftknecht; im städtischen Rat aber waren sie nur durch einen gemeinsamen Ratsherrn und Zunftmeister vertreten. Kürschner und Schneider fanden sich mit dieser Lösung nicht leicht ab; bald erhoben sich zwischen den beiden Teilzünften Mißhelligkeiten wegen der Wahl des Zunftmeisters. Um diesen Stein des Anstoßes aus dem Wege zu räumen, beschloß der Rat im Jahr 1362, daß der Zunftmeister in regelmäßigem Turnus im einen Jahr von den Schneidern und im folgenden von den Kürschnern gestellt werden solle; im übrigen solle der Zunftvorstand paritätisch aus je drei Vorgesetzten der beiden Berufe gebildet werden. Allein damit war der Friede noch nicht hergestellt; jedenfalls wünschten sich die Schneider 1387 von den Kürschnern zu lösen und sich als besondere Zunft zu konstituieren, während sich die Kürschner einer Trennung widersetzten. Der Rat stellte sich auf die Seite der Kürschner und lehnte das Verlangen der Schneider ab. Aber noch fast dreißig Jahre lang dauerten die Zwistigkeiten zwischen den beiden Teilzünften fort; erst die Zunftordnung von 1416 setzte ihnen ein Ende.

Im Gegensatz etwa zur Zunft zu Safran, die einer erstaunlichen Zahl verschiedener Handwerke und Gewerbe Raum bot, wurden in die Zünfte der Kürschner und Schneider nur Angehörige dieser beiden Berufe sowie die sogenannten ‹Altwerker› und Sticker aufgenommen. Die Altwerker oder Altgewänder, später auch Käufler genannt, beschäftigten sich ausschließlich mit dem Ankauf und Verkauf sowie mit der Wiederherstellung getragener Kleider. Dazu waren die Schneider nicht berechtigt, und ebenso war ihnen die Seidenstickerei untersagt. Anderseits blieb es den Altwerkern und Stickern verwehrt, die engen Grenzen ihrer Gewerbe zu überschreiten. Damit die Handwerke der Schneider und Kürschner durch den Handel in gebrauchten Kleidern nicht konkurrenziert würden, hatten sich die Altwerker eidlich zu verpflichten, die von ihnen gekauften Röcke, Kugelhüte und Pelzmäntel zunächst einen Monat lang tel quel, das heißt ohne irgendwelche Änderung, auf offenem Markt feilzubieten; erst wenn ihnen in dieser Zeit der Wiederverkauf nicht gelang, war es ihnen gestattet, die getragenen Kleidungsstücke aufzufrischen und instandzustellen, um so die Chancen ihres Absatzes zu verbessern.

Bei den Schneidern waren auch die Frauen zur Zunft zugelassen. Deren Eintritt in die handwerkliche Korporation wurde begrüßt, weil sie so in der Lage war, ihre Tätigkeit unter Kontrolle zu halten. Die Schneiderinnen und Näherinnen, die nicht um das Zunftrecht nachsuchten, wurden als lästige

Glasscheibe der Schneiderzunft aus dem Jahr 1693

Konkurrenz des Handwerks empfunden. Im 15. Jahrhundert beschwerten sich die Schneider bei der Obrigkeit darüber, daß ihnen aus der Arbeit von «zufallenden Frowen, die sich widersetzen und neigen (= nähen)», großer Nachteil erwachse; sie verlangten ausdrücklich, daß der Zunftzwang auf die Frauen ausgedehnt werde. 1466 entsprach der Rat diesem Begehren, und 1470 erließ er weitere Vorschriften über die Stellung der Näherinnen in der Schneiderzunft. Sie sollten

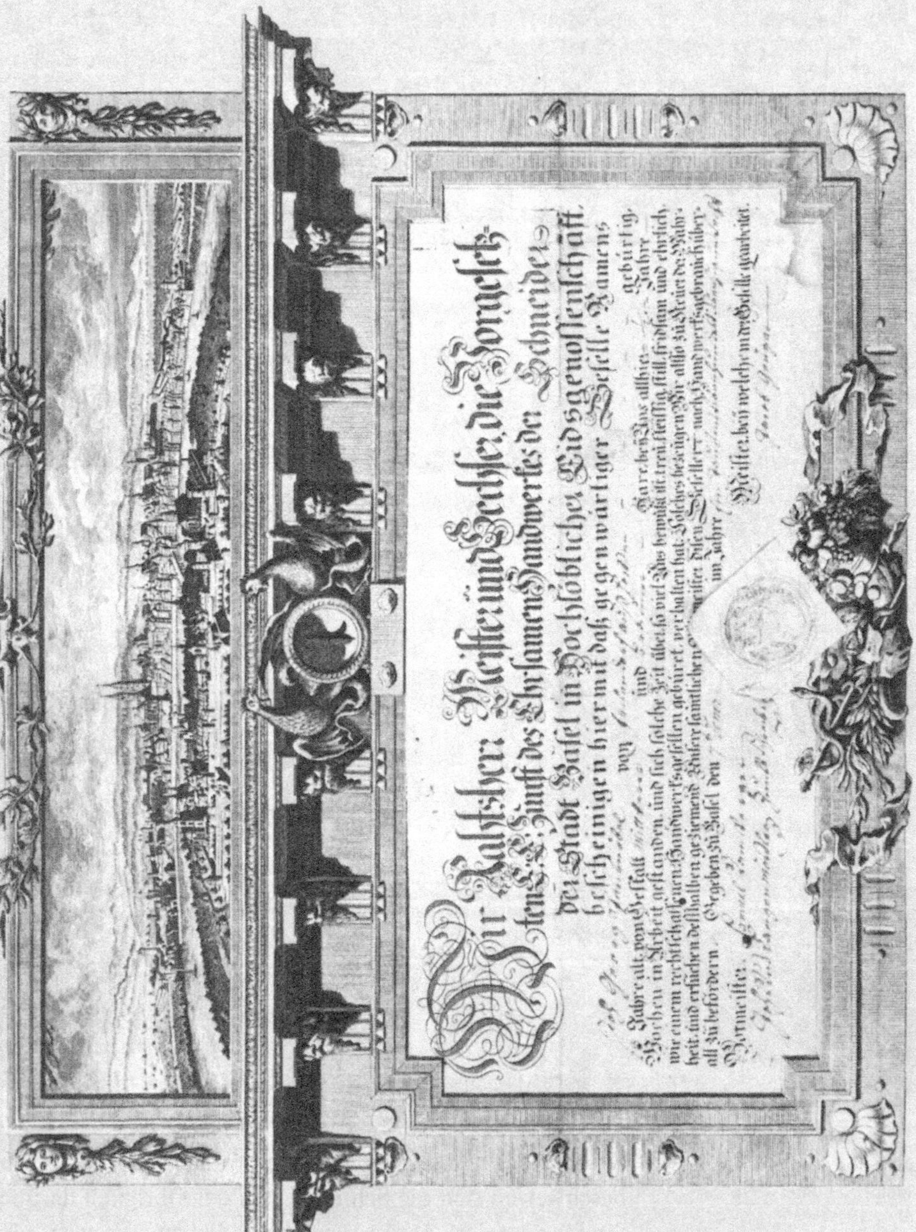
Stadt Basel in Hochlöblicher Eidsgenossenschaft,
bescheinigen hiermit daß gegenwärtiger Geselle Namens

nur Hemden sowie ‹Schlüttli› und ‹Jüntli› anfertigen dürfen; dagegen war es ihnen untersagt, auch Wolltuch, Zwilch oder Schürlitz zu verarbeiten. Sofern einer der ‹Zunftschwestern› eine Frau bekannt war, «die neyt und nit die Zunft hat», war sie verpflichtet, diese zur Anzeige zu bringen.

Die Ausübung des Kürschner- und Schneiderhandwerks war durch ausführliche Ordnungen bis in alle Einzelheiten geregelt. Den Angehörigen der Kürschnerzunft räumte der Rat das Recht des Vorkaufs an allen Pelzen, Fellen und Wildbälgen ein, die von fremden Händlern im städtischen Kaufhaus zwischen Gerbergasse und Freier Straße eingelagert wurden; ebenso stand ihnen das Monopol des Pelzhandels zu. Als sich zu Beginn des 16. Jahrhunderts auch die im Schlüssel und zu Safran zünftigen Kaufleute an diesem Handel zu beteiligen trachteten, wurden sie zunächst vom Rat in die Schranken gewiesen und aufgefordert, ihren Bedarf bei den Kürschnern zu decken. Auf die Dauer aber ließen sich die Großhändler von solchen Übergriffen in den Bereich der Kürschner nicht abhalten. Schwer setzten diesen auch die ausländischen Kaufleute zu, die zur Basler Messe erschienen; denn zur Messezeit waren Kauf und Verkauf völlig frei. Ebenso litten die Kürschner unter dem Wandel der Mode, die seit dem Ende des 16. Jahrhunderts die Verwendung von Pelzwerk mehr und mehr zugunsten der Fütterung von Kleidern und Mänteln mit Seide und Samt zurückdrängte. Und endlich wurden ihnen, vor allem seit dem 17. Jahrhundert, wertvolle Rohstoffe durch die zu Safran zünftigen Weißgerber entzogen, welche die Lamm- und Gitzifelle zu feinem Leder für die Seckler und Taschner, das heißt für die Zwecke der Beutel-, Taschen- und Handschuhfabrikation, verarbeiteten. Als besonders harten Schlag empfanden die Kürschner die Gründung einer Fabrik zur Herstellung von Lederhandschuhen, die im Jahr 1685 mit Hilfe von französischen Refugianten durch den Seckler Jakob Werenfels ins Leben gerufen wurde und für ihre Produktion große Quantitäten von Ziegenfellen benötigte. Alle diese Faktoren trugen zum fortschreitenden Niedergang des Kürschnergewerbes bei; immer tiefer sank die Zahl der Berufsangehörigen, denen dieses Handwerk Arbeit und Brot gab. 1835 zählte die Zunft lediglich noch sechs gelernte Kürschner; doch wurden ihr damals nach dem Ende der Wirren mit der Landschaft 25 neue Mitglieder aus andern Berufsständen zugewiesen, denen der Rat in Anerkennung ihres Einsatzes auf der Seite der Stadt das Bürgerrecht geschenkt hatte.

◁
Gesellenbrief der Schneiderzunft aus dem Jahr 1776

Im Gegensatz zu den Kürschnern, denen, wie erwähnt, auch das Recht des Pelzhandels zustand, hatten sich die Schneider auf ihr Handwerk zu beschränken. Wollten sie die Erzeugnisse ihres Schaffens im Detail absetzen, so waren sie gezwungen, doppelzünftig zu werden, das heißt auch das Zunftrecht zum Schlüssel oder zu Safran zu erwerben. Erst im Jahr 1663 gewährte der Rat drei Schneidermeistern gegen Hinterlage von 7 Pfund Pfenning Basler Währung das Privileg, auch auf Verkauf zu arbeiten. In der Regel aber waren die Angehörigen der Schneiderzunft ausschließlich Kundenschneider. Ursprünglich waren sie lediglich in ihren Werkstätten tätig; später schickten sie ihre Gesellen auch auf die Stör. Indessen sollten diese nicht für ‹üppige Frauen› in deren Häusern arbeiten und auch nicht für Studenten und Magister der Universität, deren Zahlungsfähigkeit offenbar in Zweifel gezogen wurde. Für einen Knecht oder eine Magd durften sie nur dann Kleider schneidern, wenn diese von den Dienstherren bestellt waren. Das Tagewerk der Gesellen war sehr streng: Vom St. Georgen-Tag, dem 23. April, bis zum St. Michaelis-Tag, dem 29. September, hatten sie, wie es in der Ordnung vom Jahr 1466 heißt, früh, wenn es 5 Uhr schlägt, an die Arbeit zu gehen und vor 9 Uhr abends nicht aufzuhören; im Winter dauerte ihr Arbeitstag von morgens 7 Uhr bis abends 10 Uhr. Trotzdem war ihr Lohn so gering, daß sie damit keine Familie unterhalten konnten. Verheiratete Gesellen wurden deshalb von den Meistern nicht geduldet, weil diese befürchteten, sie könnten sich auf unlautere Weise zusätzliche Einkünfte zu verschaffen trachten. Um eine Ehe eingehen zu können, mußte der Schneider bereits die Meisterschaft erlangt haben; zur Meisterprüfung aber wurde nur zugelassen, wer drei aufeinanderfolgende Jahre bei einem oder mehreren Meistern in Basel gearbeitet und sich ‹dermaßen fromm und redlich› gehalten hatte, daß man über ihn nichts zu klagen wußte. Als Probestück hatte der Geselle einen Leidmantel, einen Ratsherrenmantel, einen wollenen Rock, den Rock eines Stadtknechts oder ein ganzes Bürgerkleid anzufertigen, wobei ihm genau vorgeschrieben war, wie viele Ellen Tuch er dafür verwenden durfte.

Stabelle der Schneiderzunft

Durch die Aufnahme in die Zunft wurde der Kürschner- wie der Schneidermeister nicht nur zur Einhaltung der Handwerksordnungen, sondern auch zu den öffentlichen Leistungen verpflichtet, welche die Berufsorganisation von ihren Mitgliedern verlangte. Die Wachpflicht der beiden Teilzünfte zu Kürschnern und zu Schneidern erstreckte sich auf denjenigen Teil der Ringmauer, der von der Lys bis zur Steinenschanze, dem alten Bollwerk mit dem herausfordernden Namen ‹Wagdenhals›, reichte. Zum Dienst am Gemeinwesen gehörte im

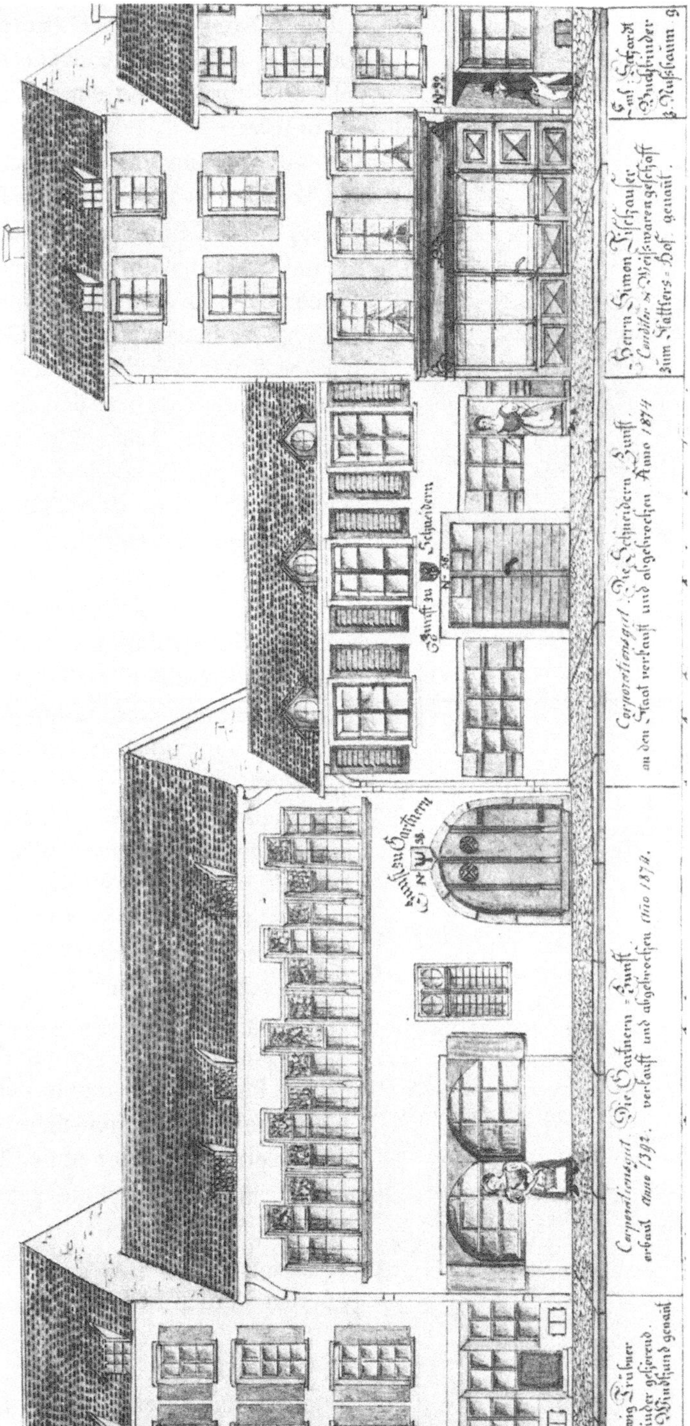

Partie der Gerbergasse mit den Zunfthäusern zu Gartnern (links) und zu Schneidern weitern der Einsatz bei Feuersnot, der schon durch die Löschordnung vom Jahr 1411 geordnet wurde. Kürschner wie Schneider besaßen eine eigene Feuerspritze, und zudem hatte jeder Zunftbruder mit einem Feuereimer auf der Brandstätte einzurücken.

Die Versammlungen und geselligen Anlässe der Kürschner und Schneider wurden auf den Häusern der Halbzünfte abgehalten, die beide an der Gerbergasse, dem alten Rindermarkt, lagen. Dort hatten die Kürschner, die zuvor eine Zunftlaube an der ehemals den Marktplatz mit der Eisengasse verbindenden Sporengasse besessen hatten, 1353 um 415 florentinische Gulden von Ritter Wernher Schaler von Benken den sogenannten ‹Mannenhof› erworben, der bis zu dem grausamen Judenprogrom des Jahres 1349 jüdisches Eigentum gewesen war. Er befand sich an der Stelle der jetzt abgetragenen Kieferschen Liegenschaft und wurde auf der einen Seite begrenzt durch das Wirtshaus und die Herberge ‹zum Schnabel›, auf der andern Seite durch das alte Zunfthaus der Krämer, die erst 1423 den Grund und Boden schräg gegenüber in ihren Besitz brachten. Das Kürschner-Zunfthaus war nicht nur die Stätte ernster Beratung und froher Geselligkeit, sondern auch der Ort, wo die Angehörigen der Korporation gemeinsam ihre Verkäufe tätigten. Nach mannigfachen verdrießlichen Bauhändeln mit den Nachbarn veräußerte die Zunft 1564 den hintern Teil der Liegenschaft an den Wirt ‹zum Schnabel›; in ihrem Eigentum verblieb fortan nur noch das gegen die Gasse orientierte Gebäude, welches ihr, wenigstens während der Messe, noch bis ins 19. Jahrhundert als Ausstellungs- und Verkaufslokal diente. Im 17. Jahrhundert stellten die Kürschner ihr Zunfthaus für einige Dezennien auch den sogenannten ‹Feilbecken› zur Verfügung; doch ergaben sich aus diesem Mietverhältnis bald Unzukömmlichkeiten, weshalb die Kürschner den Rat ersuchten, den Bäckern eine andere Verkaufslaube anzuweisen.

Die andauernd prekären finanziellen Verhältnisse des Zunftsäckels verunmöglichten es den Kürschnern während Jahrhunderten, ihre Liegenschaft gebührend instandzuhalten und deren bauliche Mängel zu beseitigen. Meister und Vorgesetzte waren sich klar darüber, daß diese nur durch einen Neubau behoben werden könnten; doch hätte ein solcher nicht allein das bescheidene Vermögen der Zunft aufgezehrt, sondern ihr noch eine Schuld aufgebürdet, für deren Verzinsung ihr die Mittel fehlten. Bereits seit dem Jahr 1852 bemühte sich deshalb der Zunftvorstand, das Haus zu verkaufen; doch gelang dies erst im Jahr 1883. Damals ließen sich Meister und Vorgesetzte durch die Zunftversammlung ermächtigen, die Liegenschaft zur öffentlichen Versteigerung zu bringen, bei der sie um 70000 Franken der Firma G. Kiefer zugeschlagen wurde, welche sie seit 1874 gemietet hatte. Bürgerrat und Regierungsrat stimmten dem Verkauf zu, da auch sie erkennen mußten, daß die Zunft nicht in der Lage wäre, die Mittel für einen Neubau aufzubringen. Jetzt wanderten die drei gemalten Scheiben mit dem Zunftwappen, welche die Fenster der Zunftstube geschmückt hatten, sowie eine hölzerne Wappentafel mit den Emblemen von Meistern und Vorgesetzten des 16. und 17. Jahrhunderts als Deposita ins Historische Museum. Der übrige Zunftbesitz war schon früher veräußert worden, darunter auch das schönste Stück, der silbervergoldete Meisterkranz, der jeweils dem neugewählten Meister aufs Haupt gesetzt wurde; er hatte der Zunft 1829 ganze 77 Franken eingebracht!

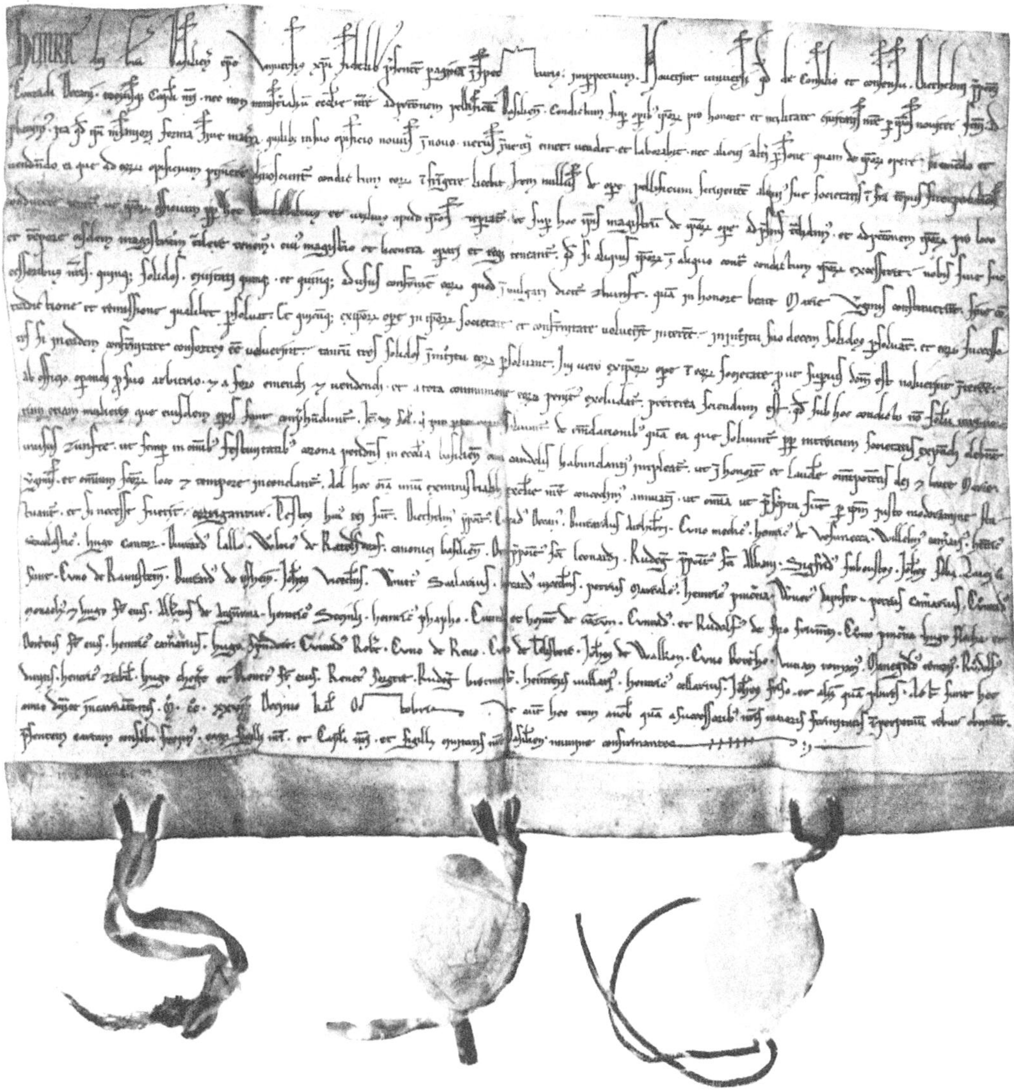

Stiftungsbrief der Kürschnerzunft vom 22. September 1226, die älteste Zunfturkunde der Schweiz

Ungefähr um dieselbe Zeit wie die Kürschner, das heißt um die Mitte des 14. Jahrhunderts, dürften die Schneider ihr Zunfthaus an der Gerbergasse bezogen haben; es umfaßte die heute durch die Niederlassung der Schweizerischen Volksbank überbaute Liegenschaft samt dem dazugehörigen Hinterhaus am Gerbergäßlein. Ins Licht der urkundlichen Überlieferung tritt das Zunfthaus der Schneider erstmals im Jahre 1364, in dem der Rat einen Schiedsspruch wegen des Sodbrunnens im Zunfthof fällte. 1548 erhielt die Zunft durch die Pfleger des ‹Großen Almosens›, dem in früheren Jahrhunderten die Aufgabe der Fürsorge für bedürftige Bürger übertragen war, welche heute das Bürgerliche Fürsorgeamt erfüllt, die Erlaubnis, das Abwasser des Zunfthauses in die Badstube ‹zum Mühlistein› am Beginn des Gerbergäßleins abzuleiten. An das Zunfthaus der Schneider grenzte straßaufwärts dasjenige der Gartner; diese gestatteten sich hin und wieder bauliche Eingriffe, welche dann die Schneider auf den Plan riefen. Abgesehen von solchen Streitigkeiten, die sich in den Protokollen des mit den Kompetenzen der heutigen Baupolizei ausgestatteten Gerichts der ‹Fünferherren› widerspiegeln, erfahren wir wenig über den Unterhalt des Gebäudes.

Im ersten Obergeschoß befand sich, wie üblich, die große Zunftstube; das Parterre dagegen war bis ins 19. Jahrhundert an Handwerksmeister – Tuchscherer, Schuhmacher, Färber und Weißgerber – vermietet, die hier ihre Arbeitsstätten besaßen. Im Zunftsaal war auch das Zunftarchiv untergebracht; zu seinen wertvollsten Dokumenten zählte ein aus dem Jahr 1758 stammender Band in Großfolio mit elf Tafeln, betitelt ‹Materybuch oder richtiger Entwurf der Meister und Sechs des Handwerks der Schneider, nebst Erklärung der Ziffern und dem Ellmaß, nach welchem ein jedes Stück verfertiget wird›. In sorgfältiger Handschrift ist darin aufgezeichnet, wieviel Tuch etwa zu einem Leidmantel oder einem Ratsherrenrock benötigt wird; diesen Erklärungen sind die genauen Schnittmuster beigegeben, nach welchen die verschiedenen Kleidungsstücke angefertigt werden konnten. 1829 sah sich die Zunft genötigt, beim Stadtrat, der Exekutive der von 1803 bis 1876 bestehenden Stadtgemeinde, die Bewilligung zur Aufnahme eines Anleihens von 2000 Franken einzuholen, um notwendige Reparaturen am Zunfthaus ausführen zu können. Seit 1847 wurde die Zunftstube als Lesesaal für Handwerksgesellen und Lehrlinge zur Verfügung gestellt.

Mit den Zunfthäusern zu Gerbern und zu Gartnern wurde 1874 auch dasjenige der Schneider mit seinem malerischen Höflein am Gerberberg beseitigt. Der Staat benötigte die

Liegenschaften, wie wir sahen, um die Korrektion der engen Gerbergasse durchzuführen; zu diesem Zweck hatte er ein Jahr zuvor das alte Zunfthaus der Schneider um 50 000 Franken erworben. Unfern davon hat die Schneiderzunft in neuester Zeit wieder eine würdige Heimstätte gefunden: im ersten Stock des historischen Hauses ‹zum Löwenzorn› am Gemsberg, dessen prächtigen Saal mit seinem reichen Intarsienschmuck sie mit der Zunft zu Gerbern teilt.

Die Zunft zu Gartnern

Die Zunft zu Gartnern hat 1968 das Jubiläum ihres siebenhundertjährigen Bestehens begangen. Aller Wahrscheinlichkeit nach hätte sie dieses Fest bereits vier Jahre früher feiern können; denn neuere Forschungen und Überlegungen haben dazu geführt, die Gründung der Zunft ins Jahr 1264 anzusetzen. Die Unsicherheit rührt daher, daß im Zunftbrief der Gartner die letzte Zeile bei der Erwähnung des Datums unvermittelt abbricht. Ausgestellt wurde die Urkunde durch Heinrich von Neuenburg, der 1262 auf den Basler Bischofsstuhl erhoben worden war und im März 1264 die päpstliche Bestätigung erhalten hatte. Als erster Basler Zunftbrief ist sie in deutscher Sprache abgefaßt; aber auch durch ihren Inhalt markiert sie eine bedeutsame Etappe der Entwicklung der Basler Zünfte. Zum ersten Mal wird darin eine Zunft nicht mehr einem Beamten des Bischofs unterstellt, der ihre Ordnungen handhabt und überwacht, sondern der Leitung durch Meister und Sechser anvertraut, das heißt in die Hände eines Zunftvorstandes gelegt, der von der Zunftgemeinde selbst bestimmt werden konnte. Die entgegenkommende Haltung des Stadtherrn, der damit den Gartnern eine weitgehende Selbständigkeit einräumte, war bedingt durch kluge politische und diplomatische Erwägungen: Bedrängt durch Rudolf von Habsburg und seinen adligen Anhang, bemühte sich der Bischof, sich die Unterstützung und den Rückhalt der Bürgerschaft zu sichern in der Auseinandersetzung mit dem mächtigen Grafen, der während seiner Belagerung Basels elf Jahre nach dem Amtsantritt Heinrichs zum Herrn des Reichs erkoren werden sollte. Darum wurde in der Zunfturkunde der Gartner ausdrücklich ein Schutzbündnis zwischen Bischof und Zunft verbrieft: Beide gelobten sich darin gegenseitige Hilfe in allen Nöten.

Der Zunftbrief der 1260er Jahre erwähnt als Angehörige der Korporation lediglich die Gartner, die Obzer und die Menkeller, das heißt die Gärtner, die Obsthändler und Kleinhändler, welch letztere später Gremper genannt wurden. Die Gartner, von denen die Zunft ihren Namen und ihr Wappen, eine stilisierte Mistgabel auf schwarz und gelb geflammtem Grund, trägt, beschäftigten sich zur Zeit der Zunftgründung und noch mehrere Jahrhunderte hernach ausschließlich mit Gemüsebau. Noch 1527, im Jahr, aus dem ihre älteste erhaltene Berufsord-

Pannerträger der Zunft zu Gartnern. Glasscheibe aus dem Jahr 1640

nung stammt, beschränkte sich ihre Produktion auf Kraut, worunter mehrere Gemüsearten verstanden wurden, sowie auf Knoblauch, Zwiebeln und Samen. Der Bedarf in diesen Artikeln war noch nicht so groß wie heute, da, abgesehen von der geringeren Einwohnerzahl der Stadt, in Basel bis in die Neuzeit hinein ländliche Verhältnisse herrschten und sich ein großer Teil der Bürgerschaft durch den Anbau in den eigenen Gärten selbst versorgte. Nur den innerhalb der Bannmeile ansässigen Gärtnern war es erlaubt, ihre Ware täglich feilzuhalten; wer außerhalb dieses Umkreises wohnte, durfte seine Produkte höchstens an zwei Tagen im Monat in der Stadt verkaufen. Erst im 18. Jahrhundert, als in der Stadt und ihrer Umgebung die wundervollen Garten- und Parkanlagen der gesellschaftlichen Oberschicht entstanden, weitete sich der Wirkungskreis der Basler Gärtner aus. Nun übernahmen sie es auch, «Pommeranzen und Zwergbäum zu schneiden, Bux zu schären und zu versetzen ... und Blumen-Gewächs zu versorgen», wie es in der Berufsordnung vom Jahr 1729 heißt. Die Ausführung von Gartenarbeiten für Private war das Privileg zünftiger Gärtner; Hintersassen, das heißt Niedergelassenen, und Landbewohnern war es nicht gestattet, derartige Aufträge entgegenzunehmen; sie durften in der Stadt lediglich im Dienst eines Gärtners arbeiten.

Den Gärtnern gesellten sich seit dem Bestehen der Zunft die Obst- und Kleinhändler, die in ihren offenen Läden ‹essige Speise› feilhielten, welche neben Brot, Fleisch und Wein den Tisch des Bürgers bereicherte: Butter, Eier, Käse, Zieger und Honig; Salz, Pfeffer und Kümmel; Fenchel, Erbsen, Hirse, Gerste und Hafer; Stockfische, Heringe und Bücklinge, Wildpret und endlich Vögel aller Art wie Tauben, Kapaunen und Schnepfen. Außer diesen Nahrungsmitteln handelten die Gremper auch mit Kerzen, Unschlitt, Karrensalbe, Kornseilen und Glaswaren. Der Zudrang zum Gremperberuf war groß; denn die Führung eines kleinen Ladens erforderte keine besonderen Kenntnisse. Oft wurden solche Läden auch von der Frau betrieben, während der Gatte einer andern Beschäftigung nachging; daher waren auch die Frauen in der Gartnernzunft stark vertreten.

Da die Seiler für den Verkauf ihrer Erzeugnisse auf die Gremper und für deren Absatz namentlich auf die Gärtner als wichtigste Bezüger angewiesen waren, wurden auch sie der Zunft zu Gartnern zugewiesen. Vor allem aber gehörten ihr als zahlenmäßig wichtigste Gruppe die Wirte an. Man unterschied zwischen Herrenwirten, Mittel- oder Karrenwirten und Kochwirten. Die Herrenwirte genossen eine Vorzugsstellung; um

Buffet der Zunft zu Gartnern

allen Ansprüchen ihrer vornehmen Kundschaft genügen zu können, waren sie berechtigt, eine unbeschränkte Zahl von Weinsorten im Keller einzulagern. Dagegen war es ihnen lediglich gestattet, den Gästen das ‹recht Gastmohl› zu servieren; die Abgabe von kleinen Speisen à la carte, des ‹Pfennwerts›, blieb den Mittel- oder Karrenwirten vorbehalten, bei denen bescheidenere Gäste, insbesondere Fuhrleute und Karrer, Einkehr hielten. Kochwirten war es verwehrt, Reisende zu beherbergen; sie hatten ihren Unterhalt mit der Zubereitung der Speisen zu verdienen. Das Wirtegewerbe war nach allen Richtungen hin eingehend geregelt; spezielle Vorschriften galten der Aufrechterhaltung einer strengen sittlichen Ordnung. So hatten die Wirte unverheiratete Paare ‹vor Bosheit zu warnen›; sie durften sie weder am Tag noch in der Nacht beherbergen. Zutrinken, Schwören und Gotteslästerung war untersagt; diejenigen, welche gegen dieses Verbot verstießen, hatten die Wirte der Obrigkeit anzuzeigen.

Die Aufnahme in die Zunft zu Gartnern bildete auch die Voraussetzung für die berufliche Tätigkeit der Pasteten- und Zuckerbäcker sowie der Postillone und Fuhrleute. Das Vorrecht der Postillone war die Beförderung von Reisenden und Post; die Besorgung von Frachttransporten dagegen galt als Sache der Fuhrleute und Karrer. Wie die Wirte gaben auch die Postillone Anlaß zu mannigfachen Klagen, da sie die Reisenden häufig überforderten; deshalb legte der Rat genaue Fahrgeldtarife fest. Bei den Gartnern und Rebleuten eingeteilt waren die Bräter, die, ebenso wie die Kuttler, Wurstwaren herstellten und verkauften, ein Recht, das den Metzgern erst im 19. Jahrhundert zuerkannt wurde. Wenig wissen die Zunftakten zu berichten über die Öler und Stämpfer, welche das Handwerk des Ölpressens ausübten, und über die Grieser, welche sich mit dem Handel von Gries und andern Mahlprodukten befaßten. Ebenso selten sind in den Protokollen der Zunft die Spuren der Gabelmacher, Rechenmacher, Karrensalber und Lebküchler. Rund zwanzig verschiedene Berufszweige waren unter dem Dach der Gartnernzunft vereinigt; abgesehen von der Safranzunft umspannte keine andere Zunft ein so vielseitiges gewerbliches Gebiet.
Bei der Gründung der Zunft hatten die Gärtner die Mehrheit der Zunftgenossen gestellt; doch wurden sie in der Folge numerisch überflügelt durch die Gremper, Seiler, Pastetenbäcker und Wirte. Mit der Aufnahme immer neuer Berufsarten erhöhte sich die Bedeutung der Zunft im Lauf der Jahrhunderte. Mehr und mehr bewarben sich auch einflußreiche und vermögliche Kaufleute, Akademiker - unter ihnen der Basler Reformator Johannes Oekolampad - und Angehörige freier Berufe um das Zunftrecht zu Gartnern. Vorwiegend aus den Kreisen dieser vornehmen Gesellschaftsschicht setzte sich vor der Französischen Revolution der Zunftvorstand zusammen; denn die Wahl zum Vorgesetzten oder gar zum Ratsherrn oder Meister bedeutete eine finanzielle Belastung, welche das Vermögen der bescheideneren Zunftbrüder überstieg. Jeder neu ernannte Sechser hatte zumindest einen Beitrag an die Anschaffung eines silbernen Trinkgeschirrs zu leisten; die zu höheren Ämtern gewählten Zunftangehörigen stifteten meist größere silberne und teils vergoldete Trinkgefäße. Da die Gartnernzunft allein im Verlauf des 17. Jahrhunderts fünf Oberstzunftmeister und drei Bürgermeister stellte, wurde sie mit der Zeit Eigentümerin eines Schatzes wertvoller Goldschmiedearbeiten, die sie indessen später zum größten Teil veräußerte, um die Kosten für den Unterhalt und die Instandstellung des Zunfthauses decken zu können. Eine der bedeu-

Gläserne Gabel als Trinkgefäß der Zunft zu Gartnern

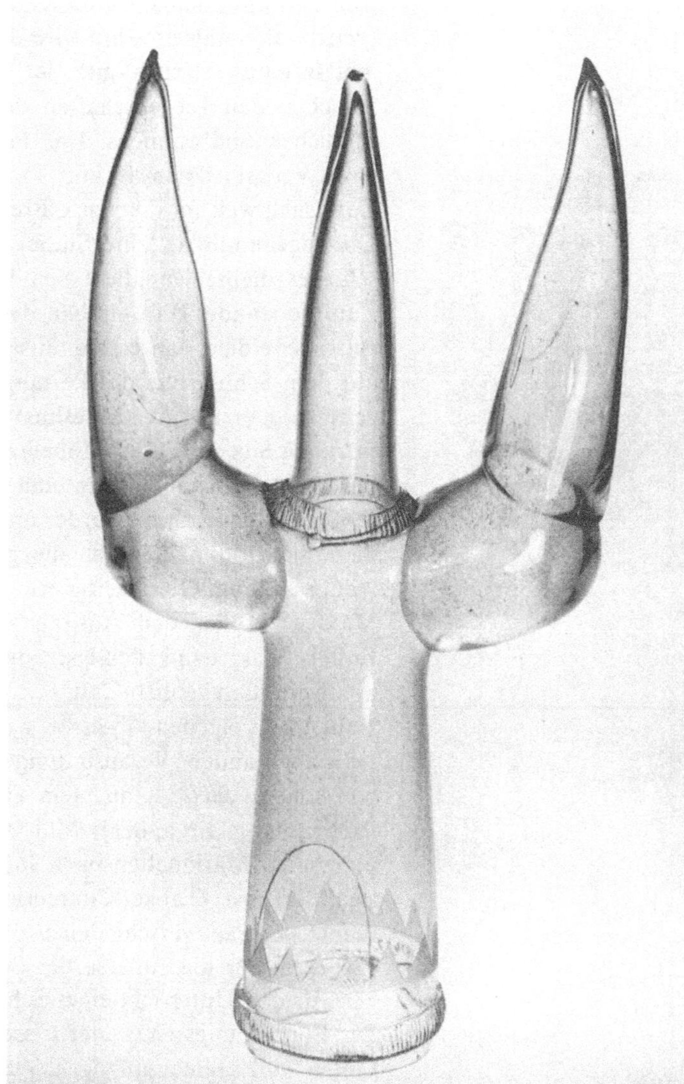

tendsten Gestalten aus der Geschichte der Gartnernzunft war ihr Vorgesetzter und Ratsherr Franz Robert Brunschwyler, der 1684 zum Oberstzunftmeister und 1690, kurz vor seinem Tod, noch zum Bürgermeister aufstieg. Durch letztwillige Verfügung vermachte er seiner Zunft ein Legat von 1000 Pfund, dessen Zinsen jeweils am Franziskatag, dem Namenstag seiner Gattin, von Meister und Sechs ‹verzehrt› werden sollten. Noch jetzt wird dieses ‹Franziska-Mähli›, heute allerdings auf Kosten der Teilnehmer, abgehalten.

Das gesellige Leben der Zunft spielte sich auf dem Zunfthaus an der Gerbergasse (Nr. 38) ab, das den Namen ‹zem Han› trug und unmittelbar an das Zunfthaus der Schneider (Nr. 36) grenzte. Erstmals erwähnt wird das Zunfthaus der Gartner aus Anlaß eines Streites mit der Schneiderzunft wegen eines zwischen den Liegenschaften der beiden Korporationen befindlichen Sodbrunnens. Das Parterre des Vorderhauses bot zwei Verkaufsläden Raum; im ersten Stock lag der große Zunftsaal, welcher die ganze Breite der Straßenfront einnahm. Die sogenannte ‹Kleine Stube› im hintern Teil des Obergeschosses diente vor allem den Beratungen und Gelagen des Zunftvorstandes. Ein Umbau des Hauses fand im Jahr 1618 statt; denn diese Jahreszahl mitsamt dem Wappen der Zunft ist auf dem Schlußstein des Portals angebracht, der beim seinerzeitigen Umzug ins ‹Mueshus› an der Spalenvorstadt, den heutigen Sitz des Basler Möbelhandwerks, in die dortige Wand des rechten Schaufensters eingemauert wurde. Eine weitere größere Renovation wurde im Jahr 1710 vorgenommen; damals erfuhr namentlich die große Zunftstube eine völlige Neugestaltung. Gleichzeitig erteilte der Zunftvorstand Meister Mathias Müller den Auftrag zur Anfertigung eines neuen Buffets, das, «aufs fleißigste und sauberste gearbeitet», bis heute erhalten geblieben ist.

Neben den eigenen Anlässen wurden im Zunfthaus zu Gartnern auch andere Veranstaltungen abgehalten. So führte 1743 hier Johann Jacob Kraus «ein Theater und allerhand optische Sachen» vor; ein anderes Mal war die Zunftstube der Schauplatz eines Marionettenspiels. Im 18. Jahrhundert versammelte sich dort ein ‹Tabac-Kämmerlein›, und im 19. Jahrhundert diente der Saal verschiedenen pädagogischen und kulturellen Zwecken: für die Anlässe der Sonntagssäle junger Handwerker, für den Unterricht eines Schreiblehrers und für die Kurse der Fortbildungsschule der Gesellschaft zur Beförderung des Guten und Gemeinnützigen. Angesichts der finanziellen Lasten, die der Unterhalt des Baus der Zunft aufbürdete, wünschten Meister und Sechs das Haus schon 1840 zu veräußern; doch kam es zu dessen Verkauf erst rund zwei Jahrzehnte später anläßlich der Korrektion der Gerbergasse. 1873 übernahm der Staat die Liegenschaft zum Preis von 50000 Franken, worauf das Gebäude, ebenso wie die Zunfthäuser zu Gerbern und Schneidern, abgetragen wurde. Für die drei obdachlos gewordenen Korporationen ließ der Stadtrat, die Exekutive der von 1803 bis 1876 bestehenden Stadtgemeinde, hierauf einen großen Saal im ersten Stock des ‹Mueshus› an der Spalenvorstadt einrichten, wo sie bis 1899 verblieben. 1975 hat die Gartnerzunft im ‹Goldenen Sternen› im St. Alban-Tal wieder eine eigene, reizvoll ausgestattete Heimstätte erhalten.

Gleich ihren Schwesterzünften führt die Gartnernzunft bis heute mit Liebe die Traditionen der Vorfahren weiter. Die Zusammensetzung ihrer Mitgliedschaft nach Berufsarten hat sich freilich weitgehend gewandelt: Einzelne Gewerbezweige früherer Jahrhunderte wie die Bräter, Karrer, Karrensalber, Öler und Postillone sind völlig ausgestorben, und ebenso sind die Berufsstände der Wirte, Gremper, Pasteten- und Zuckerbäcker, die einst der Zunft angehörten, heute nicht mehr darin vertreten. Dagegen repräsentiert noch eine stattliche Schar von Zunftgenossen das schöne Gärtnerhandwerk. Alle Zunftbrüder aber einigt das Band der Liebe zur Vaterstadt und zum Erbe ihrer Vergangenheit, das auch an die kommenden Generationen weitergegeben werden soll.

Die Zunft zu Metzgern

Im gleichen Jahr 1248 erhielten die Zünfte der Metzger und Bauleute ihren Stiftungsbrief vom damaligen Stadtherrn, dem Bischof Ludwig von Rötteln; derjenige der Metzger ist datiert vom 2. Juni, derjenige der Bauleute vom 23. September des genannten Jahres. Abgesehen vom Brief der Kürschner aus dem Jahre 1226 sind dies die ältesten Zunfturkunden, die erhalten geblieben sind; beide sind in lateinischer Sprache abgefaßt und decken sich in ihrem Gehalt, weitgehend auch in ihrem Wortlaut. Der Bischof entspricht darin auf den Rat und mit der Zustimmung des Domkapitels den Gesuchen der Metzger und Bauleute, indem er die Ordnungen, welche sie selbst für ihre Handwerke aufgestellt haben, bestätigt und anerkennt und damit ihre Korporationen kraft seiner Autorität sanktioniert. An diese Ordnungen soll fortan jeder gebunden sein, der das Gewerbe der Metzger und Bauleute ausübt. Wer der Zunft nicht beitreten will, wird von Arbeit und Markt ausgeschlossen; er darf sein Handwerk nicht mehr auf eigene Rechnung betreiben. Den Metzgern wie den Bauleuten setzt der Bischof einen Meister, unter dessen Führung sie ihren Gewerben obliegen sollen. So etwa lassen sich die beiden Zunftbriefen gemeinsamen Bestimmungen zusammenfassen.

Die gewerblichen Vorschriften in der Stiftungsurkunde der Metzger regeln vor allem den Fleischmarkt, das heißt den gemeinsamen Verkauf des Fleisches an den öffentlichen Verkaufsstellen, den sogenannten ‹Scholen›, großen Fleischhallen, die mit einem ‹Schinthaus› für das Schlachten der Tiere verbunden waren. Bis ins 19. Jahrhundert war das Feilhalten von Fleisch in Basel ausschließlich in den Scholen gestattet. Die Schol war der Ort, wo die Schlachttiere ‹geschält›, das heißt ausgehäutet, wurden; die Bänke, auf denen die Fleischstücke zum Verkauf gelangten, hießen die ‹Schalbänke› oder ‹Scholbänke›. Jeder der beiden Stadtteile besaß seit dem 13. Jahrhundert seine besondere Schol. Diejenige von Großbasel lag über dem damals die Stadt offen durchfließenden Birsig am untern Ende des Kornmarktes, des heutigen Marktplatzes, der bis gegen das Ende des 19. Jahrhunderts noch nicht die heutige Größe aufwies, sondern sich von der Einmündung der Freien Straße und der Gerbergasse nur bis zur Sattelgasse und der heute verschwundenen Sporengasse, der einstigen Verbindung zwischen Marktplatz und Eisengasse, erstreckte. Die

Kleinbasler Schol befand sich am Brückenkopf der Mittleren Rheinbrücke an der Ecke der Greifengasse und der Untern Rheingasse im Erdgeschoß des jetzt abgebrochenen Hauses ‹zum Waldeck› gegenüber dem alten Richthaus an der Stelle des heutigen Café Spitz. Später wurde noch eine zweite Großbasler Schol, die ‹Neue Metzg›, an der Weißen Gasse

Fahne der Metzgernzunft aus dem Jahr 1677

eröffnet. In diesen Scholen standen die erwähnten Bänke, die von der Obrigkeit errichtet und durch ihre Beamten instandgehalten wurden; in der Großbasler Schol am Kornmarkt waren es im 15. Jahrhundert rund sechzig. Da sie sich im städtischen Eigentum befanden, verfügte darüber der Rat, der sie gegen einen jährlichen Mietzins den einzelnen Metzgermeistern verlieh. Nur diejenigen Meister, die ein solches ‹Banklehen› besaßen, waren in den Augen der Zunft vollgültige Mitglieder; die übrigen wurden als ‹ungemetzget› bezeichnet, wie der Ausdruck der Zunftordnung lautete. Jeder Metzger hatte nur Anrecht auf einen Bank; damit sollte verhindert werden, daß der Fleischmarkt in wenigen Händen konzentriert würde. War der Inhaber eines Banklehens gestorben, so fiel dieses an den Rat zurück, der es nach Konsultation der Metzgernzunft von neuem verlieh; nur wenn die Söhne oder Brüder des bisherigen Beständers zünftige Metzger waren, konnte der Bank erbweise an sie übergehen. Den gleichen

Vorzug genossen Metzgergesellen, welche die Tochter eines Meisters heirateten. Der Besitz eines Banklehens bildete die Voraussetzung für die berufliche Selbständigkeit eines Metzgers; doch hielt es angesichts der großen Zahl der Anwärter nicht leicht, zu einem ‹erledigten› Banklehen zu gelangen. Bis in die ausgehenden 1860er Jahre bestand dieses mittelalterliche System mit dem Lehensverhältnis zwischen dem Staat und den Metzgern fort; erst mit dem Bezug des in den Jahren 1868/69 erbauten Schlachthofs an der Elsässerstraße, der den längst veralteten Zuständen des Fleischverkaufs und der Fleischversorgung ein Ende setzte, wurde die Aufhebung der Scholen möglich. Die Metzger selbst hatten dem Bau einer Schlachtanstalt heftigen Widerstand entgegengesetzt im Bewußtsein, daß die Eröffnung eines staatlichen Betriebs unweigerlich den Verlust ihrer bisherigen, lange erdauerten Rechte nach sich ziehen müsse; allein das Rad der Zeit ließ sich nicht anhalten. Jetzt erst verlagerte sich der Verkauf von den zentralen Scholen in die privaten Metzgerläden, die Basel bis dahin überhaupt nicht gekannt hatte. Im Tempo jener noch immer geruhsamen Zeit vollzog sich dieser Übergang nicht sehr rasch, und so mußten die Scholen, die man Ende März 1871 endgültig hatte aufheben wollen, noch bis ins Jahr 1887 als Verkaufslokale offengehalten werden. Erst dann konnten sie endgültig geschlossen und die Gebäude abgebrochen werden.

Kehren wir nach diesem Exkurs in die Neuzeit nochmals ins Mittelalter zurück! Wie der Brotmarkt, so unterstand auch der Fleischmarkt strengen obrigkeitlichen Vorschriften. Kein Metzger durfte in seinem Haus Vieh schlachten, sondern nur in dem erwähnten gemeinsamen ‹Schinthaus›, wo die Schlachttiere zuvor die Kontrolle der Fleischschauer zu passieren hatten. Wer versuchte, diese Kontrolle zu umgehen, wurde mit schweren Strafen belegt. Ungesundes Vieh mußte sofort getötet und in den Rhein geworfen werden, desgleichen alles Fleisch, das des Marktes unwürdig befunden wurde. Das Fleisch durfte nie in Vierteln oder Stücken, sondern nur pfundweise verkauft werden. Seit früher Zeit herrschte in der Bevölkerung gegenüber den Metzgern der nicht auszurottende Argwohn, sie könnten den Käufer mit dem Gewicht betrügen. Bereits in Sebastian Brants ‹Narrenschiff› vom Jahr 1494 findet sich im Kapitel ‹Falsch und Beschiß› der Vers: «Den Tumen (= Daumen) wiegt man zu dem Fleisch», und noch in der ersten Hälfte des 19. Jahrhunderts erinnerte der Kleinbasler Schulmeister und Lokalpoet Philipp Hindermann an diese einstige Untugend der Metzger in der Strophe:

◁
Schol und Metzgernzunfthaus an der einstigen Sporengasse zwischen Marktplatz und Eisengasse. Aquarell von J.J. Schneider 1869

«Basel het e großi Schol,
Wo d Metzger nie versume,
Em Fleisch e Druck z gä uf der Woog
Mit ihrem große Dume.»

Zum Schutz der Käufer verfügte der Rat im 15. Jahrhundert, daß das Fleisch auf einer besonderen Waage mit besonderem Gewicht gewogen werden müsse. Ebenso setzte er die Fleischpreise fest.
Spezielle Bestimmungen erließ die Obrigkeit für die Gruppe der Kuttler. Ihnen stand ausschließlich der Verkauf der Füße und Innereien der geschlachteten Tiere und, zusammen mit den Brätern, die Herstellung von Würsten zu, welche die Metzger selbst vor der Französischen Revolution nicht produzieren durften. Beide Gewerbe, desjenige der Metzger und dasjenige der Kuttler, waren vollständig voneinander getrennt. Die Verkaufsstellen der Kuttler befanden sich an der Hutgasse, am Rindermarkt (das heißt im untern Teil der Gerbergasse) und bei der ‹Neuen Brücke›, die über den Birsig in die Storchengasse, die heutige Stadthausgasse, führte. Später wurde für sämtliche Kuttler ein besonderes Kuttelhaus in der Nähe der Rüdengasse eröffnet; von ihm erhielt die Brücke, die dort den Birsig überspannte, den Namen ‹Kuttelbrücke› und die Gasse zwischen Hutgasse und Rümelinsplatz die Bezeichnung ‹Kuttelgasse›.
Wie der Wein und das Mehl, so wurde auch das Fleisch zum Objekt der indirekten Besteuerung, allerdings relativ spät. Erst seit 1451 erhob man von allem Fleisch, das in Basel verkauft wurde, das sogenannte ‹Metzger-Ungeld›, das die Metzger jeweils am Montag auf dem Rathaus zu entrichten hatten.

Fries mit dem Wappen der Metzgernzunft

Titelblatt des Wappenbuchs der Metzgernzunft aus dem Jahr 1743

Nicht immer waren die Metzger die bequemsten Untertanen der Obrigkeit; wiederholt ergaben sich zwischen dem Rat und der Metzgernzunft schwere Differenzen. Sie hatten ihren Grund vor allem darin, daß die ‹Gnädigen Herren› in Zeiten der Teuerung auch fremden Metzgern die Einfuhr und den Verkauf von Fleisch gestatteten, um dadurch die Versorgung der städtischen Bevölkerung zu verbessern. In ihrem Widerstand gegen die staatlichen Eingriffe in ihre zünftischen Privilegien schlossen sich die Metzger sehr eng zusammen, und noch im 19. Jahrhundert verteidigten sie ihre Vorrechte mit leidenschaftlichem Temperament. Als der fortschrittliche Professor Christoph Bernoulli in einer großes Aufsehen erregenden Schrift gegen die seit der Mediation wieder eingeführte Zunftverfassung als Hemmschuh der wirtschaftlichen Entwicklung zu Felde zog, beschmierten die rabiaten Metzger, wie erwähnt, sein vor dem Spalentor gelegenes Landhaus von oben bis unten mit Ochsenblut. Kampflustig zeigten sich die Metzger aber auch, wenn es galt, unter dem Zunft- und dem Stadtbanner ins Feld auszurücken. Ein Metzger, vermutlich der Zunftmeister Hans Einfaltig, soll es gewesen sein, der am Morgen des 26. August 1444, dem Tag der Schlacht von St. Jakob an der Birs, den unentschlossenen Rat unter Druck setzte, indem er das Banner ergriff und die vor dem Rathaus versammelte Bürgerschaft mit dem Ruf «Harnach, wer ein Basler syge!» zum Auszug gegen die Armagnaken aufforderte. Und wiederum waren es fünf Jahre später die Metzger, welche an der Spitze der Zünfte und der Kleinbasler Gesellschaften wider den Willen des Rates gegen Hermann von Eptingen, den verhaßten Feind der Stadt, ausrückten und das Schloß Blochmont im Jura in Flammen aufgehen ließen. Unter den Metzgern befanden sich schließlich im Schwabenkrieg die eifrigsten Verfechter des Anschlusses an die Eidgenossenschaft.

In der unmittelbaren Umgebung der ersten Großbasler Schol, in der sie ihre Tätigkeit ausübten, besaßen die Metzger ihr Zunfthaus. Es befand sich an der Sporengasse und trug den Namen ‹zum Regenbogen›. Seit dem Jahr 1423, in dem die Liegenschaft in den Besitz der Zunft zu Metzgern gelangt war, bildete sie die Stätte ihrer Beratungen und geselligen Zusammenkünfte. Im Zusammenhang mit der Korrektion des Marktplatzes wurde das Zunfthaus 1887 vom Staat übernommen. Von der einstigen Ausstattung der alten Zunftstube sind nur eine interessante Wappentafel und Teile eines geschnitzten Deckenfrieses erhalten geblieben sowie ein merkwürdiges Schnitzwerk, das nach der Überlieferung im 17. Jahrhundert von einem Strafgefangenen als spielerischer Zeitvertreib angefertigt wurde. Wenn sich die Zunft heute zu ihrem Mahl vereinigt, dann schmückt die festliche Tafel auch ein origineller Zunftbecher, der ihr von ihrem Zunftbruder Rudolf Rensch-Lang geschenkt worden ist und der dankbaren Anerkennung für die Mitarbeit der Gattinnen im Gewerbe Ausdruck gibt mit dem schönen Sinnspruch: «Gryff zue, stoß a, dänk dra: Dy gueti Metzgersfrau soll läbe!»

Die Zunft zu Spinnwettern

Unfern vom Zunfthaus der Metzger, an der Eisengasse, in nächster Nähe der Mittleren Rheinbrücke, stand das Zunfthaus ‹zu Spinnwettern›, dessen Name im 16. Jahrhundert auf die Zunft der Bauleute überging. Ursprünglich hieß die Liegenschaft ‹Spichwarters Hus›, das heißt Haus des Aufsehers über einen Speicher, speziell wohl über einen Kornspeicher; doch wurde aus dem ‹Spichwarter› im Lauf der Zeit durch seltsame Umformung des Wortes ein ‹Spinnwetter›. Bevor die Zunft den Namen ‹Spinnwetternzunft› annahm, wurde sie - so auch in der ältesten Ratsbesatzung vom Jahr 1357 - als Zunft der Bauleute und Maurer bezeichnet. Von allem Anfang an umfaßte sie neben den Angehörigen dieser beiden Berufe auch die Gipser. Schon im 13. Jahrhundert wurden ihr ebenso die Faßbinder und Wagner, die Wannenmacher oder Wanner sowie die Becherer zugewiesen; die letztern, Hersteller hölzerner Trinkgefäße, hatten ihren Wohnsitz vorwiegend im untersten Teil der Freien Straße, der daher ‹Unter Becherern› genannt wurde. Als sich im Laufe des 14. Jahrhunderts das Handwerk weiter spezialisierte, kamen die ebenfalls im Baugewerbe tätigen Steinmetzen, Schindler, Ziegler und ‹Besetzer›, das heißt Pflästerer, hinzu; ferner die mit der Ausstattung der Innenräume beschäftigten Hafner, Schnitzer, Tisch- und Kistenmacher, das heißt die Hersteller von Truhen. Vom Material her, dem Holz, war es gegeben, daß sich im weitern Baumfäller, Flößer, Holzhändler und Säger, ja sogar Orgelbauer zu Spinnwettern einschreiben ließen. Und endlich wurden im 18. Jahrhundert auch die Kaminfeger in die Spinnwetternzunft aufgenommen, nachdem ihr Beruf zuvor lange als

Handwerkerlade der Steinmetzen aus dem Jahr 1592

‹unehrlich› gegolten hatte und daher meist von wandernden Gesellen aus Savoyen oder Piemont ausgeübt worden war.
Wie die Zünfte zu Safran und zu Gartnern zeigte so auch die Zunft zu Spinnwettern eine außerordentlich vielseitige Zusammensetzung, die es mit der Zeit Meister und Vorgesetzten unmöglich machte, die gewerblichen Fragen sämtlicher zu Spinnwettern zünftiger Berufszweige zu behandeln. Seit dem 16. Jahrhundert gruppierten sich deshalb die Angehörigen der einzelnen Handwerke in eigenen Meisterverbänden, an deren Spitze ein vom Zunftvorstand gewählter Bottmeister stand, welcher das ‹Bott›, das heißt die Versammlung des Verbandes, leitete. An diese Meisterverbände wurde ein Teil der Zunftgerichtsbarkeit delegiert; doch stand es bei Differenzen den Klägern wie den Beklagten, das heißt den Meistern, welche sich eine Übertretung der Ordnung ihres Handwerks hatten zuschulden kommen lassen, frei, an das Sechserbott, das heißt an den Vorstand der Gesamtzunft, zu appellieren. Eine besondere Institution innerhalb der Zunft bildete der im Jahr 1682 begründete Zusammenschluß der Zimmerleute, Steinmetzen und Maurer zum sogenannten ‹Dreivereinbarten-Handwerk›, welches heute noch besteht.

Stabelle der Spinnwetternzunft vom Jahr 1714

Sowohl auf militärischem Gebiet wie im Dienst des Löschwesens waren der Zunft zu Spinnwettern besondere Aufgaben übertragen, die sie dank den speziellen beruflichen Fähigkeiten ihrer Angehörigen am besten zu lösen imstande war. Aus ihren Kreisen rekrutierten sich die Zimmerleute, welche mit der Herstellung der ‹Springolf› oder ‹Gewerf› betraut waren, das heißt der Wurfgeschosse, mit denen schwere Bolzen oder mächtige Steine gegen den angreifenden Feind geschleudert wurden. Bei Feuersnot hatten sich die Zunftbrüder zu Spinnwettern nicht wie die Genossen der übrigen Zünfte auf dem Kornmarkt zu besammeln, sondern, mit Äxten, Leitern und Eimern ausgerüstet, direkt zur Brandstätte zu eilen; Zimmerleute und Maurer sollten dort das weitere Umsichgreifen des Feuers verhindern, während die Küfer für die Zufuhr des zum

Lade der Basler Steinmetzen aus dem Jahr 1592

Stilleben der Zimmerleute

Löschen benötigten Wassers verantwortlich waren. Unter den Pflichten, welche die Zunft gegenüber der Kirche zu erfüllen hatte, hebt schon der Stiftungsbrief vom Jahr 1248 die Sorge für die Bezündung des silbernen Kronleuchters im Münster hervor. Jeder Zunftbruder hatte ein Wachsgeld zu bezahlen, aus dem bis zur Reformation die Ausgaben für die Kerzen bestritten wurden, die an hohen Feiertagen im bischöflichen Dom leuchteten. Besondere Beziehungen verbanden die Spinnwetternzunft mit der Kirche des Spitals an den Schwellen zwischen Barfüßergasse und Freier Straße, mit der alten Kapelle zu St. Elisabethen und namentlich mit der Leutkirche von St. Martin, die ihr Zunfthaus überragte. Eine spezielle religiöse Bruderschaft der Küfer, Zimmerleute, Maurer und Drechsler besaß auf dem alten Kirchhof zu St. Martin ihre gemeinsame Begräbnisstätte mit einer eigenen Kapelle, die erst 1850 abgebrochen wurde. Das damals gerettete Wappen dieser Gemeinschaft ist heute im Hausflur der einstigen Zunftliegenschaft angebracht.

Dieses Zunfthaus, heute der Sitz der Buchhandlung Wepf, umfaßte neben dem Hauptgebäude an der Eisengasse noch eine kleinere Liegenschaft, welche an das zur Martinskirche emporführende Elftausendjungferngäßlein grenzte; längere Zeit wohnte dort der Turmbläser zu St. Martin. Im Erdgeschoß des Zunfthauses befanden sich verschiedene Läden, welche die Zunft vermietete. Gegen den Hof hin öffnete sich der sogenannte ‹Untere Boden›, auf dem man sich bei Trunk und Kegelspiel, gelegentlich auch beim Tanz, vergnügte. Dort wurde im Jahr 1495 eine Volière errichtet, das sogenannte ‹Fegelgehuß›, in dem zur Freude der Zunftbrüder einheimische Singvögel zwitscherten; in den Zunftrechnungen sind während langer Jahre regelmäßig bescheidene Auslagen für Vogelfutter - Mohnsamen und Nüsse - verzeichnet. Vom Ende des 16. Jahrhunderts stammen die Türe und der Kasten der Zunftstube im ersten Obergeschoß, die als Prachtstücke der Schreinerarbeit noch heute im Historischen Museum bewundert werden.

Wie in andern Zunfthäusern, so wurde auch zu Spinnwettern,

Aushängekästchen der Spinnwetternzunft mit Emblemen der Steinmetzen und Maurer

Kunstwerk der Schreinerarbeit: Türe der Spinnwetternzunft

namentlich zur Messezeit, mannigfache Kurzweil geboten. 1683 inszenierte dort ein Puppenspieler aus Sachsen die erste Marionettenaufführung, die für Basel bezeugt ist. Auch Tierbändiger mit ihren wandernden Menagerien fanden sich bisweilen zu einem Gastspiel hier ein. Aus dem Jahr 1751 wird berichtet, daß sich ein Löwe auf der Zunftstube zu Spinnwettern in Abwesenheit seines Besitzers von seinen Fesseln freigemacht und zum Entsetzen der Passanten eine Viertelstunde lang schnaubend und brüllend zum Fenster hinausgeschaut

habe, bis der herbeigerufene Bändiger erschien, um ihn wieder an die Kette zu legen.
Seit 1770 beherbergte das Zunfthaus zu Spinnwettern auch eines der gemütlichen Tabac-Kämmerlein der damaligen Zeit, in denen sich die Herren der besseren Gesellschaft vereinigten, um bei einer Tasse Tee ihr Pfeiflein zu schmauchen. Während der Helvetik diente die Liegenschaft vorübergehend als Lazarett für französische Rekruten. Ebenso wie das Rheintor mit seinem berühmten Lällenkönig fiel 1839 der Korrektion der Eisengasse auch das alte Zunfthaus der Bauleute zum Opfer; doch ließ die Zunft an dessen Stelle nach den Plänen des damaligen Bauinspektors Amadeus Merian, des Schöpfers des Café Spitz, einen geschmackvollen Neubau mit eigenartig romanisierender Fassade errichten, der bis zum Jahr 1929 Bestand hatte. Dann aber entschloß sich die Zunft zum Verkauf der Liegenschaft an die Buchhandlung Wepf, weil sie ihre Anlässe angesichts der großen Zahl ihrer Mitglieder schon längere Zeit nicht mehr im Zunfthaus hatte durchführen können. Die neue Eigentümerin ließ hierauf das Haus ihren Bedürfnissen entsprechend umbauen.
Bereits rund hundert Jahre zuvor war der Silberschatz der Zunft zu Spinnwettern veräußert worden, da man für unumgängliche Reparaturen an der Zunftliegenschaft, von deren späterem Verkauf damals noch keine Rede war, größere Mittel benötigte. Erhalten blieb jedoch glücklicherweise die prächtige Meisterkrone, welche die Zunftgenossen bis heute bei ihrem Mahl als schimmernder Tafelschmuck erfreut.

Im Gegensatz zu den meisten andern Zünften gehören die Zunftbrüder zu Spinnwettern noch immer in ihrer überwiegenden Mehrheit den Berufen an, die von jeher dort zünftig waren. Als Träger einer lebendigen Tradition vereinigen sie sich freudig unter dem Banner der bald 730 Jahre alten Korporation, die als Symbole handwerklichen Stolzes in rotem Feld einen aufrechten roten Zirkel und zu dessen Seiten eine Zimmermannsaxt und einen Maurerhammer in ihrem Wappen führt. Die Gestalt unserer Stadt - daran darf in diesem Zusammenhang dankbar erinnert werden - ist im wesentlichen das Werk vieler Generationen von Bauleuten, die auf der Zunftstube zu Spinnwettern ein- und ausgegangen sind. Aus der großen Gemeinschaft dieser Korporation treten einzelne Geschlechter besonders hervor, etwa die seit 1420 im Kleinbasel nachweisbare Familie Sarbach, der verschiedene Maurer, Steinmetzen und Baumeister entstammten, und ebenso die Familie Faesch.
Der bedeutendste Vertreter des Geschlechts der Sarbach war Jacob Sarbach, der in den Quellen meist mit dem Beinamen

Kunstvoller Schrank der Spinnwetternzunft

‹Labahürlin› erscheint. Zwei seiner Schöpfungen erregen noch heute zu Recht unsere Bewunderung: der Fischmarktbrunnen und der Vorbau des Spalentors. 1486 hatte Jacob Sarbach vom Rat den Auftrag erhalten, den schon um 1390 entstandenen Brunnen im Herzen der Talstadt zu überarbeiten und zu erhöhen unter geeigneter Verwendung dreier, von einem älteren Brunnen herrührender Heiligenfiguren. Sarbach löste diese Aufgabe in genialer Weise, indem er auf dreiseitigem Grundriß eine schlanke, den örtlichen Verhältnissen mit großer Feinheit angepaßte Fiale entwickelte. Als Meister seines Fachs erwies er sich auch, als er fünf Jahre später das Vorwerk des Spalentors mit den köstlichen Konsolfiguren am Vortor schuf; besser als die Kopien lassen die Originale im Historischen Museum die realistische Kraft des Künstlers erkennen. Auch der Neubau der Kapelle auf dem Käppelijoch der Mittleren Rheinbrücke wird zuweilen Jacob Sarbach zugeschrieben.

BÄCKEREI
ALLG. CONSUMVEREIN
STÄDTISCHE FECHTSCHULE
CRÊMERIE
LECKERLY
CONFISERIE KOCH
KOCH
CONFISERIE
BUCHDRUCKEREI
R.G. ZBINDEN

Während Jahren wohnte ‹Labahürlin› im Haus ‹zum Hünenberg› an der Obern Rheingasse, wo ihm ein ebenso bedeutender Berufskollege, der Steinmetz Ruman Faesch, folgte. Auch er lebt in seinen Werken im heutigen Basel fort: im Chorgewölbe der Kartause am Rhein, des jetzigen Bürgerlichen Waisenhauses, in der ‹Schlüsselzunft› an der Freien Straße, im ‹Engelhof› am Nadelberg und im Rathaus, das zu Beginn des 16. Jahrhunderts wohl von ihm anstelle des früheren Rathauses entworfen, aber möglicherweise erst von seinem Sohn Paul, dem letzten Werkmeister des Basler Münsters, ausgeführt wurde. Die Sarbach wie die Faesch sind eindrückliche Beispiele der zahlreichen Persönlichkeiten aus den Reihen der Zunftbrüder zu Spinnwettern, die aus dem Stand des Handwerkers zu eigentlichem Künstlertum emporwuchsen.

◁
Das ehemalige Zunfthaus zu Spinnwettern an der Eisengasse (rechts) vor seiner Umgestaltung

Die Zünfte zum Goldenen Stern und zum Himmel

Wie die Schuhmacher und Gerber, die Schneider und Kürschner sowie die Fischer und Schiffleute bildeten die Korporation der Scherer und Wundärzte einerseits und diejenige der Maler, Glaser, Sattler und Sporer anderseits zusammen eine ‹gespaltene› Zunft. Die Zeit ihrer Entstehung ist ungewiß; doch darf angenommen werden, daß die Angehörigen der genannten Handwerke bereits um die Mitte des 13. Jahrhunderts ihr Zunftrecht erhalten haben. Zu diesem Schluß berechtigt eine Stelle im Stiftungsbrief der Schneider vom Jahr 1260, aus der hervorgeht, daß sich schon damals beinahe alle Handwerker der Stadt in Zünften organisiert hatten. Die Zunfturkunden der Scherer und der Maler sind im großen Erdbeben von 1356 verloren gegangen; doch wurde die darin niedergelegte Ordnung fünf Jahre hernach durch ein entsprechendes Dokument bestätigt. Im Text dieses bereits in deutscher Sprache abgefaßten Briefes wird ausdrücklich erklärt, daß es sich dabei um die Erneuerung der Satzungen handle, welche die Zunft von alters her gehabt habe. Ausgestellt ist die Urkunde nicht mehr durch den Bischof, der im 13. Jahrhundert kraft seiner Autorität als Stadtherr die bereits bestehenden Innungen der verschiedenen Handwerke zu Korporationen des öffentlichen Rechts erhoben hatte, sondern durch den Bürgermeister und den Rat der Stadt - ein beachtenswertes Zeichen dafür, daß sich die innerlich und äußerlich erstarkte Bürgerschaft bereits weitgehend vom Bischof emanzipiert und die städtische Obrigkeit die Führung des Gemeinwesens kraftvoll in die eigenen Hände genommen hatte.

Heute sind die beiden Zünfte zum Goldenen Stern und zum Himmel zwei voneinander unabhängige Korporationen; doch datiert dieser Zustand erst von 1876, dem Jahr des Inkrafttretens der neuen Kantonsverfassung, die dem alten Ratsherrenregiment ein Ende setzte. Während Jahrhunderten waren sie zu einer Doppelzunft zusammengefaßt. Scherer, Maler, Glaser, Sattler und Sporer mögen ursprünglich überhaupt eine einzige Organisation gebildet haben; doch fand jedenfalls schon vor der Erneuerung des Zunftbriefs im Jahr 1361 die Aufteilung in die beiden Halbzünfte statt. Die Tatsache, daß in der Gesamtzunft so verschiedenartige Handwerke miteinander vereinigt waren, mag auf den ersten Blick erstaunen. Wohl zu Recht sieht Dr. Kurt Jenny, der Geschichtsschreiber und derzei-

Feuereimer der Zunft zum Goldenen Stern

tige Meister der Himmelzunft, die Erklärung darin, «daß das einzelne Handwerk zu wenig Genossen zählte, um allein die Pflichten einer Zunft auf sich nehmen zu können. Ohne Schulterschluß mit andern, ebenfalls wenig zahlreichen Handwerken wäre die politische Stoßkraft zu wenig bedeutend, wären die finanziellen Mittel wohl zu spärlich gewesen.» Nüchterne politische Erwägungen mögen also dem Zusammenschluß zugrunde gelegen haben.

Ihre Namen erhielten die beiden Halbzünfte von ihren Zunftliegenschaften: die Korporation der Scherer und Wundärzte vom Haus ‹zum Goldenen Sternen›, einer Liegenschaft an der mittleren Freien Straße, auf deren Grund und Boden heute der ‹Pfauen›, das Modehaus von Coop Basel ACV, steht; die Korporation der Maler, Glaser, Sattler und Sporer vom Haus ‹zum Himmel›, das ebenfalls an der Freien Straße lag und heute durch den ‹Wilden Mann› überbaut ist. Ein Zusammenhang zwischen der Zunft zum Goldenen Stern und dem einstigen Gasthof dieses Namens an der Aeschenvorstadt, der inzwischen ins St. Alban-Tal verpflanzt worden ist, besteht nicht; jenes Haus hieß im Mittelalter nicht ‹zum goldenen Sternen›, sondern ‹zum schwarzen Sternen›. Ein goldener Stern, das Wahrzeichen der Zunft, leuchtet indessen seit 1950 an der Fassade des neuen Zunfthauses zu Webern an der Steinenvorstadt. Auf Grund der engen Freundschaft, die zwischen den ehemaligen Meistern der Zünfte zu Webern und zum Goldenen Stern - Max Lindenmeyer-Christ und Dr. Gustav Steiner - bestand, bot seinerzeit die Zunft zu Webern der Zunft zum Goldenen Stern an, dort auch ihr Wappen anzubringen. Auf der Zunftstube der Weber hält auch der Vorstand der Zunft zum Goldenen Stern seine Sitzungen ab, und alljährlich vereinigt ein Freundschaftsmahl Meister und Vorgesetzte der beiden Zünfte. Die Zunft zum Himmel aber hat vor einigen Jahren Unterkunft gefunden im ersten Stock des ‹St. Alban-Ecks› an der Ecke der St. Alban-Vorstadt und der Malzgasse, wo die Reststücke ihres einstigen Mobiliars die freundliche Zunftstube schmücken.

Die Angehörigen der Zunft zum Goldenen Stern waren, wie gesagt, die Scherer, Wundärzte und Chirurgen. Das Handwerk der Scherer entwickelte sich aus demjenigen der Bader; denn sie waren es, welche ursprünglich in den öffentlichen Badstuben Bart und Haar schoren. Als dann die neue Mode des Rasierens aufkam, wurde auch diese Tätigkeit von den Scherern ausgeübt. Zu ihren Aufgaben gehörte es im weitern, den Patienten zur Ader zu lassen und im bürgerlichen Leben wie auf den Kriegszügen Wunden zu behandeln. So wurde aus manchem Scherer ein Wundarzt oder Chirurg. Die Bezeichnung Scherer hat sich, abgesehen vom Familiennamen, lediglich im soldatischen Gebrauch erhalten: Der Wundarzt im Feld war der Feldscherer; oft wurde er kurz auch nur ‹Feldscher› genannt. Im 18. Jahrhundert wünschten sich auch die Perückenmacher, das heißt die späteren Coiffeure, der Zunft zum Goldenen Stern anzuschließen; doch lehnten Meister und Vorgesetzte das Gesuch ab mit der Begründung, die Zunft sei die Vereinigung der Wundärzte und Chirurgen. In der Folge wurden dann die Perückenmacher zur Hauptsache bei der Zunft zu Safran eingeteilt.

Bis ins 19. Jahrhundert hinein blieb die Wundarznei oder Chirurgie ein eigentliches Handwerk, das in den meisten Fällen nur praktisch erlernt wurde. Zum Abschluß der Lehre erfolgte in der Regel ein vor dem Vorstand der Zunft zum Goldenen Stern abgelegtes Examen. Meister und Sechs dieser Zunft bildeten das sogenannte Collegium chirurgorum, in dessen Händen ebenfalls die Wundschau lag. Auch ein Arzt, der als Chirurg zu praktizieren wünschte, hatte eine Prüfung vor diesem Kollegium zu bestehen. Dies kam indessen in früheren Jahrhunderten verhältnismäßig selten vor; denn die an der Universität ausgebildeten Mediziner führten in der Regel das Messer nicht; ihr Studium und ihre praktische Wirksamkeit beschränkte sich auf die innere Medizin. Die Ausübung der chirurgischen Tätigkeit hielten die promovierten Doktoren für ihres Standes unwürdig; die Operationen, ja selbst das Schröpfen, überließen sie den Scherern. Freilich kam es gelegentlich auch zu einer Zusammenarbeit zwischen Wundärzten und Doktoren, so im Jahr 1543, als der berühmte

Tafel 7
Pannerherr der Zunft zum Himmel
Glasgemälde von Balthasar Han
aus dem Jahr 1554

Wappenscheibe des im Goldenen Stern zünftigen Stadtarztes Felix Platter aus dem Jahr 1656

Andreas Vesalius, nach dem das Vesalianum zwischen Petersplatz und Spalenvorstadt benannt ist, einen menschlichen Leichnam zergliederte, was einst als eigentliche Sensation galt. Bei der Anfertigung des damals präparierten Skeletts, das bis heute als große Kostbarkeit in der Sammlung des Anatomischen Instituts unserer Universität aufbewahrt wird, stand der geschickte Chirurg Franz Jeckelmann, Ratsherr der Zunft zum Goldenen Stern, dem großen Anatomen zur Seite. Die Tochter dieses Ratsherrn, Margaretha Jeckelmann, reichte dem jungen Dr. Felix Platter, dem spätern Stadtarzt und Professor der Medizin, dem durch die Namengebung des Felix Platter-

Fahne der Zunft
zum Goldenen Stern

Spitals ein verdientes Denkmal gesetzt worden ist, die Hand zum Ehebund. Im Gegensatz zu den meisten Professoren der Universität verschmähte Felix Platter das Zusammengehen mit den Wundärzten nicht; zusammen mit seinem Schwiegervater Jeckelmann führte er mehrere Leichensektionen durch.

1544, ein Jahr nach der Anfertigung des Vesalschen Skeletts, gelangte die Zunft zum Goldenen Stern zu hoher politischer Ehre: Einer ihrer Angehörigen, Theodor (Joder) Brand, der sich als Kriegsmann und Feldscherer auf den italienischen Feldzügen der Eidgenossen hervorgetan und der Zunft als Ratsherr gedient hatte, stieg damals vom Oberstzunftmeister zum Bürgermeister auf; er versah dieses Amt bis zum Jahr 1558. Theodor Brand war der einzige aus den Reihen der Doppelzunft zum Goldenen Stern und zum Himmel, der diese oberste Stellung der Stadtrepublik bekleidete.

Ein bedeutender Zunftgenosse zum Goldenen Stern war auch der Wundarzt Samuel Braun, der 1636 Sechser und 1659 Zunftmeister wurde. In seinen jungen Jahren hatte er im Dienst holländischer Kaufleute zwischen 1611 und 1620 unter anderm drei Fahrten nach dem Golf von Guinea unternommen und auf der letzten Reise längere Zeit auf dem holländischen Fort Nassau an der Goldküste, dem heutigen Ghana, verweilt. 1624 erschien in Basel die frische und anschauliche Schilderung seiner Erlebnisse unter dem Titel: «Samuel Brun, des Wundartzet und Burgers zu Basel, Schiffahrten, welche er in etwelche Länder und Insulen zu fünff unterschiedlichen Malen mit Gottes Hülff gethan»; sie wirft interessante Lichter auch auf die damaligen Handelsverhältnisse an der Goldküste und gilt heute als einer der ersten wissenschaftlichen, für die Völkerkunde bedeutsamen Berichte über das tropische Afrika.

Zunftbruder zum Goldenen Stern war im weitern der temperamentvolle Chirurgus Dr. Johannes Fatio, der Verfasser eines

Buches mit dem Titel ‹Die helvetisch vernünftige Wehmutter›, das als erstes baslerisches Werk über Geburtshilfe in der Geschichte dieser Disziplin einen besondern Platz einnimmt. Die Medizinische Fakultät freilich tat ihn als Kurpfuscher ab und hielt ihm ihre Ränge verschlossen; denn die Geburtshilfe zählte damals noch nicht zu den Fächern der ärztlichen Ausbildung. Die Assistenz bei Geburten war das Reservat der Hebammen, welche hiezu im eigenen Heim der Wöchnerinnen erschienen; nur mittellose ledige Mädchen wurden hin und wieder für ihre schwere Stunde ins Spital verwiesen; doch galt dies als entehrend. So war Dr. Fatios Beschäftigung mit Geburtshilfe ein revolutionäres Unterfangen; denn die sittlichen Anschauungen der Zeit verwehrten den Ärzten bis ins 18. Jahrhundert hinein den Zutritt an das Bett einer gebären-

Titelblatt des Wappenbuchs der Zunft zum Himmel

J. Schneider 1879

den Frau. Als Revolutionär erwies sich Johannes Fatio aber auch in der Politik: Er entfachte jene Bewegung vom Jahr 1691, die flammenden Protest erhob gegen das korrupte Regiment einiger weniger Familien, welche sich die Ämter im Basler Stadtstaat gegenseitig zuschanzten; doch wurde der Aufstand von der Obrigkeit blutig niedergeschlagen. Dr. Fatio büßte sein unzeitgemäßes Verhalten mit dem Tod: Auf dem Kornmarkt, dem heutigen Marktplatz, wurde er zusammen mit einigen weitern Rädelsführern der 1691er Wirren durch das Schwert hingerichtet.

Noch eines letzten bedeutenden Zunftgenossen zum Goldenen Stern soll hier gedacht sein: des Rotkreuz-Chefarztes Dr. Carl Bohny, der sich durch seinen erfolgreichen Einsatz für den Austausch von Verwundeten internationale Anerkennung erwarb. An ihn erinnert das Relief des Bildhauers Otto Roos, welches seinerzeit am Haus von Oberst Bohny an der Ecke von Claragraben und Riehentorstraße angebracht und nach dessen Abbruch auf den heutigen Neubau an jener Stelle übertragen wurde. Dr. Bohny trat 1913 an die Spitze der Zunft und leitete sie ein volles Vierteljahrhundert lang. Er war der letzte Mediziner, der das Amt des Zunftmeisters bekleidete und in seiner Person den beruflichen Zusammenhang mit der Chirurgenzunft vergangener Jahrhunderte verkörperte.

Die Zunft zum Himmel umfaßte, wie bereits angedeutet, seit dem 14. Jahrhundert die Maler, Glaser, Glasmaler, Bildschnitzer, Kummetsattler, Reitsattler und Sporer; später wurden ihr auch die Kupferstecher zugewiesen. In ihren Reihen finden sich zahlreiche Persönlichkeiten, welche Basel im Lauf der Jahrhunderte zur berühmten Kunststadt machten. Vom Glanz ihres Namens fallen viele Strahlen auch auf die Himmelzunft, in der manche von ihnen bis zur Meisterwürde emporstiegen.

◁ Hinterhaus und Hof des ehemaligen Zunfthauses zum Himmel an der Freien Straße. Aquarell von J. J. Schneider 1879

So stand schon von 1430 bis 1446 der Maler Hans Stocker an der Spitze der Zunft; er ist der Schöpfer der Wandbilder der Bruno-Legende in der Kartause, dem heutigen Bürgerlichen Waisenhaus am Rhein, der Fresken der dankbaren Toten in der St. Jakobs-Kirche und des Triumphbogens in der Martinskirche. Ihm folgten als Zunftmeister 1448 Hans Gilgenberg, der Hofmaler des Bischofs Friedrich ze Rhin, und 1486 Hans Balduff, der den im 19. Jahrhundert abgetragenen Spalenschwibbogen am Ausgang des Spalenbergs bemalte, die St. Andreas-Kapelle, das einstige Gotteshaus der nach ihr benannten Bruderschaft der zu Safran zünftigen Krämer, mit Schnitzwerken schmückte, ein Altarbild des heiligen Eligius, des Schutzherrn der Schmiede, für das Münster anfertigte und dessen Orgel mit seinen Malereien verzierte.

Wenn auch nicht Zunftmeister, so doch Zunftgenossen zum Himmel waren die berühmtesten Basler Maler des 15. und beginnenden 16. Jahrhunderts, Konrad Witz und Hans Holbein der Jüngere. 1434 wurde der aus Rottweil stammende Konrad Witz in die Zunft zum Himmel aufgenommen. Er erwarb sich große Verdienste um die innerhalb der Zunft bestehende kirchliche Bruderschaft, welche den Namen des heiligen Lukas, des Patrons der Maler, trug, und in besonderer Weise mit dem hiesigen Kloster der Augustinermönche verbunden war, das sich an der Stelle des heutigen Museums für Natur- und Völkerkunde an der Augustinergasse befand. Noch ist die mit bunten Malereien geschmückte Pergamenturkunde vom 21. September 1437 erhalten, die Kenntnis gibt von der Erneuerung der Lukas-Bruderschaft in der Zeit des großen Kirchenkonzils, jener Periode, in der Basel zum Mittelpunkt der abendländischen Christenheit und zur mittelalterlichen Weltstadt wurde.

Von Hans Holbein dem Jüngeren wissen wir, daß er 1519, etwa vier Jahre nachdem er von Augsburg nach Basel gekommen war, das Zunftrecht zum Himmel und ein Jahr später auch das Bürgerrecht unserer Stadt erwarb. Er diente der Zunft als Stubenmeister, und auch unter den streitbaren Zunftbrüdern, die unter dem Zunftbanner auszurücken hatten, wird sein Name zweimal erwähnt. Nur ungern mag die Zunft zum Himmel in der Folge von ihrem berühmtesten Genossen Abschied genommen haben, als er 1526 erstmals nach England zog, wo er dank den Empfehlungen seines Freundes Erasmus von Rotterdam bei Thomas Morus und durch dessen Vermittlung bei einer langen Reihe hochgestellter Persönlichkeiten Eingang fand und als hervorragendster Bildnismaler seiner Zeit zuletzt noch in den Dienst des Königs trat. Und zweifelsohne wurde Hans Holbein nicht nur in der Vorstadtgesellschaft zur Mägd, der er als Hausbesitzer in der St. Johanns-Vorstadt angehörte, sondern auch auf der Zunftstube zum Himmel gefeiert, als er im Herbst 1538 auf kurze Wochen nach Basel zurückkehrte. Allein weder die Ehrungen seiner Mitbürger noch das Angebot des Rates, ihm eine jährliche Rente als Geschenk der Stadt auszusetzen, vermochten ihn hier zurückzuhalten. Fünf Jahre später wurde er in London dahingerafft. Eines der beiden Häuser, das Hans Holbein an der St. Johanns-Vorstadt besessen hatte, ging später an die Besitzer des Erlacherhofs über, in dem im 18. Jahrhundert ebenfalls ein bedeutender Zunftbruder zum Himmel residierte: der Kupferstecher, Kunsthändler und Verleger Christian von Mechel, der in ganz Europa hohen Ruhm genoß. Er war nicht nur in Basel, sondern auch in Paris und Berlin und ebenso in Wien tätig, wo er die Gemäldegalerie auf Schloß Belvédère einrichtete und 1817 starb. 1761 in die Zunft zum Himmel aufgenommen, wurde er bald zum Sechser und 1787 zum Ratsherrn gewählt; 1798, im Jahr der helvetischen Revolution, wurde er mit dem Amt des Zunftmeisters betraut, das bis 1805 in seinen Händen lag.

Bis heute sind die Maler in der Zunft zum Himmel vertreten, desgleichen die Glaser, denen sich in neuerer Zeit noch die Optiker angeschlossen haben. Stark zurückgegangen sind dagegen die Sattler, und überhaupt verschwunden sind die Sporer. Verblaßt ist zwar seit langem der Glanz der hohen Zeit der Zunft, der uns entgegenleuchtet aus dem Bild ihres Pannerträgers, das Balthasar Han, ebenfalls ein bedeutender Zunftmeister, der Schöpfer der in den Jahren 1536–1538 entstandenen Glasbilder des Rathauses, auf einer Scheibe in kräftigen Farben festgehalten hat; aber noch heute sind die Zünfte zum Goldenen Stern und zum Himmel Stätten der Pflege freundschaftlicher Verbundenheit, froher Geselligkeit und treuer Liebe zur Vaterstadt und ihren schönen Traditionen.

Die Zunft zu Webern

Der ‹Geburtstag› der Zunft zu Webern, die in der Ratsbesatzung vom Jahr 1357 an vierzehnter Stelle figuriert, ist der 21. August 1268; denn vom Mittwoch vor Sant Bartholomestag jenes Jahres datiert der Stiftungsbrief, durch den Bischof Heinrich von Neuenburg die ‹Weber und Leinweter› gleich den Angehörigen der damals bereits organisierten Handwerke zur öffentlich-rechtlichen Korporation erhob. Die Webernzunft ist somit eine der jüngern Basler Zünfte; in europäischem Rahmen betrachtet, darf sie dagegen als eine der ältesten Innungen ihres Handwerks bezeichnet werden; denn Leinenweberzünften begegnen wir bis zum Jahr 1300 im übrigen nur in Paris, in Gent und in Köln. Die beiden andern Weberzünfte der Schweiz sind erst zu Beginn des 15. Jahrhunderts ins Leben gerufen worden: diejenige von Schaffhausen im Jahre 1411, diejenige von Bern im Jahre 1420.

Das Handwerk der Weber ist auch in Basel wesentlich älteren Ursprungs als die Zunft, obschon von dessen Anfängen in unserer Stadt nur spärliche Kunde auf uns gekommen ist. Bereits im Jahr 1193 wird eine Walke am Kohlenberg bezeugt, und aus dem Jahr 1248 erfahren wir, daß baslerische Leinwand von Marseille nach Syrien verschifft wurde. Das ursprüngliche Quartier der Weber lag am Untern Heuberg, der zur Zeit der Zunftgründung noch Webergasse hieß, in der unmittelbaren Nachbarschaft der Kirche von St. Leonhard, die im Jahr 1118 durch Bischof Rudolf von Homburg geweiht worden war. Dort klapperten die ersten Stühle der Weber, die das von den Bürgersfrauen mit ihren Töchtern und Mägden gesponnene Garn zu Leinwand und Tuch verwoben. Im Gegensatz zu den übrigen Handwerken führte die Weberei ein stilles Dasein. Die Weber waren bescheidene Leute; Jahrhunderte lang zählten sie zu den ärmsten Klassen der Bevölkerung. Sie arbeiteten kaum direkt für den städtischen Markt, sondern in der Regel im Lohnwerk für Private, die ihnen ihr Garn brachten, oder für Kaufleute, die den Absatz des Fertigprodukts übernahmen.

Die Gründung der Zunft durch Heinrich von Neuenburg, jene tragische Gestalt unserer Stadtgeschichte, die kurz hernach im Kampf gegen Rudolf von Habsburg untergehen sollte, muß politisch im Licht der erbitterten Gegnerschaft des Bischofs gegen den mächtigen Habsburger und dessen Anhang gesehen

Pannerträger auf einer
Scheibe der Webernzunft
vom Jahr 1560

werden; denn der Zunftbrief stellt ein eigentliches Bündnis zwischen Bischof und Zunft dar, die sich gegenseitige Hilfe in allen Nöten geloben. Mit der Verleihung des Zunftrechts an die Korporation der Weber, durch die er deren Stellung im städtischen Gemeinwesen öffentlich anerkannte, suchte sich der Bischof deren Angehörige zu verpflichten, sie im Blick auf die Auseinandersetzung mit dem habsburgisch gesinnten Adel fest an sich zu binden und damit die Stütze zu verstärken, die ihm die Bürgerschaft im Kampf gegen seine Feinde bot. Anderseits lohnte er dem Handwerk die Versicherung seiner Treue durch ein weitgehendes Entgegenkommen, indem er ihm das Recht einräumte, seinen Meister zu bestimmen und auch einen Ausschuß, die Sechser, selbst zu wählen; damit legte er die Leitung der Zunft ganz in ihre eigene Hand. Nicht minder wichtig als die politische war die gewerbliche Bedeutung des Aktes der Zunftgründung; denn dadurch wurde die Ausübung des Handwerks der Weber dem Zunftzwang unterstellt.

Bereits zur Zeit der Stiftung der Zunft schied sich das Gewerbe in die beiden Zweige der Weber und ‹Leinweter›. Weber war die Bezeichnung für die Wollweber, ‹Leinweter› (vom altdeutschen Wort Wât = Gewand) diejenige für die Leinenweber. Bis ins 19. Jahrhundert hinein hielt sich der offizielle Titel der ‹Zunft zu Webern und Leinwetern›; seither wird nur noch die verkürzte Form ‹Zunft zu Webern› verwendet. Da beide Gruppen, die Wollweber wie die Leinenweber, wie gesagt, kaum im Eigenwerk, sondern vor allem im Lohnwerk arbeiteten, standen sie in enger Verbindung mit zwei andern Berufsständen der städtischen Wirtschaft, die sich mit dem Verkauf ihrer Erzeugnisse beschäftigten: die Wollweber mit den Grautüchern, die Leinenweber mit den Krämern zu Safran.

Die Grautücher waren nicht eigentliche Produzenten, sondern vielmehr Unternehmer, welche den Wollwebern den für ihre Arbeit notwendigen Rohstoff zur Verfügung stellten und ihnen dann das Wolltuch abnahmen, um es vor dem Verkauf durch Reinigen und Walken gebrauchsfähig zu machen. Dies geschah in der bereits erwähnten Walke am Kohlenberg, welche seit spätestens 1326 im Besitz der Grautücher stand. Die Laube, in der sie ihre Wolltuche feilboten, befand sich ursprünglich auf der linken Seite der heute verschwundenen Sporengasse, welche vom alten Kornmarkt, dem heutigen Marktplatz, in die Eisengasse führte. Grautücher wurden sie genannt, weil ihnen die Weber lediglich ein ungefärbtes, hartes und rauhes graues Tuch zum Verkauf lieferten; alle feineren Wolltuche wurden durch die Angehörigen der Schlüsselzunft

von auswärts eingeführt. Im 14. Jahrhundert vereinigte der Rat, wie wir in anderem Zusammenhang ausführten, Grautücher und Rebleute; doch hatte dieser Zusammenschluß keinen langen Bestand; 1453 traten die Grautücher zur Schlüsselzunft über, und 1506 fanden sie dauernden Anschluß an die Webernzunft. Die gewerblichen Verhältnisse im Textilsektor hatten sich inzwischen wesentlich verändert. Mit den gesteigerten Bedürfnissen der Bürgerschaft war das einheimische Wolltuch immer mehr hinter den ausländischen Importprodukten, namentlich aus dem Elsaß, zurückgetreten, deren freier Einfuhr der Rat keine Schranken setzte, da er, für die preislich und qualitativ günstige Belieferung der städtischen Bevölkerung besorgt, schon früh einen freihändlerischen Standpunkt einnahm. Damit bahnte sich der allmähliche Niedergang der Grautücher an, und auch die baslerische Wollweberei büßte vorübergehend ihre Bedeutung ein.
Parallel zum Zusammenwirken von Wollwebern und Grautüchern vollzog sich die Kooperation der Leinenweber mit den zu Safran organisierten Krämern, welche die von den Webern gewobene feine Leinwand auf den Markt brachten. Bis gegen das Ende des 14. Jahrhunderts behauptete das reine Linnen ausschließlich das Feld; dann aber gewannen neue Artikel die Oberhand über die teureren Leinwandprodukte. Jetzt stand den Webern als neues Material die von den Krämern aus Süddeutschland importierte Baumwolle zur Verfügung, die ihnen die Herstellung billigerer Stoffe ermöglichte, insbesondere des Schürlitz, bei dem sich der leinene Zettel mit dem baumwollenen Einschlag kreuzte. Dieser Artikel wurde nunmehr in wachsendem Umfang produziert und entwickelte sich im 15. Jahrhundert zur eigentlichen Basler Spezialität und zu einem der wichtigsten und einträglichsten Erwerbszweige der Stadt.
Die Initiative zur Herstellung von Schürlitz ging aus von den safranzünftigen Händlern, welche als Unternehmer den Rohstoff einführten und von den Webern verarbeiten ließen, um dann das Fertigprodukt auf den Markt zu bringen. Auch die Grautücher, deren Handel in Wolltuch stockte, wandten sich der Schürlitzweberei zu. Der Rat begünstigte diese neue Produktion, ja 1392 kaufte er auf eigene Rechnung größere Mengen von Baumwolle, um sie zum Weben an arme Frauen abzugeben und ihnen so Arbeit und Verdienst zu verschaffen. So groß war der Erfolg dieses Halbleinens, daß die Weber, die den Gewinn nicht den Krämern allein überlassen wollten, jetzt teilweise auch zur Eigenproduktion übergingen, indem sie ihre Erzeugnisse selbst im Kaufhaus oder auf dem Markt an

einheimische und fremde Kaufleute absetzten. Den Tendenzen der Mode folgend, entwickelten sie aus dem einfachen Schürlitz mit der Zeit auch den sogenannten ‹Vogel-Schürlitz›, den ersten bunten Stoff, der in Basel in großem Maßstab produziert wurde und dank dem Umstand, daß jetzt vielfach Kette *und* Einschlag aus Baumwolle bestanden, auch einen höheren Nutzen abwarf. Seinen Namen trug dieser Stoff von den Vogelornamenten, mit denen er geschmückt war. Die Obrigkeit legte großen Wert darauf, daß die Qualität der Schürlitz-Produktion hochgehalten wurde. Die aus drei Ratsherren zusammengesetzte Kommission der ‹Schauherren› prüfte die fertigen Stücke und versah die verschiedenen Sortimente mit einem besondern Schauzeichen: das erste Sortiment mit einem Ochsen, das zweite mit einem Löwen, das dritte mit einer Taube; ihnen wurde in der Folge voll Stolz über das vorzügliche Erzeugnis der Basler Weber, das diejenigen in andern Städten bedeutend übertraf, der Baselstab beigedruckt.

Längst hatten die Weber ihr ursprüngliches Quartier am Untern Heuberg aufgegeben und sich im Gebiet der heutigen Steinenvorstadt angesiedelt, das zum eigentlichen Weberviertel wurde. Bereits vor dem großen Erdbeben von 1356 muß ihre Niederlassung an den Steinen erfolgt sein, zu einer Zeit also, als sich diese Gegend noch außerhalb des städtischen Mauerrings befand. In diesem weiten, offenen Gefilde verfügten sie nicht allein über das für ihr Handwerk notwendige, vorzügliche Wasser, welches ihnen der in der Tiefe unter dem Birsig gelegene ‹Kalte Brunnen› lieferte, sondern am sonnigen Hang gegen den Berg von St. Elisabethen auch über genügenden Raum zum Bleichen der Leinwand. In diesem Revier nahmen in der Folge auch die Färber Wohnsitz, welche sich die Wasserläufe des Birsigs und des von ihm schon im 12. Jahrhundert abgeleiteten Rümelinsbachs zunutze machten. Um das Jahr 1360 erstand in der Steinenvorstadt, vermutlich auf dem Areal einer schon früher bestehenden, aber im großen Erdbeben eingeäscherten Trinkstube, das Zunfthaus der Weber, das fortan den Mittelpunkt ihres geselligen Lebens bildete; als einziges aller Zunfthäuser lag es außerhalb der eigentlichen Altstadt. Um die Mitte des 15. Jahrhunderts genügte es den Bedürfnissen nicht mehr; an seinen Umbau im Jahre 1448 hatte jeder Zunftbruder das beträchtliche Baugeld von einem Gulden beizusteuern.

◁
Trinkbecher der Webernzunft: Greif mit dem Ellstecken

Im Jahr dieses Umbaus nahm die große Basler Kirchenversammlung ihr Ende. Die Konzilszeit mit ihrer starken Nachfrage nach verfeinerten modischen Stoffen hatte auch den Webern kräftige Impulse zur Verbesserung ihrer Technik verliehen. Ebenso aber wurden sie in Mitleidenschaft gezogen durch die wirtschaftliche Rezession, die dem Konzil folgte. Den Rückgang ihres Handwerks, der jetzt einsetzte und durch die billigen Importe aus dem Ausland noch verschärft wurde, vermochten sie indessen zu mildern, indem sie die Wollweberei neu aufnahmen und sich von Schürlitz auf Futterbarchent umstellten, einen Massenartikel, für den sie während der folgenden zweihundert Jahre einen guten Absatz fanden. 1506 traten, wie erwähnt, die Grautücher der Zunft zu Webern bei. Damit gelangte sie in den Besitz der Walke am Kohlenberg, die es ihren Angehörigen ermöglichte, ihre Produkte selbst fertig auszurüsten. Um die Mitte des 16. Jahrhunderts reichte sie indessen für die Bedürfnisse der Zunftgenossen bereits nicht mehr aus, worauf eine neue, geräumige Walke zu St. Jakob erstellt wurde.

Überhaupt hatte mit dem 16. Jahrhundert eine neue Zeit für die Webernzunft begonnen, zunächst mit dem Durchbruch der Reformation, welcher von den - wie anderswo so auch in Basel - zu grüblerischem Nachdenken über religiöse Fragen besonders geneigten Webern kräftig gefördert wurde; vor allem aber mit dem Einstrom der Glaubensflüchtlinge, die in mehreren Wellen aus Italien, Frankreich und den Niederlanden auch in unsere Stadt hineinfluteten. Mit ihren wertvollen Erfahrungen, ihren technischen Fertigkeiten und ihrer kommerziellen Initiative erschlossen sie der städtischen Wirtschaft nach verschiedenen Richtungen bedeutende neue Möglichkeiten und Erwerbsquellen. Insbesondere brachten sie die Samtweberei und die Passementerie, das heißt die Weberei von Borten, Fransen und Bändern, mit, und ebenso führten sie im Bereich der Färberei neue, in die Zukunft weisende Methoden ein. Mit der Verwendung des Kunststuhls folgte dann der große Aufschwung der Seidenbandmanufaktur, die auf Jahrhunderte hinaus zur Hauptindustrie Basels, zur Trägerin der glänzenden wirtschaftlichen Entwicklung der Stadt, zur Quelle ihres Reichtums und zur Förderin ihrer Werke der Kultur und Humanität werden sollte. Jetzt entstanden eigentliche Großbetriebe, die ihre Arbeit teils an die zünftigen Handwerker und vorübergehende städtische Aufenthalter, vor allem aber an Heimarbeiter auf der Landschaft vergaben. Dem fortschrittlichen Unternehmungsgeist der einstigen Einwanderer vermochte die Opposition des starren Zunftsystems auf die Dauer nicht standzuhalten, zumal der Rat in beachtenswerter Aufgeschlossenheit der Initiative der Refugianten weiten Spielraum gewährte; dem Standpunkt der Zünfte trug er nur insofern Rechnung, als er auf der vollständigen Eingliederung der neuen Wirtschaftszweige in den zünf-

Neuzeitlicher Deckelpokal der Webernzunft

Der Webernbrunnen in der
Steinenvorstadt mit dem
Webern-Zunfthaus (links)

tischen Organismus beharrte. So hatten am Ausgang des 16. und zu Beginn des 17. Jahrhunderts die Samt- und Seidenweber, die Passementer und Färber der Webernzunft beizutreten. Wer immer sich mit der Veredlung von Textilien befaßte, wurde ihr zugewiesen; nur diejenigen, die einen offenen Laden führten und sich in ihrer Tätigkeit auf Verkauf und Handel beschränkten, konnten sich mit dem Erwerb des Zunftrechts zu Safran begnügen.

Diese Entwicklung hatte einen grundlegenden Wandel der innern Struktur der Korporation der Weber zur Folge: Aus der Zunft der armen Lohnweber, die sie einst gewesen, wurde sie nunmehr zur Zunft reicher Fabrikanten, die kaum hinter den vornehmen Handelszünften zum Schlüssel und zu Safran zurückstand. Den Ton auf der Zunftstube gaben hinfort nicht mehr die Handwerksmeister an, sondern die ‹Herren›, welche die Zunft auch im Rat vertraten und dort ihre industriellen Interessen verfochten. Die bescheideneren Zunftgenossen aber waren dankbar für die neuen Verdienstmöglichkeiten, die sie um so mehr benötigten, als ums Jahr 1700 die alte Woll- und Baumwollweberei in Basel praktisch zu einem Ende gekommen war; denn nach dem Dreißigjährigen Krieg hatte sich Frankreich erfolgreich darum bemüht, diese Industriezweige an sich zu ziehen, und so verlagerten sie sich vor allem nach Mülhausen und Ste-Marie-aux-Mines, die zu eigentlichen Zentren der Weberei und Textilausrüstung aufstiegen.

Vom Glanz der ‹Zunftherrlichkeit› des 18. Jahrhunderts zeugt noch heute die silberne, zum Teil vergoldete Meisterkrone des Basler Goldschmieds Theodor Brucker-Bischoff, die 1710 von Meister Johann Ludwig Frey gestiftet wurde. Aus dem gleichen Jahr stammt der silbervergoldete Greifenbecher, eine Schöpfung des Augsburger Goldschmieds Philipp Jakob Drentwett. Der Greif, das alte Wahrzeichen der Zunft, war das Symbol der Wachsamkeit; er umfaßte in seinen Pranken den Ellstab als Mahnung, der Weber möge aufmerksam auf sein Gewebe sehen und sorgfältig auf die Einhaltung richtiger Länge und Breite achten. Der Greif mit dem Ellstecken erscheint auch auf der prächtigen Glasscheibe vom Jahr 1560, die der Basler Glasmaler Ludwig Ringler für die Zunftstube schuf; sie zeigt unter einer hohen Bogenstellung mit reichen Renaissanceornamenten einen breitspurig dastehenden Bannerträger mit dem Zunftbanner in der Rechten. Das Gegenstück dazu bildet die derbere Figur des Zunftfähnrichs auf dem schönen Brunnenstock des Webernbrunnens, eine Arbeit des Steinmetzen Balthasar Hüglin aus dem Jahr 1677, die Zunftkraft und Zunftstolz zu symbolhaftem Ausdruck bringt.

BÜRGER-KORPORATION
KLEINHÜNINGEN

Tafel 8
Abzeichen der Drei Kleinbasler
Ehrengesellschaften, der fünf Großbasler
Vorstadtgesellschaften und
der Bürgerkorporation Kleinhüningen

Das Zunfthaus der Weber an den Steinen erlebte im Laufe der Zeit vielfache Umgestaltungen. Größere Umbauten fanden in der zweiten Hälfte des 16. Jahrhunderts statt. 1830 wurde das Gebäude abgetragen und durch einen bescheidenen Neubau ersetzt, welcher der Zunft über hundert Jahre lang diente. Kurz nach dem Ausbruch des Zweiten Weltkriegs ließ sie dann den heutigen, sechsgeschossigen Bau erstellen und im obersten Stockwerk die schmucke Zunftstube einrichten. Die Inschrift an der Fassade erinnert daran, daß an dieser Stelle seit mehr als sechs Jahrhunderten das Zunfthaus der ‹Weber und Linweter› stand, und auch der Greif mit dem Ellstab fehlt nicht. Darunter aber leuchtet ein Stern, das Wappen der Zunft zum Goldenen Stern, das im Jahr 1950 dort angebracht wurde als bleibendes Denkmal der Freundschaft, welche die damaligen Meister der beiden Zünfte, Max Lindenmeyer-Christ zu Webern und Dr. Gustav Steiner zum Goldenen Stern, miteinander verband.

Die Zünfte zu Fischern und Schiffleuten

Die beiden letzten handwerklichen Korporationen Basels sind die Zünfte zu Fischern und zu Schiffleuten. Ihr im Gegensatz zu den älteren Zunfturkunden in deutscher Sprache abgefasster Stiftungsbrief ist datiert vom 15. Februar 1354. Ausgestellt wurde er durch den Bischof Johann Senn von Münsingen. Sein Siegel, dasjenige des Domkapitels und dasjenige der Stadt bekräftigen dessen Inhalt. Das Gründungsjahr 1354 fällt zwischen zwei schwere Heimsuchungen der mittelalterlichen Stadt. In den Jahren 1347–1350 war das Unheil des ‹schwarzen Todes›, die furchtbare Beulenpest, über Basel hereingebrochen, und am Lukastag des Jahres 1356 sollte die zerstörende Erschütterung des ganzen städtischen Daseins durch das große Erdbeben folgen – ein Ereignis, durch das sich die Bevölkerung, statt gelähmt in Untätigkeit zu verharren, zu der gewaltigen Leistung des Wiederaufbaus der Stadt anspornen ließ; größer und schöner als zuvor ist sie in der zweiten Hälfte des 14. Jahrhunderts von neuem erstanden.

Die Tatsache, daß die Zunft der Fischer und Schiffleute in der ältesten Ratsbesatzung vom Jahr 1357 als fünfzehnte Zunft am Ende der offiziellen Rangordnung der städtischen Korporationen steht, darf indessen nicht zu der Annahme verleiten, daß sich diese beiden Handwerke als letzte organisiert hätten. Die große Bedeutung der Fischerei für die Ernährung der mittelalterlichen Bevölkerung, insbesondere auch im Blick auf die ungezählten Fasttage, welche die Kirche vorschrieb, und die Wichtigkeit der Schiffahrt für den Handel wie für die Pilgerreisen, deren Teilnehmer als Verkehrsweg seit alters den Strom der unsicheren Landstraße vorzogen, mag vielmehr schon früh zu einem Zusammenschluß der beiden Gewerbe und zur gemeinsamen Regelung ihrer Verhältnisse geführt haben. Erst 1354 aber erhielten die beiden Innungen offiziellen Charakter, womit sie in die Teilnahme am städtischen Regiment eintraten. Wie die Grautücher und Rebleute, die Schuhmacher und Gerber, die Schneider und Kürschner und die Scherer und Maler, so bildeten auch die Fischer und Schiffleute zusammen eine sogenannte gespaltene Zunft. Obschon jede der beiden Halbzünfte in ihren handwerklichen und gewerblichen Belangen völlig selbständig war und über ein eigenes Zunfthaus mit einem eigenen Stubenknecht verfügte, traten sie politisch als Einheit auf, und ebenso zogen sie unter dem gemeinsamen

Banner ins Feld. Im städtischen Rat waren sie nur durch einen Ratsherrn und einen Meister vertreten, die abwechselnd aus einer der beiden Halbzünfte erkoren wurden. Wie bei den andern gespaltenen Zünften hatten diese Verhältnisse auch bei den Fischern und Schiffleuten mannigfache Zwistigkeiten zur Folge, die des öftern auch durch sich widerstreitende Meinungen über das Zunftwappen ausgelöst wurden. So verlangten die Schiffleute 1416, als sie im gemeinsamen Zeichen die gekreuzten Stacheln durch einen Anker ersetzen wollten, daß der Fisch als Symbol der andern Halbzunft lediglich unter diesem Anker angebracht werde. Dagegen erhoben die Fischer Einspruch. Der Rat hatte zunächst den Schiffleuten willfahren wollen; doch entschied er 1422, daß Anker und Fisch fortan im viergeteilten Feld gleichmäßig zur Darstellung gelangen sollten.

Differenzen ergaben sich auch aus der Tätigkeit der eng miteinander verwandten Handwerke. Zwar hatte der Stiftungsbrief von 1354 festgelegt, daß es keinem Zunftgenossen erlaubt sein sollte, beide Gewerbe zu betreiben. Allein die Fischer ließen sich durch diese Bestimmung nicht davon abhalten, an der einträglichen Beförderung der Pilger teilzunehmen, und anderseits beanspruchten im 15. Jahrhundert die Schiffleute auch das Recht der Fischerei. Schließlich hatte der Rat vermittelnd einzugreifen. Er verfügte im Jahr 1494, daß die Fischer auf die Schiffahrt zu verzichten hätten, wofür sie die Schiffleute mit 15 rheinischen Gulden abfinden sollten; den Schiffleuten aber sollte es nur während zweier Nächte in der Woche gestattet sein, dem Fischfang obzuliegen, und überdies sollten sie dabei nur einfache Fanggeräte verwenden dürfen. Einzig wenn sie auf ihrem Zunfthaus ein Essen abhielten, war es ihnen erlaubt, die Fische dafür selbst zu fangen.

Bereits 1420 hatten die Fischer in einer Zunftordnung umfassende Bestimmungen über ihr Handwerk getroffen und dabei unter anderm die Zeit des Fischfangs, das Fischen an Feiertagen, die Bewirtschaftung der Fischweiden, die Schonzeiten zum Zweck des Fischschutzes, die Verwendung von Fanggeräten und die Verhältnisse des Fischmarktes bis in alle Einzelheiten geregelt. Der Kauf und Verkauf von Fischen spielte im mittelalterlichen Basel eine bedeutsame Rolle. Er vollzog sich auf dem Fischmarkt im Herzen der Talstadt. In väterlicher Fürsorge wachte die Obrigkeit darüber, daß sich die Bürgerschaft dort reichlich mit guter Ware zu gerechtem Preis eindecken konnte. Im Interesse der genügenden Versorgung der Einwohner verbot schon der Zunftbrief grundsätzlich die Wiederausfuhr einmal angekaufter Fische. Den Salmen, die

am gleichen Tag nicht verkauft wurden, mußten die Schwänze abgeschlagen werden, damit sie als nicht mehr frische Ware deutlich zu erkennen waren.
Keine geringere Bedeutung als dem Gewerbe der Fischer kam dem Handwerk der Schiffleute zu, vor allem im Hinblick auf den regen Warenverkehr, der sich auf dem Rhein abspielte und Basel zum wichtigen Umschlagplatz machte, aber auch wegen der Beförderung der Personen, die sich den Basler Schiffern vor allem zur Fahrt stromabwärts anvertrauten. Auch in das Gewerbe der Schiffleute griff die Obrigkeit regulierend ein, um Menschen und Güter vor vermeidbaren Risiken der Schiffahrt zu bewahren. Die Sicherheit des Verkehrs auf dem Rhein war Bürgermeister und Rat wie der Zunft selbst zu allen Zeiten ein besonderes Anliegen; darum wurde auf die sorgfältige Ausbildung des beruflichen Nachwuchses größter Wert gelegt. Die Zunftordnung vom Jahr 1509 setzte fest, daß jeder Anwärter auf die Zunft vorerst zwei Jahre als Knecht zu dienen hätte, bevor er als Steuermann anerkannt würde. In dieser Eigenschaft hatte er dann zwei weitere Jahre Dienst zu leisten; erst dann stand ihm der Eintritt in die Zunft offen. Mit unnachsichtlicher Strenge gingen Rat und Zunft gegen die Schiffleute vor, die ihr Gewerbe nicht mit dem nötigen Ernst betrieben. Wer aus Fahrlässigkeit Menschen und Güter gefährdete oder zugrunde gehen ließ, wurde mit Ausschluß aus dem Kreis der Schiffahrtsberechtigten, ja mit Verbannung aus der Stadt bestraft. Aber auch der Tüchtigkeit der Fahrzeuge galt die Aufmerksamkeit der Behörden wie der Korporation; jedes Schiff wurde, bevor es seine Fahrt antrat, an der Schifflände einer genauen Prüfung unterzogen. Über Schiffer, die unverschuldet ins Unglück geraten waren, hielten dagegen Bürgermeister und Rat ihre schützende Hand. Die Zunft ließ solche Unfälle im 17. Jahrhundert in das ‹leidige Unglücksbuch› eintragen, dessen Wahlspruch die Bitte enthielt, der allgerechte Gott und Vater möge den Basler Schiffleuten für alle ihre Reisen seine heiligen Engel als Geleit und als Steuerleute mitgeben.

◁ Der Fischmarktbrunnen mit dem Zunfthaus zu Fischern (rechts außen)

Unfern voneinander standen die Trinkstuben der beiden Halbzünfte. Das anno 1402 errichtete Zunfthaus der Schiffleute befand sich hart am Ufer des Stroms an der Stelle der alten Kantonalbank, des heutigen Sitzes des Verkehrsbüros. Dort erlebten es die Zunftgenossen, daß sie beim großen Hochwasser des Rheins vom Jahr 1424 unmittelbar aus der Zunftstube ihre Schiffe auf dem mächtig angeschwollenen Strom besteigen konnten. 1533 fiel das Gebäude einer Feuersbrunst zum Opfer; doch konnte es dank einem Darlehen des Rates in der Höhe

von 200 Gulden noch im gleichen Jahr wieder aufgebaut werden. Für den Schmuck der Zunftstube stifteten die eidgenössischen Stände in edler Generosität prächtige Wappenfenster, die der seit 1535 in Basel niedergelassene Glasmaler Maximilian Wischack anfertigte. Im 19. Jahrhundert versetzten die aufkommenden Eisenbahnen der Schiffahrt auf dem Strom und damit dem schon seit längerer Zeit in allmählichem Niedergang begriffenen Gewerbe der Basler Schiffleute den Todesstoß; dessen letzte Vertreter mußten sich einer neuen Tätigkeit zuwenden, um ihr tägliches Brot zu verdienen. Bereits zuvor war ihr altes Zunfthaus von der Schifflände verschwunden. Im Jahre 1838 hatte es die Zunft dem Staat verkauft, als die baulichen Verhältnisse in der Umgebung der Mittleren Rheinbrücke zu einer Korrektion der verschiedenen Zufahrtsstraßen nötigten. Damals wurde auch das Rheintor mit seinem berühmten ‹Lällekeenig› niedergelegt. Vorübergehend fanden dann die Schiffleute im Haus der Kleinbasler Ehrengesellschaft zur Hären freundschaftliche Aufnahme.
Die Zunft zu Fischern besaß eine eigene Liegenschaft auf dem Fischmarkt, auf dem ihre Angehörigen von jeher den Ertrag ihrer Angeln und Netze feilhielten, das Haus ‹zur goldenen Büchse›. Über dessen Türe ließen Meister und Vorgesetzte einen in Stein gehauenen Salm anbringen zum Zeichen dafür, daß hier die Korporation der Fischer ihre Stube besaß. 1780 mußte das alte Haus durch einen Neubau ersetzt werden, in dem eine Zeitlang ein Buchhändler sein Geschäft führte und später auch gewirtet wurde. Gegen das Ende des 19. Jahrhunderts wäre die Zunft zu größeren Reparaturen gezwungen gewesen, wofür indessen ihre Mittel nicht ausreichten. Aus diesem Grund entschloß sich die Zunft 1891, die Liegenschaft an den aus Sulz am Neckar stammenden Christian Singer-Schäfer zu verkaufen, der 1862 nach Basel gekommen war und 1873 im angrenzenden Haus ‹zum Bubeneck› sein erstes eigenes Bäckerei- und Konditoreigeschäft eröffnet hatte. Später führten zwei Töchter Christian Singers im einstigen Zunfthaus zu Fischern ein bekanntes Wollwarengeschäft, bis es schließlich dem Neubau des ‹Storchen› weichen mußte. Heute befindet sich an seiner Stelle die von der Terrasse des Restaurants ‹bekrönte› Garage. Für den steinernen Salm aber, der zunächst in die Obhut der Öffentlichen Denkmalpflege gelangt war, fand sich ein geeigneter Platz an der Ecke der Terrassenmauer beim Aufstieg des neben dem Gebäude der Öffentlichen Krankenkasse zur Peterskirche emporführenden Kellergäßleins. Im Auftrag der Zunft errichtete der Sempacher Steinmetz und Bildhauer Antonio Ceresa einen markanten

Salmbecher der Zunft
zu Fischern aus dem
17. Jahrhundert

Pfeiler, auf dessen Front der alte Salm erscheint; für den Schmuck der einen Seite des Würfels aber schuf er einen ‹jungen› Salm. Die andere Seite erhielt die Inschrift: «Zunft zu Fischern/1354/Zunfthaus.» 1967 konnte dieser ‹Zunftstein› feierlich eingeweiht werden. Zu Füßen des Kirchturms von St. Peter und des charaktervollen Baus des Marthastifts, gegenüber der herrlichen Fiale des alten gotischen Brunnens, manifestiert sich darin von neuem die Präsenz der Zünfte auf dem

◁
Das ehemalige Zunfthaus zu Schiffleuten an der Schifflände; im Hintergrund der Salzturm

Fischmarkt, dem Platz, auf dem sich als Wahrzeichen der mittelalterlichen Stadtfreiheit das erste Basler Rathaus erhob.
Wie vom Schrifttum der beiden Halbzünfte, so ist auch von ihrem einstigen Besitz an Gold- und Silberschmuck nicht viel erhalten geblieben. Immerhin konnte die silbervergoldete Meisterkrone, welche die ganze Zunft 1743 durch den Goldschmied Johann Ulrich III. Fechter hatte anfertigen lassen, für Basel zurückgewonnen werden, nachdem sie zuvor eine lange Irrfahrt durchgemacht hatte. Zwei Jahre vor dem Jubiläum des 500jährigen Bestehens der Zunft trugen sich Meister und Vorgesetzte mit dem Gedanken, auf dieses Fest hin einen Goldschmied mit der Schaffung eines Zunftbechers nach Entwürfen des Kunstmalers Constantin Guise zu beauftragen. In der Zunftkasse aber herrschte damals Ebbe, und so entschloß sich der Vorstand, die Meisterkrone zu verkaufen. Sie wurde von dem Kunsthändler Benedict Maeglin erworben, der ganze 120 Franken dafür bezahlte, und von ihm ins Ausland veräußert. 1893 tauchte die Krone im Kunsthandel wieder auf. An der Auktion einer schwedischen Sammlung in Köln hätte sie damals ersteigert werden können; doch brachte man die erforderliche Summe in Basel nicht auf, so daß sie einem Interessenten zufiel, der dafür 3000 Franken geboten hatte. Das historisch und künstlerisch wertvolle Objekt gelangte nach Stockholm; dort erwarb es 1894 Nationalrat Johann Rudolf Geigy-Merian, der damalige Leiter der Firma J.R. Geigy, der es in großzügiger Weise dem hiesigen Historischen Museum zum Geschenk machte. Seither ziert die Meisterkrone an den Anlässen der beiden Zünfte wiederum den Ehrentisch.
Für Basel vermutlich endgültig verloren sind leider die erwähnten Glasscheiben aus dem einstigen Zunfthaus der Schiffleute am Rhein. In der Zeit des Niedergangs der Schiffahrt und der Zunft fanden sich Meister und Vorgesetzte allzuleicht bereit, sie zu versilbern: Als die Feuerschützen-Gesellschaft von Winterthur im Jahre 1819 einen passenden historischen Schmuck für ihr neues Schützenhaus suchte, traten die Basler Schiffleute diese kostbaren Glasgemälde an sie ab. Voll Stolz vermerkten die Feuerschützen an der Eulach, daß die Scheiben aus einem Zunfthaus der Stadt Basel stammten. Jetzt befinden sie sich im Kunstmuseum der Stadt Winterthur.
Ein prachtvolles Relikt der alten Zunftherrlichkeit, das erfreulicherweise ebenfalls aus dem Ausland nach Basel zurückkehrte, ist der Salmbecher der Zunft zu Fischern. Nicht von ungefähr kam es, daß die Zunftgenossen gerade diesen Fisch künstlerisch verherrlichen ließen; denn er galt als das vornehmste unter allem ‹Schuppenwild› und wurde sogar mit

dem Titel eines Junkers ausgezeichnet. Neben dem roten Baselwein fehlte er nie unter den Ehrengeschenken, welche die Stadt vornehmen Besuchern, fremden Gesandten und hohen Würdenträgern bis hinauf zum Herrn des Heiligen Römischen Reichs Deutscher Nation zuteil werden ließ. Der aufgezäumte Salm war seit alters schon das Wahrzeichen der Zunft, und ein zum Sprung ansetzender Salm sollte ums Jahr 1660 auch zum Motiv eines prachtvollen, silbervergoldeten Bechers werden, der dem Goldschmied Jakob Biermann I. in Auftrag gegeben wurde. Er bildete das wohl schönste Stück des Silberschatzes der Zunft zu Fischern, wurde aber in einer Zeit finanzieller Bedrängnis ebenfalls veräußert. 1936 glückte es dem Historischen Museum, das wertvolle Trinkgeschirr, das ins Ausland gelangt war und sich damals in der Sammlung von Baron Henri de Rothschild in Paris befand, um 18000 Franken zu erwerben. Heute prangt auch dieses kostbare Stück an den Anlässen der Zunft wieder auf der Festtafel. Der Fisch wird getragen von den Händen einer Doppelfigur, eines Meerweibchens und eines Tritonen, deren Leib in einen Fischschwanz ausläuft. Auf der Oberfläche des runden Fußes sind im Blätterwerk Delphine und acht Wappenschilde getrieben, diejenigen des Zunftmeisters, des Ratsherrn und der Sechser, die zur Zeit der Entstehung des Bechers der Zunft vorstanden.

Die Akademische Zunft

Die letzte in der Reihe der Basler Zünfte ist die Akademische Zunft. Ihre Geschichte umfaßt nur hundertvierzig Jahre, eine kurze Zeitspanne, gemessen am ehrwürdigen Alter der übrigen Zünfte, deren Anfänge ins 13. oder 14. Jahrhundert zurückreichen. Erst 1836 ist sie ins Leben gerufen und den historischen Schwesterzünften beigesellt worden, die sie inzwischen längst als Gleichberechtigte in ihrem Kreis anerkannt haben. Ihre Gründung bedeutete den Abschluß eines staatsrechtlich und staatspolitisch äußerst interessanten Prozesses, der sich bis in die Zeiten des Ancien régime zurückverfolgen läßt. Während Jahrhunderten war, wie wir sahen, die Bürgerschaft eingeteilt in fünfzehn Zünfte. Jeder Bürger, der ein Handwerk oder Gewerbe betrieb, gehörte einer dieser Korporationen an und hatte als Zunftgenosse Anteil am öffentlichen Leben des Gemeinwesens; die Angehörigen der Universität und die Vertreter der akademischen Berufe jedoch - die Pfarrer, die Juristen, die Ärzte und die Lehrer - standen an sich außerhalb der Zunftorganisation. Wohl besaßen die Söhne von Zunftmitgliedern die Möglichkeit, das Zunftrecht ihrer Väter bei einer Herren- oder Handwerkerzunft für sich zu erneuern, und grundsätzlich war auch die Aufnahme eines Akademikers in eine Zunft nicht ausgeschlossen; der Basler Reformator Johannes Oekolampad etwa wurde 1530 zünftig zu Gartnern. Die akademischen Bürger aber, die bei keiner Zunft eingeschrieben waren, verfügten über keine politischen Rechte: Weder konnten sie aktiv an der Bestellung des Kleinen und des Großen Rates teilnehmen noch passiv zu Mitgliedern dieser Behörden gewählt werden. Selbst diejenigen Akademiker, welche die Mitgliedschaft einer Zunft erworben hatten, rückten nur in Ausnahmefällen zu Sechsern oder gar zu Zunftratsherren oder Zunftmeistern auf; denn überall in den Zünften bildeten die Handelsherren und Handwerker das ausschlaggebende Element.

Bereits vor dem Ausbruch der Revolution erkannte der damalige Ratsschreiber und spätere Oberstzunftmeister Peter Ochs diese Lücke der Zunftverfassung. In einer im Mai 1787 verfaßten Abhandlung, die allerdings nie zur Kenntnis der Behörden gelangte, entwickelte er den Gedanken, die akademischen Bürger zu einem besondern Verband zusammenzuschließen. Er sollte den Namen ‹Stube› oder ‹Zunft zum Lorbeerzweig› tragen; denn den Lorbeerzweig betrachtete Ochs als Symbol der Wissenschaften. Aufnahme in dieser Zunft sollte finden können, wer einen Doktorgrad erlangt hätte oder Studiosus einer der höheren Fakultäten gewesen und weder im Handel noch im Handwerk tätig sei. Jeder Stubengenosse, so forderte der Verfasser, hätte zu versprechen, sich im öffentlichen und im privaten Leben als aufgeklärter Menschenfreund, als frommer Christ, als biederer Eidgenosse, als treuer Untergebener der Obrigkeit, als eifriger Beförderer der Ehre und des Wohls des städtischen Gemeinwesens, als friedliebender und republikanisch gesinnter Bürger und endlich als vorbildlicher Hausvater zu betragen. Auf diese Weise wünschte Ochs eine Elite zu bilden, von der er hoffte, daß sie lebendige Impulse auf den Gang der Politik ausüben und einen positiven Beitrag zum Ausbau der staatlichen Institutionen, insbesondere der Justiz, leisten werde.

Von neuem stellte sich das Problem des Einbezugs der Akademiker ins politische Leben im Zeitalter der Restauration, in dem die Zünfte ihre Rolle als politische Körperschaften, als Wahlzünfte, zurückgewonnen hatten. Für die Bestellung des Großen Rates war die Wählerschaft nicht wie heute in die drei Wahlkreise von Großbasel-Ost, Großbasel-West und Kleinbasel, sondern in die historischen fünfzehn Zünfte eingeteilt, die alle gleich viele Vertreter ins kantonale Parlament zu entsenden berechtigt waren. Dieser Modus war insofern mit gewissen Schwierigkeiten verbunden, als die Zahl der Angehörigen der einzelnen Zünfte verschieden groß und, wie gesagt, die meisten Akademiker bei keiner Zunft eingeschrieben waren, so daß sie kein Stimm- und Wahlrecht ausüben konnten. Um diese Unzukömmlichkeiten zu beseitigen, erließ der Große Rat 1823 ein «Gesetz über eine zweckmäßigere Einteilung der Wahlzünfte in der Stadt»; darin wurden sämtliche Angehörigen der Universität, welche das Basler Bürgerrecht und nicht bereits das Zunftrecht einer andern Zunft besaßen, der 13. Wahlzunft zugewiesen, die durch die beiden Halbzünfte zum Goldenen Stern und zum Himmel gebildet wurde.

Im ‹Goldenen Stern› und im ‹Himmel› herrschte indessen über diese Zuweisung der Akademiker nicht eitel Freude; denn die Vertreter der akademischen Berufe und der Universität gaben bald den Ton in der Wahlzunft an, besonders bei den Wahlen in den Großen Rat, bei denen die Repräsentanten der beiden Halbzünfte nur dann mit einem Erfolg rechnen konnten, wenn sie die Unterstützung der Akademiker fanden. Denn zahlenmäßig überwogen diese die Handwerker bedeutend: In den Jahren 1823 bis 1833 standen durchschnittlich 80–90

Miniatur-Zunftfaß der Akademischen Zunft, das Geschenk der Zünfte und Gesellschaften zur Hundertjahrfeier 1936

akademische Bürger 20–30 Vertretern der Halbzunft zum Himmel und etwa 10 Vertretern der Halbzunft zum Goldenen Stern gegenüber. Die von Anfang an bestehenden Spannungen zwischen den Angehörigen der Universität und den Handwerkern verschärften sich bei der Wahlversammlung für die Großratswahlen im Frühjahr 1831, als die 97 Akademiker, welche die überwiegende Mehrheit der 140 Anwesenden bildeten, Professor Andreas Heusler-Ryhiner, den streitbaren Redaktor der ‹Basler Zeitung›, wählten und damit den Zunftmeister zum Himmel, Malermeister Wilhelm Müller, von seinem Großratssitz verdrängten. Jetzt entschloß sich die Wahlzunft zu einer Petition an den Großen Rat mit dem Begehren, die Angehörigen der Universität möchten ihr wieder ‹abgenommen› werden.

Die Mühlen des Staates mahlten auch in diesem Falle langsam; doch blieb das Postulat der Wahlzunft nicht vergessen, als es nach der schicksalhaften Staatstrennung galt, für den Stadtkanton eine neue Verfassung zu entwerfen. Dem mit dieser Aufgabe betrauten Verfassungsrat und dessen vorbereitender Kommission gehörte als Vertreter der Wahlzunft zum

Goldenen Stern und zum Himmel auch der damals 28jährige Jurist Professor Christoph Burckhardt-Heß an, der seit 1830 als Extraordinarius römisches Recht an der Universität dozierte. Er stellte im September 1833 den Antrag, die akademischen Bürger in einer eigenen Wahlzunft zusammenzufassen und folglich die Zahl der Wahlzünfte von 15 auf 16 zu erhöhen. Zwar fand dieser Vorschlag bei der vorbereitenden Kommission keine Gnade; doch wurde er vom Plenum des Verfassungsrates gutgeheißen. Christoph Burckhardt-Heß kann somit als der geistige Vater der Akademischen Zunft bezeichnet werden. Ihre Gründung sollte er freilich nicht mehr erleben; im Alter von erst 30 Jahren erlag er 1835 einer schweren Krankheit.

Nachdem der Beschluß des Verfassungsrates über die Bildung einer 16. Wahlzunft in der von der Bürgerschaft am 3. Oktober 1833 angenommenen Verfassung verankert worden war, hatte der Kleine Rat eine Vorlage bezüglich der Organisation der Akademischen Zunft auszuarbeiten. Der Ratschlag ging dem Großen Rat am 3. August 1835 zu; am 6. April des folgenden Jahres erwuchs das Gesetz in Rechtskraft. Bereits zweieinhalb Wochen später lud der Kleine Rat auf Grund eines ihm von seinem politischen Ausschuß, dem Staatskollegium, erstatteten Gutachtens die Regenz ein, die Angehörigen der Universität baldmöglichst zur konstituierenden Sitzung der neu zu gründenden Zunft zusammenzurufen. Sie fand am 10. Mai 1836 unter dem Vorsitz des um die Universität hoch verdienten Professors Peter Merian statt, der kurz zuvor als Ratsherr in die Regierung eingezogen war. Die Versammlung hatte zwei Meister, einen amtierenden und einen stillstehenden, und ebenso die übrigen Vorgesetzten zu bestimmen. An die Spitze der Zunft wurde, wie zu erwarten stand, Peter Merian selbst und neben ihm Professor Andreas Heusler-Ryhiner gewählt. Damit lag das Schicksal der neuen Korporation in den Händen von zwei Persönlichkeiten, die beseelt waren vom entschlossenen Willen, die durch die finanziellen Folgen der Staatstrennung in ihrem Fortbestand bedrohte Universität als schönste Zierde des Basler Gemeinwesens zu erhalten und einer neuen Blüte entgegenzuführen. Diesem Zweck diente vor allem auch die von ihnen gemeinsam ins Leben gerufene Freiwillige Akademische Gesellschaft, welche durch ihre großzügigen Leistungen einen für die damalige Zeit höchst beachtlichen Ausbau unserer Hochschule ermöglichte. Peter Merian bekleidete die Würde des Zunftmeisters während voller vier Jahrzehnte, bis im Jahr 1876, Andreas Heusler bis zu seinem Hinschied im Jahr 1868. Vor allem Merian genoß in der Zunft außerordentliche Beliebtheit, die er nicht allein seinem hervorragenden Wirken als Universitätspolitiker, sondern auch seinen geistvollen Meisterreden verdankte, welche den Höhepunkt des jährlichen Zunftbotts bildeten. In den letzten Jahrzehnten des Ratsherrenregiments verzichtete man wie in den andern Zünften auch in der Akademischen Zunft auf die doppelte Besetzung des Meisteramts.

Im Zeitpunkt ihrer Gründung zählte die Zunft 147 Mitglieder. Davon entfielen 51, also mehr als ein Drittel, auf den geistlichen Stand. Sämtliche städtischen Gemeindepfarrer und deren Helfer ließen sich in der Akademischen Zunft einschreiben, aber auch zahlreiche Pfarrer im Baselbiet und in der badischen Nachbarschaft, die das Basler Bürgerrecht besaßen. Den Pfarrern folgten zahlenmäßig mit etwa 30 Zunftgenossen die Lehrer am Gymnasium, an den Gemeindeschulen und privaten Lehranstalten; ihnen schlossen sich fast 20 Mediziner und 16 Professoren verschiedener Fakultäten an. Am schwächsten - nur mit sieben Zunftbrüdern - waren die Juristen vertreten. Die Aufnahmebedingungen wurden in der Anfangszeit large interpretiert, so daß auch Personen, die nicht im eigentlichen Sinn zum Kreis der akademischen Bürger zählten, Zulassung fanden, beispielsweise der Historien- und Karikaturenmaler Hieronymus Heß und der Kupferstecher Friedrich Weber. Eher fremd mochte sich in den konservativen Reihen der Zunft der damalige Lehrer und spätere Ratsherr Wilhelm Klein fühlen, der als erster Vertreter des politischen Radikalismus in Basel in die Regierung gelangte.

Im Gegensatz zu den übrigen Zünften war die Akademische Zunft nie mit großen irdischen Gütern gesegnet. Bei ihrer Gründung wurde von den bis dahin in andern Zünften eingetragenen 146 Mitgliedern lediglich eine Einschreibegebühr von 1 Franken verlangt; der einzige Neueintretende hatte 16 Franken zu entrichten, so daß sich die Einnahmen des ersten Zunftjahres auf ganze 162 Franken stellten. Davon mußten die Ausgaben von insgesamt Fr. 111.30 bestritten werden, vor allem die Kosten des Zunftsiegels, die sich auf 55 Franken stellten. So war auch in den kommenden Jahren größte Sparsamkeit, namentlich für gesellige Zwecke, angezeigt. Bis 1854 wurde an das Rektoratsessen des Dies academicus aus der Zunftkasse ein Beitrag von maximal Fr. 18.50 geleistet! Dagegen zeigten die Zunftgenossen trotz dem bescheidenen Vermögensstand eine offene Hand, wenn es galt, wissenschaftliche, kulturelle und gemeinnützige Institutionen zu unterstützen. So wurde im Jahr 1853 der Öffentlichen Bibliothek der Universität, die 1849 aus dem Haus ‹zur Mücke› am Schlüsselberg ins

Museum an der Augustinergasse eingezogen war, erstmals ein jährlich wiederkehrender Beitrag von 50 und später von 100 Franken bewilligt. Ebenso stiftete die Zunft aus Anlaß der Renovation des Münsters durch den Architekten Christoph Riggenbach 200 Franken an die Glasscheiben der Kirche. Noch heute sind die finanziellen Mittel der Zunft weit geringer als diejenigen aller übrigen Korporationen der Stadt, und wenn sie am Rektoratsessen den Wein spendet, so sieht sie sich veranlaßt, gleichzeitig mit der Bitte um einen Obolus ihre ‹Mini-Fäßchen› bei den Teilnehmern des akademischen Symposions zirkulieren zu lassen, auf daß der Inhalt des Zunftfasses nicht völlig versiege!

Ihrer Mitgliederzahl nach gehört die Akademische Zunft zu den kleinsten Korporationen. Im Vergleich zum ersten halben Jahrhundert ihres Bestehens - 1875 hatte sie einen Höchststand von 288 Zunftgenossen erreicht - ist sie wesentlich zurückgegangen, weil sich inzwischen für die Akademiker auch die Tore der übrigen Zünfte geöffnet haben; manche Genossen der Akademischen Zunft sind denn auch heute doppelzünftig. Berühmt war seinerzeit der Ausspruch von Professor Otto Spieß, dem durch seine Faßreden höchst populären, langjährigen Statthalter der Zunft, die Zahl der Zunftbrüder müsse stets der Zahl der chemischen Elemente entsprechen, weshalb Neuaufnahmen nur beim Tod eines Zunftgenossen oder bei der Entdeckung eines neuen chemischen Elements stattfinden könnten!

Ihre besondere Bedeutung besitzt die Akademische Zunft als Verkörperung der engen Verbundenheit zwischen der Stadt und ihrer Hochschule, durch die die Geschichte der Alma mater Basiliensis seit ihrer Gründung geprägt worden ist. Dieses Bewußtsein der Zusammengehörigkeit tritt besonders eindrücklich zutage am Dies academicus, bei dessen festlichem Mahl sich der Rector magnificus und der Meister E. E. Akademischen Zunft als Präsidium und Contrepräsidium ergänzen und Jahr für Jahr mit Spannung die Rede des Zunftvertreters erwartet wird. Seit dem Hinschied von Professor Spieß wechseln die Redner aus den Reihen der Zunftgenossen, aber das Thema ihrer Ansprachen ist stets dasselbe: In immer wieder neuer Variation gilt es, die imaginären Beziehungen zwischen dem jeweils amtierenden Rektor und dem geheimnisvollen Zunftfaß aufzudecken, aus dessen unsichtbarer Fülle der Wein belebend und erheiternd der akademischen Festgemeinde zuströmt. In Poesie und Prosa treiben dann Witz, Satire und Ironie ihre köstlichen Blüten, wie sie in dieser Weise nur in der Luft baslerischen Geistes sprießen können.

Die Kleinbasler Ehrengesellschaften

Den Ehrenzünften treten als historische Korporationen unserer Stadt die Drei Kleinbasler Ehrengesellschaften würdig zur Seite. Sie sind die bewährten Heger und Pfleger der Tradition des ‹Vogel Gryff›, des ersten Festtags des Basler Jahres und frühesten Vorboten von Fasnacht und Frühling. Jahr für Jahr treten sie freudig in Erscheinung, wenn der Wilde Mann mit laubumrankter, bronzener Maske, das entwurzelte Tännchen schwingend, unter Trommelwirbeln und Böllerschüssen auf zwei durch einen Bretterboden zusammengekoppelten Weidlingen vom ‹Wild-Ma-Horst› an der Grenzacherstraße zu Tal fährt, das Antlitz unverwandt dem rechten Rheinufer zugekehrt; wenn er, von viel Volk umdrängt, bei seiner Landung vor dem Kleinen Klingental durch Leu und Vogel Gryff empfangen wird; wenn zur Mittagszeit die drei Ehrenzeichen beim Käppelijoch auf der Mittleren Brücke und ebenso im Lauf des Nachmittags beim Gryffemähli wie vor den Häusern von Meistern und Vorgesetzten ihre alten, mit peinlicher Genauigkeit von Generation zu Generation weitergegebenen Tänze zelebrieren und bis tief in die Nacht hinein die Gassen Kleinbasels von Trommelrhythmen und Piccoloklängen widerhallen.

Der ‹Vogel Gryff› ist das große Fest der mindern Stadt und im besondern das Fest der Drei Kleinbasler Ehrengesellschaften zum Rebhaus, zur Hären und zum Greifen. Je nachdem welche von ihnen den alljährlich wechselnden Vorsitz führt, feiert Kleinbasel den ‹Vogel Gryff› zwanzig Tage nach Weihnacht oder eine beziehungsweise zwei Wochen hernach: am 13. Januar, wenn er im Zeichen des Rebhauses, am 20. Januar, wenn er im Zeichen der Hären, und am 27. Januar, wenn er im Zeichen des Greifen steht.

Der Ursprung der Kleinbasler Ehrengesellschaften liegt im dunkeln. Ihre Entstehung hängt zusammen mit dem Wachstum Kleinbasels, das sich mit dem Bau der Rheinbrücke durch den weitblickenden Bischof Heinrich von Thun im Jahr 1225 vom unscheinbaren Dorf zur blühenden städtischen Siedlung entwickelte. Sechs Dezennien nach dem Brückenschlag verlieh König Rudolf von Habsburg Kleinbasel weitgehende Rechte und Freiheiten. Die Bürgerschaft der rechtsrheinischen Stadt trat in Angelegenheiten der Gemeinde selbständig auf; sie besaß ihren eigenen Schultheißen sowie ihren eigenen Rat und

CAFE

organisierte sich im Lauf der Zeit aus dem Bedürfnis nach Einigung und gegenseitiger Hilfe, besonders bei der Befestigung, Bewachung und Verteidigung der Stadt, aber auch aus dem Wunsch nach Pflege der Geselligkeit, in den drei Gesellschaften, von denen jede ihre eigene Trinkstube unterhielt.

Die Gesellschaften bestanden bereits, als Kleinbasel 1392 durch Kauf vom Bischof an Bürgermeister und Rat der großen Stadt überging. Sie bildeten keine rein beruflichen Korporationen; denn auf Grund ihrer beruflichen Tätigkeit wurden die Mitglieder der Kleinbasler Gesellschaften schon zur Zeit der bischöflichen Herrschaft in den Zünften Großbasels eingeteilt. Mit der Vereinigung der beiden Stadtteile aber erlangten sie auch die Wählbarkeit in den Rat. Gemeinsam setzten sich die Gesellschaften für die Belange der Kleinbasler Gemeinde ein, der auch nach dem Übergang an Großbasel ein beachtlicher Bereich von Autonomie erhalten blieb. Nach wie vor verfügten sie über gewisse administrative und richterliche Befugnisse: Die Beurteilung von Schimpf- und Schlaghändeln sowie liederlichem Lebenswandel ihrer Mitglieder fiel in ihre Kompetenz, die sie ohne jedes Ansehen der Person ausübten. Ebenso betreuten sie gleich den Zünften das Vormundschaftswesen; es war ihr letztes öffentliches Recht, das ihnen erst beim Übergang an das Waisenamt, die heutige Vormundschaftsbehörde, im Jahr 1880 entzogen wurde.

Neben der Erfüllung ihrer politischen und richterlichen Aufgaben als Vertretung der Kleinbasler Bürgerschaft pflegten die Drei Ehrengesellschaften von jeher mit besonderer Freude das gesellige Element an ihren Mahlzeiten und Umzügen. Die historische Keimzelle der Umzüge bildeten die militärischen Musterungen, zu denen die Angehörigen der Gesellschaften in Harnisch und Waffenrüstung zu erscheinen hatten. Damit verbanden sich ältere, aus heidnischer Vorzeit stammende Bräuche, so das Umkreisen der Brunnen und die Wassertaufe, die bis zur Französischen Revolution und darüber hinaus wesentliche Bestandteile des Zeremoniells der Ehrengesellschaften darstellten. Im Mittelpunkt der Umzüge, die mehr und mehr ihren militärischen Charakter verloren und sich zu allgemeinen Volksfesten entwickelten, standen und stehen noch heute die Ehrenzeichen der drei Gesellschaften, die seit dem 16. Jahrhundert urkundlich bezeugt sind: der Wilde Mann (Hären), der Leu (Rebhaus) und der Vogel Gryff (Greifen). Indessen vollzog sich ihr Auftritt einst noch in anderer Form als heute: Der Wilde Mann erschien in Begleitung eines kleinen Wilden Manns, und Leu und Greif wurden gleich wilden Tieren an einem Strick oder einer Kette in den Gassen Klein-

◁
Das Café Spitz, das 1841 eingeweihte Gesellschaftshaus der Drei Ehrengesellschaften Kleinbasels, ein Werk Amadeus Merians

basels herumgeführt. An der Riehentorstraße hatte der Leu dreimal den Rebhausbrunnen zu umgehen; dann riß er sich vom Ueli des Rebhauses los und stürzte diesen in den Brunnen. Wieder auf dem Trockenen, durfte hierauf der Ueli, auch ‹Bader› genannt, einen duftenden Braten als Lohn entgegennehmen.

Nicht zu allen Zeiten konnten die Drei Kleinbasler Ehrengesellschaften ihre Umzüge und Mahlzeiten unbehindert durchführen; mehrfach erwuchsen ihrem schönen Brauchtum mächtige Gegner aus Kirche und Politik. Erstmals war dies im Jahre 1750 der Fall. Damals hatte die Gesellschaft zum Rebhaus einen verheirateten Maurergesellen namens Friedrich Bayerli als Leu engagiert - aus reinem Mitleid, weil sie Bayerli, der wegen seiner Lungenschwindsucht die Arbeit hatte einstellen müssen und deswegen in Not geraten war, zu einem Verdienst verhelfen wollte. Indessen war die Anstrengung für den schwachen Mann zu groß: Als er am 13. Januar, dem Tag des ‹Leuemählis›, mittags um 2 Uhr vor Obristmeister Kern, dem Weißbeck an der Rebgasse, seinen Tanz vollführen wollte, brach er plötzlich tot zusammen. Allein die Kleinbasler wollten sich, wie der Überreiter Johann Heinrich Bieler in seinen Aufzeichnungen berichtet, das Vergnügen «wegen diesem unglücklichen Löwen-Todesfahl» nicht rauben lassen: In größter Geschwindigkeit wurde «dem wohl resolfirten und gouraschirten vorher gewesenen Uhle (= Ueli) namens Hasler die Löwenhaut angezogen, damit selbiger mit seinem neuen Uhle, namens Mangold Jünger, und Tambour, Meister Heinrich Dömmeli, Maurer, die noch übrige Tageszeit ... mit Dantzen und Springen, Essen und Trincken ein Ende mache ...»

Als die Kleinbasler am Sonntag hernach zu St. Theodor zur Kirche gingen, wurden sie in heftigen Schrecken versetzt: In zornigen Anklagen machte der streitbare Pfarrer Johann August Buxtorf (1696-1765), der Sohn von Johannes II. Buxtorf, Professor der hebräischen Sprache an der Universität, seiner Empörung über den ‹Ludertag› Luft. Er wetterte gegen Umzug und Mahl und stellte seinen Schäflein den Tod des Maurergesellen, «so im Löwen gelauffen», als ein «sonderbares Gottesgericht» über den heidnischen Greuel in den schwärzesten Farben vor Augen.

Allein der «Schuß von der Kanzel» verhallte rasch wieder; denn ihr Fest wollten sich die Bürger der mindern Stadt nicht entgehen lassen. Da erschien 1754 aus der Feder Pfarrer Buxtorfs oder seines Helfers Matthäus Merian (1685-1763), des Diakons zu St. Theodor, ein anonymes Schriftchen, betitelt ‹Wohlmeinend Gespräch zwischen zween Burgeren aus dem

Gross- und Klein-Basel wegen des jährlichen Umlauffens der sogenannten 3 Tieren, des Löwens, Wildenmanns und Greifens ...› - ein Dialog, in welchem der Großbasler den Kleinbasler davon zu überzeugen versucht, daß vielfältige Ursache bestehe, nunmehr die Umzüge der drei Ehrenzeichen, «dieses üppige, ausgelassene, ärgerliche und sündliche, ja recht heidnische Wesen», das in den Bacchanalien des Altertums seinen Ursprung habe, einzustellen. Der Kleinbasler setzt diesen Angriffen zunächst noch Widerstand entgegen mit dem Hinweis auf das alte Herkommen, das man auf dem rechten Ufer des Stroms kaum werde abgehen lassen; allein der Dialektik seines Gesprächspartners ist er à la longue doch nicht gewachsen. «Thut euer böses Wesen von meinen Augen», mahnt dieser nach Jesaja 1, 16; «verlasset das alberne Wesen, so werdet ihr leben, und gehet auf dem Wege des Verstandes», ruft er mit Salomo (Sprüche 9, 6) aus, um dann die Pfeile aus dem Arsenal seiner theologischen Gelehrsamkeit vor allem gegen «das Verkleiden des Menschen in Viehsgewand» zu richten. So muß sich der gute Kleinbasler schließlich geschlagen geben.

Indessen erhielten die armen Ehrenzeichen, auf die in diesem ‹Gespräch› ein solcher Hagel von Bibelzitaten niedergegangen war, bereits ein Jahr später wirksame literarische Schützenhilfe durch Johann Jacob Spreng (1699-1768), der seit 1746 das Pfarramt im Waisenhaus versah und gleichzeitig als erster Germanist unserer Universität eine Professur für deutsche Poesie und Eloquenz bekleidete. Just auf den 13. Januar 1755, den Tag des ‹Leuemählis›, stellte er der ersten Schrift seine ‹Besser gemeinten Gedanken über ein wohlmeinend Gespräch› gegenüber, mit denen er den alten Volksbrauch wirksam verteidigte. Allerdings wagte er nicht, sich als Verfasser zu bekennen, da er es sich mit Rücksicht auf seine Familie nicht leisten konnte, bei der Geistlichkeit Anstoß zu erregen und seinen Brotkorb als Waisenhausprediger zu verlieren; um den Verdacht von sich abzulenken, gab er Glarus als Druckort seiner Publikation an.

Von Sprengs Schrift nicht restlos befriedigt, trat im gleichen Jahr 1755 noch ein zweiter Autor auf den Plan mit dem «Schreiben eines Kleinbaslers an Löbliche Drey Gesellschaften der mindern Stadt Basel, ihre wahrhaften Ehrenzeichen zu behaupten». Stolz setzte er den Anfang von Vergils ‹Aeneis› «Arma virumque cano ...» (den er mit «Ich habe Mann und Wappen zu beschreiben» verdeutschte) an die Spitze seiner Ausführungen. «Unmöglich kann ich länger zuhören», schrieb er, «wie so viel seit einiger Zeit zur Verkleinerung unserer

Hans Neüwenstein 1554.
Jacob vnd Marx Neüwenstein
dürch sin Sohn Marx Neüwenstei 1623 Meiste
vnd Lob: Stattgerichts bey sitzer vnd Hans Neüw
stein gross Sohn Anno 16

Ehrenzeichen in den Tag hinein geredet wird ... Unsere Ehrenzeichen liegen in den letzten Zügen, und anstatt sie noch aufzurichten, ergehet wohl gar von manchem das grausame Urtheil, daß man sie abthun und ihnen den Todesstreich versetzen sollte.» Das dürfe nicht geschehen: «Vielmehr sollen sie leben, solange noch ein Stein von Basel auf dem andern stehet und solange sich eine vaterländische Ader in uns und unseren Enkeln rühret!» proklamierte der Verfasser mit lautstarkem Pathos. «Das wäre ein gar zu theures Opfer für uns! Das wäre ein Mord an unsern Freiheiten! Die Tiere sind die Gewährleister unserer Herrlichkeiten: Solange sie halten, stehen auch wir und unsere Kinder; hingegen so bald sie fallen, liegen wir mit ihnen zu Boden!»

Über die Wirkung dieser Schrift sind wir nicht näher unterrichtet. Sie scheint Kleinbasel damals in zwei feindliche Lager getrennt zu haben: Die Geistlichkeit und deren Anhang forderte nach wie vor die Abschaffung des alten Brauchtums; die Mehrheit der Bürgerschaft aber verfocht dessen Beibehaltung. Pfarrer Buxtorf wurde noch auf Jahre hinaus vom Groll der Angehörigen der Ehrengesellschaften verfolgt. Als er einmal am Tag des ‹Leuemählis› davon hörte, daß man beabsichtige, ihn auf dem Heimweg von der Werktagspredigt zu schwemmen, hielt er sich in der Sakristei verborgen, bis er in später Nacht unbemerkt nach Hause zurückkehren konnte. Dieses Vorkommnis scheint den Maler Joseph Esperlin (1707–1775), den Schöpfer der Fresken in der St. Ursus-Kirche von Solothurn, zu einem köstlichen Gemälde inspiriert zu haben. Schauplatz der Szene ist die Riehentorstraße mit dem Rebhaus und seinem Brunnen, aus dem eben der kurz vorher hineingeworfene Ueli heraussteigt. Während Greif und Wilder Mann vor dem Brunnen stehen, packt der Leu Pfarrer Buxtorf, um ihn zu tauchen. Dieser schreit um Hilfe; da naht ihm in seiner Bedrängnis auf einer Wolke der heilige Theodul und wehrt mit seinem Krummstab den Leu ab. Erschreckt durch die plötzliche Erscheinung des Heiligen, wendet sich die Menge zur Flucht; umsonst versucht der triefende Ueli, dem Ehrenzeichen zu Hilfe zu kommen. Lange und herzlich mag man auf den Stuben der Drei Ehrengesellschaften über Esperlins Bild gelacht haben; Buxtorfs Nachfolger aber erachteten es nicht als ratsam, weiter gegen die Ehrenzeichen der mindern Stadt zu eifern ...

1798 setzte die Helvetik der Herrlichkeit der Drei Ehrengesellschaften ein – glücklicherweise nur vorübergehendes – Ende: Umzüge und Mahlzeiten blieben in den ersten Jahren nach der Staatsumwälzung sistiert, sehr zum Unwillen der Kleinbasler,

◁ Basler Schiffleute auf einer Glasscheibe des Hans Neuenstein aus dem Jahr 1623 in der Vorgesetztenstube der Drei Ehrengesellschaften Kleinbasels

die sich in den Wirren der Revolution als unentwegte Anhänger des Ancien régime erwiesen hatten. Schon am 18. Dezember 1797, als Peter Vischer im Großen Rat den Antrag auf die politische Gleichstellung des Landvolks einbrachte, waren nach der Darstellung von Peter Ochs «die Bänke der Kleinbasler, die sonst gerne für sich höchst demokratisch sind, gleichsam von ihren Plätzen gewichen». So wenig die Bürger der mindern Stadt auf ihre politischen Vorrechte verzichten wollten, so wenig waren sie bereit, ihr Brauchtum preiszugeben.
Bereits zu Beginn des Jahres 1802 wurde der Obristmeister der Gesellschaft zum Rebhaus, der Steinmetz Jacob Christoph Pack (1768-1841), der zufolge des Umschwungs sein Ratsherrenmandat verloren hatte, gedrängt, doch wieder ein ‹Leuemähli› einzuberufen. Vorsichtig wandte sich dieser, wie er in seiner bis zum Jahr 1839 reichenden Chronik berichtet, an den helvetischen Regierungsstatthalter, den späteren Bürgermeister Johann Heinrich Wieland, sehr zum Verdruß der Gesellschaftsbrüder, welche der Meinung waren, der Obristmeister hätte ihn nicht aufsuchen sollen; «es gehe ihn nichts an». Wieland verbot die Abhaltung nicht ausdrücklich; doch gab er der Erwartung Ausdruck, daß man den Ueli nicht in den Brunnen werfen werde. Mit diesem Bescheid kam freilich Pack beim Ueli schlecht an; denn dieser wollte ‹mit Gewalt› auch in den Brunnen geworfen werden, und wenn der Leu sich nicht entschließen könne, ihn in den Trog zu stürzen, dann werde er ‹von sich selbst› hineinspringen! Pack war's bei dieser Antwort nicht ganz wohl zumute; doch ließ er trotzdem das Einladungsschreiben ausgehen, in dem es hieß: «Allzulange waren wir leider genöthiget, an allen Drangsalen unserer Nachbarn Theil zu nehmen, mußten auch selbst eigenthümliche ertragen, mußten dulden, was wir nicht verhindern konnten, und jetzt bleibt uns nichts übrig, als unter diesen antiken Ruinen, diesen neuen Halbschöpfungen zu wählen den Pfad der Weisheit. Laßt uns als erster Schritt essen und vergessen und dabey auf die Gesundheit des Aloys Redings (des Landammanns der Helvetischen Republik) trinken ...». Der Entschluß, das ‹Leuemähli› wieder abzuhalten, wurde mit lebhafter Genugtuung aufgenommen. Fünfzig Teilnehmer meldeten sich dazu an. Der Tag des 13. Januar nahte. Alles war «in gehöriger Bereitschaft»; Pack aber ahnte Schlimmes. Als er am Morgen eben noch damit beschäftigt war, zusammen mit einem anderen Gesellschaftsbruder einige Verse zu verfassen, «um die leeren Wände (des Saals im Gesellschaftshaus) doch auch mit Etwas zu möblieren», traf ein Bote des Unterstatthalters Johann Michael Gysendörfer bei ihm ein mit einem Schreiben, in dem

es hieß: «Da mir die Anzeige geschehen, daß bey Anlaß Ihrer heutigen Mahlzeit der Löwe wiederum in den Straßen zum Vorschein kommen solle, so benachrichtige ich Sie anmit, daß nach den bestehenden Verordnungen alle lächerlichen Umzüge und Masqueraden außer den Häusern verboten sind und von der Polizey nicht geduldet werden. Von Ihrer mir bekannten Liebe zur Handhabung guter Ordnung erwarte ich demnach, daß Sie dieses sogenannte E.Zeichen, um außer dem Hause davon Gebrauch zu machen, nicht werden verabfolgen lassen, widrigenfalls die Arrestation der darin verkleideten Person alsobald erfolgen und ich Sie für die Widerhandlung des Verbots und alle ferners daraus entspringenden unangenehmen Folgen verantwortlich machen müßte.» Pack, im Bestreben, sich für alle Fälle zu sichern, antwortete dem Unterstatthalter, er wünschte sehr, daß er ihm wenigstens erlauben möchte, das Ehrenzeichen um den Brunnen herum gehen zu lassen, wenn er bei der Mahlzeit «mit Ungestüm dazu sollte genöthiget werden». «Freylich das beste Mittel», fügte er bei, «wäre, Sie beehrten uns selbst mit Ihrer Gegenwarth, wozu Sie höflichst eingeladen sind».

Während sich der Obristmeister fürs Mähli anzog, waren die Gesellschaftsbrüder bereits auf dem Rebhaus versammelt, und erregt ließen sie Pack melden, er möchte sein Erscheinen beeilen; oder ob er sich etwa abschrecken lassen wolle? Noch bevor er sein Haus verließ, erreichte ihn ein zweites Schreiben Gysendörfers, in dem dieser erklärte, er könne dem Begehren, den Leu um den Brunnen herum laufen zu lassen, auf Grund der bestehenden Verordnungen nicht stattgeben. Die Einladung zur Teilnahme am Mähli schlug er «dringender Geschäfte wegen» aus. Diesmal ließ Pack den Unterstatthalter ohne Antwort, «willens, der Gesellschaft beym Essen die Sach zu relatieren, und daß es also nichts mit unserem Löwen sey».

Bei der Ankunft im Rebhaus wurde der Obristmeister zu seinem nicht gelinden Schrecken von einem Harschier erwartet, der im Namen Gysendörfers nochmals auf ihn einredete. Eilig kritzelte Pack auf ein ‹Zedulin› seine Antwort: «Wir kennen keine Gesetze, so den Löwen einzuhalten jemahl verboten hat. Auf dies hab ich mich gefußt; was es nun für Folgen hat oder haben könnte, nehm ich kein Theil und hängt gänzlich von der Compagnie (d.h. der Ehrengesellschaft) ab, und sie ist zimmlich stark.»

«Da ist er ja!» riefen die Gesellschaftsbrüder, als sie den verspäteten Obristmeister endlich erblickten; mit Vivatrufen wurde er empfangen. Seinen Erklärungen über die Korrespondenz mit dem Unterstatthalter schenkten sie keine besondere

Aufmerksamkeit. «Wir wollen jetzt essen!» war die Parole, «und jeder setzte sich.» «Als es bis zum Bratis gekommen, hieß es, der Löwe werde doch um den Tisch herum laufen, und er kam auch wirklich, seine Capriolen zu machen, tanzte auch in bester Ordnung dreimal um den Tisch herum.» Allein plötzlich erhoben sich die Tafelnden; sie ergriffen die Gesellschaftsfahne und hängten sie zum Fenster hinaus. Alles Abwehren war vergeblich: «Gott straf uns, er muß hinaus; man soll uns dafür nehmen, wer etwas dagegen hat; wir stehen alle für einen und einer für alle!» riefen sie den Vorgesetzten zu. Kurz darauf war der Saal leer; von einem Augenblick zum andern waren alle verschwunden - «mit unserem Löwen zum Tempel hinaus!» Nur Pack und seine Mitmeister blieben zurück.

Als die Gesellschaftsbrüder mit dem Leu auf der Straße erschienen, bemächtigte sich der Bevölkerung eine große Erregung. Die Anhänger der alten Ordnung frohlockten; die Parteigänger der helvetischen Revolution aber glaubten, ihren letzten Tag erlebt zu haben. Sie vermuteten, die ‹Aristokratenmahlzeit› des ‹Leuemählis› sei das Fanal einer Contrerevolution, und flüsterten sich in hellem Schrecken zu, die Gesellschaftsbrüder seien alle bewaffnet; der Tisch liege voll von Pistolen. («Ja, ihr Narren», bemerkt dazu Pack in seiner Chronik, «geladen waren unsere Pistolen, aber wurden alle rein ausgesoffen!») In Eile bot der Platzkommandant von Basel, Remigius Frey (1765-1809), der Großvater des späteren Bundesrats Emil Frey, Truppen auf. In den überfüllten Kleinbasler Wirtshäusern hieß es, die Soldaten hätten scharf geladen und trügen noch fünf Patronen auf sich. Aber den Bürgern der mindern Stadt sank das Herz nicht in die Hosen: Sie trafen Abrede, wie sie die Truppen überrumpeln wollten, sobald diese Anstände machten, die Gesellschaftsbrüder im Rebhaus zu verhaften und ihnen den Leu wegzunehmen; ja sie wagten es, den Soldaten zuzurufen, was denn der ‹Strolchenfänger› an ihrer Spitze zu tun hätte. Da noch hundert Mann als Reserve im Klingental gehalten wurden, verstiegen sich einige Hitzköpfe sogar zu dem Gedanken, «im Fall einer Massacre» die Kaserne in Brand zu stecken. Kommandant Frey hielt sich im Hintergrund; er ging nicht weiter als bis zum Clarahof und wagte sich nicht bis zum Rebhaus vor. Als die Truppen von der Obern Rheingasse und vom Riehentor her vor dem Gesellschaftshaus erschienen und sich dort kreuzten, saßen die Rebhaus-Brüder mitsamt dem Leuen bereits wieder im Saal und beobachteten an den Fenstern gelassen das militärische Schauspiel. Pack aber fühlte sich sehr erleichtert, als die Soldaten wieder abzogen.

So lief der Tag schließlich noch in Ruhe ab. Statthalter Wieland war zu klug, die Sache zu dramatisieren; Obristmeister Pack kam mit einer Buße von einigen Gulden davon. Die ‹Sieger› des 13. Januar waren die Kleinbasler, die denn auch für den nötigen Spott auf die helvetischen Patrioten und den Kommandanten Frey sorgten. Dieser hatte in jungen Jahren als Offizier im Regiment Salis-Samaden der Schweizergarde gedient und war nach seiner Rückkehr in die Vaterstadt von Anfang an als eifriger Anhänger der Revolution aufgetreten. Bereits vor seiner Ernennung zum Platzkommandanten von Basel war er dadurch bekannt geworden, daß er im Fricktal, das im Frieden von Campo Formio den Österreichern entrissen worden war, überall die kaiserlichen Doppeladler von den öffentlichen Gebäuden und Gasthäusern herunterriß, was ihm den Spitznamen ‹Vögeli-Frey› eintrug. Nach der Kleinbasler ‹Löwenjagd› ergoß sich eine Flut von Spottliedern über ihn. In einem Gedicht legte man ihm folgende Worte in den Mund:

«Auf! auf! Ihr Bürger Grenadier!
Es ist allhier ein wildes Thier,
Ich hab ein groß Verlangen,
Ihr müsset es mir fangen» –

worauf der ‹Poet› fortfuhr:

«Der brave Schweizer Offizier
Rückt aus und sucht das wilde Thier,
Allein er fand ein' Mensch in Viehsgewand.
O sagt Er: Das ist allhier nicht unbekannt:
Es ist ja selbst der Basler Commandant
Ein großes Viech in Menschen G'wandt.»

Noch bekannter war das weitverbreitete ‹Lied vom Kommandanten Frey›, aus dem die nachstehenden drei Strophen zitiert seien:

«Den größten Helden zu besingen,
Dazu gehört wohl ein Homer.
Wie mager muß mein Liedchen klingen,
Doch hilft Hans Sachs von ungefähr.
So wag ich's und sing ohne Scheu
Das Lied vom Kommandanten Frey.

Bei Salis' tapfren Martis Söhnen
War er als Lehrjung angestellt;

Bei den verworrnen Schweizerszenen
Erschien er aber schon als Held
Und demolierte überall
Der Adler ungeheure Zahl.

Mit Adlern lang gewöhnt zu kämpfen,
War er des Sieges endlich müd.
Er wagt's nun Löwen gar zu dämpfen;
Dies gibt den Rest zu unserm Lied.
Man preis des Helden Mut und Glück:
Er kam, er sah - er ging zurück.»

Eine Woche nach dem ‹Leuemähli› fand das ‹Gryffemähli› statt. Diesmal kam es nicht zu einem Umzug; denn die Behörden hatten Vorkehrungen getroffen, daß das Ehrenzeichen nicht auf der Straße erscheinen konnte. Dafür stiegen an der Tafel die folgenden Verse:

«Mein lieber Greif!
Heut darfst du nicht
Dem Löwen gleich
Dein kleines Späßchen machen.
Weil die vollziehende Gewalt
Nicht gern sieht,
Daß wir lachen.
Doch nur Geduld,
Es kommt die Zeit,
Wo du wirst dörfen springen,
Wo jeder Biedermann allhier
Wird Schweizer Lieder singen ...
Und wo kein Bürger Commandant
Wird länger existieren.
Bis dahin aber, guter Greif,
Mußt du dich ruhig halten;
Wir bleiben dennoch,
Was wir sind,
Wir bleiben ja die Alten.»

Auch Jacob Christoph Pack, der Held des ‹Leuemählis», wurde bei dieser Gelegenheit ‹poetisch› glorifiziert:

«Erbarmen! ach Erbarmen!
Bedauert jetzt den armen
Herr Oberst-Meister Pack.
Man hat ihm's Mäß genommen

Fürs Pfeifen und fürs Trommen
Und für den Löwenschnack.
O Brutus, das ist schmerzlich,
Und ich bedaure herzlich
Dich und dein Löwenheer ...»

Noch im gleichen Sommer glaubten die Kleinbasler Morgenluft zu wittern, als Napoleon sämtliche französischen Truppen aus der Schweiz zurückziehen ließ. Damals schilderte der Kleinhüninger Schulmeister J.J. Schwarz in einer gelungenen Karikatur, wie die ‹fränkischen Marodeurs› durch die drei Kleinbasler Ehrenzeichen, die Symbole des konservativen Basels, zum Land hinausgejagt werden. Das Bildchen ist begleitet von dem Vers:

«Marsch! Citoyens! Eilt von hinnen
Und thut tapfer heimzuspringen,
Kommt auch nimmermehr zurück,
Oder wir brechen euch das Gnick.»

Bis im 19. Jahrhundert besaß jede der Drei Ehrengesellschaften ihr eigenes Gesellschaftshaus, und auch ihre Mahlzeiten und Umzüge hielten sie gesondert ab: Die Gesellschaftsbrüder zum Greifen tafelten am ‹Gryffemähli›, diejenigen zum Rebhaus am ‹Leuemähli› und diejenigen zur Hären am ‹Wild Ma-Mähli›. 1836 erwarben die Gesellschaften dann gemeinsam das alte Richthaus am Kleinbasler Brückenkopf, den einstigen Sitz des Schultheißen und Gerichts der mindern Stadt. Es war bei der Einführung der Mediationsverfassung im Jahr 1803, bei der eine Trennung der Vermögenswerte von Stadt und Kanton erfolgte, trotz der Opposition der Stadt an den Kanton übergegangen und hatte nach der Aufhebung des Kleinbasler Stadtgerichts zunächst dem bis 1821 bestehenden Zivilgericht der mindern Stadt und dem Gescheid gedient, bis 1831 dort das Katasterbureau und in der Folge auch das Bureau der Baubeamten untergebracht wurde. Nach der Staatstrennung im Jahre 1833 beabsichtigten dann Bürgermeister und Rat, im Interesse der Wiederäufnung der durch die Teilung mit Baselland arg geschwächten Staatsfinanzen das Kleinbasler Richthaus gleich einer Reihe anderer öffentlicher Gebäude zu versteigern.
Daß es nicht soweit kam, war dem Eingreifen der Ehrengesellschaften zu danken, die sich dem drohenden Übergang des Gebäudes in private Hände energisch widersetzten. Ratsherr Samuel Minder, der damalige ‹Obristmeister› zum Rebhaus

und Vorsitzende Meister aller drei Gesellschaften, entwickelte den Plan, das Richthaus durch die Drei Ehrengesellschaften zu erwerben und an dessen Stelle ein gemeinsamen Gesellschaftshaus zu errichten. Auf seinen Antrag erklärten Meister und Vorgesetzte der Drei Ehrengesellschaften gegenüber Bürgermeister und Rat am 12. Mai 1835 ihre Bereitschaft zur Übernahme des Gebäudes, worauf die Regierung am 5. Dezember 1835 beschloß, von einer Versteigerung des Richthauses abzusehen und es den Ehrengesellschaften zum Preis von 12000 Franken abzutreten, unter der Voraussetzung, daß diese sich dazu verpflichteten, «ein Gebäude aufzustellen, das in jeder Beziehung eine Zierde für unsere Stadt sein soll». Am 2. Juni 1836 kam der Verkauf zustande, der in der Staatsurkunde vom 19. August 1836 verbrieft wurde. Mit der Planung des gemeinsamen Gesellschaftshauses wurde der städtische Bauinspektor Amadeus Merian beauftragt. Am 4. April 1838 fand die Grundsteinlegung statt, und rund drei Jahre später, am 11. Juli 1841, konnte der Neubau eingeweiht werden. Seither halten die Drei Ehrengesellschaften Umzug und Mahlzeit, das ‹Gryffemähli›, zusammen ab, und alle drei Ehrenzeichen treten gemeinsam in Erscheinung. Der mit dem Gesellschaftshaus verbundenen Gaststätte wurde offiziell der Name ‹Café National› verliehen, der sich jedoch nicht einbürgerte; der Basler Volksmund ersetzte ihn durch die populärere Bezeichnung ‹Café Spitz›; mit dem Spitz war das kleine, quadratische, spitze Türmchen gemeint, mit dem Amadeus Merian das Gebäude in Erinnerung an das Türmchen des alten Richthauses gekrönt hatte.

Schon anderthalb Dezennien nach dem Bezug des gemeinsamen Gesellschaftshauses genügte der Bau den wachsenden Bedürfnissen nicht mehr, und mehr und mehr machte sich der Wunsch nach einer Erweiterung geltend. Als Areal für den Anbau wurde die an das Café Spitz angrenzende Liegenschaft der alten St. Niklaus-Kapelle ins Auge gefaßt, die inzwischen in den Besitz von Andreas Pfister, dem Inhaber des Gasthauses ‹zum weißen Kreuz› an der Obern Rheingasse gelangt war und von ihm als Stallung und Remise benützt wurde. Da Pfister zur gleichen Zeit einen Umbau seines Gasthofs plante, kam man mit ihm überein, ihm die an die St. Niklaus-Kapelle angrenzende Liegenschaft der Gesellschaft zur Hären tauschweise gegen das ehemalige Gotteshaus abzutreten. Obschon der Gastwirt damit eine wesentlich größere Bodenfläche gewann, für die er nach dem ursprünglichen Finanzierungsplan den Ehrengesellschaften ein Aufgeld von 10000 Franken hätte bezahlen sollen, gelang es ihm, wie Amadeus Merian in seinen

Lebenserinnerungen schreibt, «durch sein zuckersüßes Jammern» die Vorgesetzten nach und nach so zu erweichen, daß sie schließlich *ihm* 10000, dann 20000 und zuletzt 30000 Franken zusagten und ihm überdies noch das Material des alten Hären-Hauses überließen. So entstand 1857 auf dem Areal des früheren Gesellschaftshauses zur Hären das neue ‹Weiße Kreuz›, das die älteren Generationen noch unter dem Namen ‹Hotel Du Pont› kannten; heute ist es das Hotel Hecht. Die alte St. Niklaus-Kapelle aber gab das Terrain ab für den wiederum nach den Plänen von Amadeus Merian erstellten Erweiterungsbau des Gesellschaftshauses, der am 28. August 1860 bezogen werden konnte.

Heute steht von jenem Gebäude bereits kein Stein mehr auf dem andern; an seiner Stelle erhebt sich heute das von der Café Spitz AG als Baurechtsnehmerin der Drei Ehrengesellschaften errichtete Hotel Merian am Rhein. Es ergänzt in zeitgemäßer Weise das alte Gesellschaftshaus, den historischen Merianflügel des Café Spitz, der nach jahrelanger Verwahrlosung 1972 glanzvoll restauriert und als Wahrzeichen Kleinbasels für die Gegenwart und Zukunft glücklich gerettet werden konnte. Im Neubau ist eine Vorgesetztenstube der Drei Ehrengesellschaften eingerichtet worden; das ‹Gryffemähli› aber muß weiterhin im Exil, in der Schweizer Mustermesse, stattfinden, da der Festsaal des Café Spitz bei weitem nicht sämtliche Gesellschaftsbrüder zu fassen vermöchte.

Wenden wir uns nun im einzelnen den drei Gesellschaften zu!

Die Gesellschaft zum Rebhaus

Die Gesellschaft zum Rebhaus umfaßte im besondern die Rebleute sowie die Ackerbauer und Gärtner der mindern Stadt. Als Wappen besaß sie zunächst ein weißes Rebmesser in rotem Feld; später wandelte sich die Grundfarbe des Schildes in Grün, und aus dem einen Rebmesser wurden in der Folge deren drei. Der Wappenhalter der Gesellschaft ist der Leu.

Als einziges der ursprünglichen drei Kleinbasler Gesellschaftshäuser hat sich dasjenige der Gesellschaft zum Rebhaus, das sich von jeher beim Brunnen an der Riehentorstraße befand, bis heute erhalten, obschon es im Jahr 1859 von der Gesellschaft veräußert worden ist. Die mittelalterlichen Quellen über das Rebhaus fließen nicht sehr reichlich. Im 14. Jahrhundert bestand die Liegenschaft aus drei Hofstätten, die den Namen ‹ze Straßburg› trugen, offensichtlich nach dem Basler Bürger Heinrich von Straßburg, welchem Propst und Kapitel des Chorherrenstifts St. Leonhard 1341 das Nachbarhaus, genannt ‹Hürzlis Hus›, die spätere ‹Hirzburg›, mit Scheune, Hof und Garten verkauft hatten. Die erwähnten drei Hofstätten mit dem Garten dahinter verlieh 1382 der Domkaplan und Münsterbaumeister (magister fabricae) Johannes Schwarz, der Inhaber der Pfründe am Katharinenaltar in der Kapelle des Reinacherhofs am Münsterplatz, zu einem Erbe an den Unterzoller Kunzmann Huckerer. Sie lagen gegenüber der Zehntentrotte des Bischofs von Basel, welcher bis zum Verkauf Kleinbasels an Großbasel der weltliche Herr der mindern Stadt war. Schon vier Jahre vor der Vereinigung der beiden Stadtteile saßen ‹ze Straßburg› die Kleinbasler Rebleute; denn 1388 erlaubten sie Frau Greda, der Witwe Johann Bartenheims, zwei Fenster in die Hausmauer zu brechen, «die Liecht haben sollen in der Reblüten Hof und Garten, der liegt im mindren Basel hinder der Reblüten Trinkstuben». 1395 bestätigten Bürgermeister und Rat einen Spruch des Fünfergerichts, welches in einem Streit zwischen der Gesellschaft der Rebleute und deren Nachbar, dem auf der heutigen Liegenschaft Riehentorstraße 13 wohnhaften Karrer Heinrich Rindermann, entschieden hatte, daß die Mauer zwischen Rindermanns Garten und dem Hof der Rebleute gänzlich zum Haus der Rebleute gehören solle. Offiziell gelangten die Rebleute indessen erst 1397 in den Besitz der drei Hofstätten und des damit verbundenen Gartens; damals wurden sie ihnen von dem

Das Haus der Gesellschaft zum Rebhaus an der Riehentorstraße mit dem Rebhausbrunnen

Rheinfelder Bürger Otteman zem Houpt, dem Erben des Kaplans Johannes Schwarz, verliehen. 1412 erwarben sie dazu von dem Rebmann Hans Küng das Höflein hinter dem Garten. Auf der Liegenschaft lastete ein Zins von 35 Schilling und zwei Hühnern, den die Rebleute ursprünglich an Otteman zem Houpt, später an den Kaplan Conrad Schuler, genannt Mesenner, den Schaffner des Domstifts, bezahlten, an den er durch Kauf übergegangen war. Vor seinem Tod hatte Schuler vom erwähnten Zins der Rebleute je 10 Schilling an das Kartäuserkloster und an das Chorherrenstift zu St. Peter, 8 Schilling an die Kirche von St. Martin und 7 Schilling sowie die beiden Hühner an den Johanniterorden legiert; doch erwarben in der Folge die Kartäuser den gesamten Zins, der indessen 1529 von der Gesellschaft der Rebleute abgelöst werden konnte. Zwölf Jahre zuvor hatte sie bei Anthony Grieb, ‹dem Müller ze Allschwiller›, ein mit 5 Gulden verzinsliches Darlehen aufgenommen. Dieser verkaufte den Zins 1532 an Matthis Müller, den ehemaligen Schaffner des Klosters St. Clara; von dessen Erben gelangte der Schuldbrief an den Ratsherrn Jacob Barth, der ihn seiner Stieftochter Ursula Syfryd schenkte. Wenn sich die Gesellschaft in finanziellen Schwierigkeiten befand, sprang gelegentlich auch deren Meister mit seinem Privatvermögen ein, so Jacob Göbeli, dem sie 1587 ein durch das Gesellschaftshaus hypothekarisch gesichertes Darlehen verdankte.
In Theodor Zwingers ‹Methodus apodemica›, einer Anleitung zu fruchtbarem Reisen, vom Jahr 1577 wird das Rebhaus erwähnt als ‹Andrion sodalitatis vinitorum›, das heißt als Trinkstube der Gesellschaft der Rebleute. Erklärend fügt der Verfasser bei, daß sich im Kleinbasel keine Zunfthäuser befänden, da dessen Bürger in den Zünften der größern Stadt eingeteilt seien; infolgedessen gebe es auf dem rechten Rheinufer nur die ‹Prytanea sodalitatum trium›, die Trinkstuben der drei Gesellschaften, ‹Gryphinae› (zum Greifen), ‹Pediceae› (zur Hären) ‹et Vinitorum› (und der Rebleute). Im übrigen beschränken sich die Nachrichten über das Rebhaus aus dem 16., 17. und der ersten Hälfte des 18. Jahrhunderts zur Hauptsache auf die mannigfachen Baustreitigkeiten mit den Nachbarn, in welche die Gesellschaft der Rebleute verwickelt war. Einmal ging es um neue Fenster, welche die Anwohner der an das Rebhaus grenzenden Häuser auszubrechen wünschten, ein anderes Mal um Misthaufen und Kamin, ein drittes Mal um eine ‹presthafte› Dachtraufe, welche zur Folge hatte, daß das Regenwasser im Höflein der Gesellschaft zusammenlief.
Die Rebleute im mindern Basel waren nicht mit großen Glücksgütern gesegnet, und so war auch der ‹Seckel› ihrer

Gesellschaft oft nicht sehr reich gefüllt; darunter litt der Unterhalt ihrer Liegenschaft, die in den 1760er Jahren einzustürzen drohte. 1768 wandten sich daher Meister und Vorgesetzte an Bürgermeister und Rat mit dem Gesuch um ein Darlehen von 5000 Pfund. Allein die Ansichten der ‹Löblichen Haushaltung›, des Gremiums, welches das Begehren des Rebhauses zu begutachten hatte, waren geteilt: Wohl vertraten einige Mitglieder die Meinung, es wäre «der Anständigkeit zuwider, eine Gattung eines publiquen Gebäudes dem Ruin zu überlassen»; doch fehlte es auch nicht an Stimmen, die das Verlangen bedenklich fanden und befürchteten, daß dessen Gutheißung «böse und dem gemeinen Gut schädliche Folgen nach sich ziehen könne, indem noch viele dies- und jenseitige Zunft- und Gesellschaftshäuser sich in gleicher Baulosigkeit befinden dürften und ein einmal gegebenes Beispiel von den Vorstehern derselben für ein gegründetes Recht zu einem ähnlichen Begehren möchte angesehen werden, da dann leicht zu ermessen, wie beträchtlich diese Sache werden könnte». Die ‹Gnädigen Herren› schlossen sich dieser Auffassung an und entschieden, daß «der schlimmen Folgen wegen von dem Begehren abstrahiert und der E. Gesellschaft des Rebhauses überlassen werden sollte, sich selbsten nach ihrem Gutfinden zu helfen».

Natürlich empfanden Meister und Vorgesetzte diesen abschlägigen Entscheid als «fatal und verdrießlich». Um den Einsturz des Hauses zu verhindern, sahen sie sich genötigt, «alle ihre Kräfte zusammenzufassen», damit der Dachstuhl «aus ihren schwachen Mitteln» neu aufgeführt werden könne; das übrige wollten sie «der Zeit und den Nachfahren» überlassen. Kaum war aber der neue Dachstuhl aufgerichtet, «zeigten sich in dem Gemäuer aller Orten Risse und unvorgesehene Fehler; die hintere Mauer fing an zu sinken, und der Dachstuhl mußte gestützt werden», wenn «das vom Alter mürbe und faule Gebäude» nicht zusammenbrechen sollte. Die Gesellschaft wiederholte daher bei Bürgermeister und Rat 1769 ihr Gesuch um Gewährung eines Vorschusses, um «das zum Dienst an der République gewidmete Haus» erhalten zu können. Meister und Vorgesetzte wiesen darauf hin, daß «die Vorfahren in onerosen und beschwärlichen Angelegenheiten in Vogteisachen, Verkündung obrigkeitlicher Verordnungen und Befehle und folglich zum allgemeinen Besten hier ihre Zusammenkünfte gehabt» hätten und schon aus diesem Grunde die Bitte nicht abgeschlagen werden sollte.

Auf den Bericht der ‹Verordneten zum Bauamt›, welche auf Grund eines Augenscheins die Dringlichkeit der ‹Reparatio-

nes› bestätigten, ließ sich der Rat jetzt dazu bewegen, der Gesellschaft 5000 Pfund in Neutalern zu 40 Batzen aus dem ‹Aerario›, das heißt der Staatskasse, auszuzahlen. Nun aber begnügten sich die Rebhaus-Brüder nicht mit der Behebung der ärgsten Schäden; vielmehr ließen sich Meister und Vorgesetzte durch Sachverständige von der Notwendigkeit eines vollkommenen Neubaus überzeugen, der Kosten von 8000 Pfund verursachte; doch standen neben dem obrigkeitlichen Darlehen nur noch 1000 Pfund aus der Gesellschaftskasse zur Verfügung. Die fehlenden 2000 Pfund sollten durch «Aufrichtung einer kleinen monatlichen Lotterie» eingebracht werden, «und zwar auf einem solchen Fuß, daß auch derjenige, der so unglücklich wäre, seine Einlage ganz zu verlieren, nicht unkommlich beschwärt werde». In dem Schreiben, in welchem sie um die Bewilligung zur Durchführung dieser Lotterie nachsuchten, betonten Meister und Vorgesetzte, sie hätten «nichts Prächtiges, sondern ein solches Gebäu aufgestellt, welches anständig und kommlich, fürnehmlich aber solid und dauerhaft» sei. Darüber, daß sich die Abrechnung auf über 8000 Pfund belaufen habe, habe sich niemand zu verwundern; wohl aber sei jeder Bausachverständige erstaunt «über die gute Sparsamkeit». «Wie aber mit nicht gar 6000 Pfund über 8000 Pfund zu bezahlen sein möchten und woher der Manco zu ersetzen», sei «eine nicht minder große Verlegenheit» gewesen; doch habe sich Zimmermeister Eglin bereit erklärt, seine Forderung von 2000 Pfund gegen einen bescheidenen Zins stehen zu lassen, «bis sich die Umstände des Gesellschaftssäckels verbessern würden». Der Rat aber wollte von einem Lotterieunternehmen nichts wissen: Die Zeitverhältnisse seien nicht so beschaffen, «daß das Publicum mit einer Lotterie belästigt werden könnte, und es wäre gar zu bedenklich, E.E. Gesellschaft zum Rebhaus diesbezüglich zu willfahren und bei diesen theuren Zeiten eine Lotterie zu bewilligen, die etwas anderes als die Unterstützung und Erleichterung der Armut zur Absicht haben sollte». Allein die Gesellschaft ließ nicht locker: 1774 erneuerte sie ihr Gesuch um die Erlaubnis zur Durchführung einer Lotterie, indem sie unterstrich, daß die Ablehnung mit dem Hinweis auf die ‹theuren Zeiten› jetzt der Begründung entbehren müßte: «Da wir nun diesmal durch die unverdiente Gnade des Allerhöchsten in wohlfeilen Zeiten leben und – Gott geb's – noch besseren Zeiten entgegengehen», möchte der Rat jetzt die Lotterie gestatten. «Um das gute Vertrauen des Publici zu erwerben», werde sich die Gesellschaft mit dem sehr mäßigen Profit von zehn Prozent begnügen. Diesmal stimmten die ‹Gnädigen Herren›, die

◁ Pokal der Gesellschaft zum Rebhaus von 1637: Löwe mit Rebmesser offenbar bereits um die Rückerstattung des obrigkeitlichen Darlehens bangten, zu; doch blieb der Erfolg der Lotterie aus. Obschon sie von den Vorgesetzten und Gesellschaftsbrüdern unentgeltlich organisiert worden war, wurden, «alles Eifers ohngeachtet», nur drei Ziehungen in einem Jahr «und wegen der übrig gebliebenen vielen Billets mit gar großer Gefahr» zustande gebracht. Das Mißlingen des Unternehmens nahm der Gesellschaft allen Mut, und die Vorgesetzten mußten sich dazu entschließen, aus ihrem eigenen Beutel «einen solchen Vorschuß ohne Zinsen zu tun, daß wir vermittelst dessen und des Lotterie-Profits bei bester Oeconomie die restierenden Kösten abführen können».

Zwei Jahrzehnte später hatte sich die finanzielle Lage der Gesellschaft soweit gebessert, daß sie 1795 der Staatskasse einen Teil des Darlehens von 5000 Pfund zurückzahlen konnte, allerdings nur «dank bestmöglicher Sparsamkeit und wohl gediehenem Ertrag der auf unserer Allmend stehenden Kirschen und übrigen Früchte und endlich - was wir zwar lange noch entfernt wünschten - dem Absterben mehrerer annoch frisch in unserem freundschaftlichen Angedenken stehenden werten Mitglieder»; diese hatten offenbar die Gesellschaft in ihren letztwilligen Verfügungen bedacht.

1856 entschloß sich die Gesellschaft zum Verkauf des Rebhauses, um Mittel zur Vergrößerung des gemeinsamen Gesellschaftshauses, des Café Spitz, zu beschaffen, und im folgenden Jahr erteilte der Stadtrat, die Exekutive der von 1803 bis 1876 bestehenden Stadtgemeinde, die Bewilligung zur öffentlichen Versteigerung der Liegenschaft. Sie fand am 13. August 1858 statt; doch erfolgte nur ein Gebot, welches ungenügend erschien, so daß die Gesellschaft die Gant einstellte. Zunächst zeigte sich keine Möglichkeit, das Haus zu veräußern; «die Verhältnisse der sehr stille gewordenen Lage» an der Riehentorstraße und «die wenig bürgerliche Einrichtung» schreckten von einem Kauf ab, bis das von dem Bankier Ulrich Zellweger-Ryhiner ins Leben gerufene Theologische Pensionat die Liegenschaft 1859 um 46000 Franken übernahm. Die Gesellschaft zum Rebhaus hatte zwar erwartet, 50000 Franken lösen zu können; doch schlug sie den Ausfall von 4000 Franken «umso weniger an, als wir die Aussicht haben, daß unser altes Gesellschaftshaus fernerhin eine ehrenvolle, wohltätige Bestimmung behalten solle». Der Stadtrat ratifizierte den Verkauf diskussionslos; Bürgermeister und Rat aber sahen sich zu der Bemerkung veranlaßt, daß nach ihren Informationen «bei der - 1858 - veranstalteten Versteigerung ein beträchtlich Mehreres geboten worden war und daher ein damaliges Losschlagen für die Gesellschaft vorteilhafter gewesen wäre». Am 15. Mai 1859 zogen die ersten Zöglinge im Rebhaus ein. Es war jahrelang verwahrlost dagestanden und hatte den Nachbarn als ‹Allmend› gedient. Geraume Zeit brauchte es, bis sich die Hausfrauen an der Utengasse und der Oberen Rebgasse damit abfinden konnten, daß der Estrich des Rebhauses hinfort nicht mehr als öffentlicher Trockenplatz für ihre Wäsche benützt werden durfte!

31 Jahre lang gingen die zum Studium der Theologie entschlossenen Gymnasiasten im Rebhaus aus und ein; den dortigen Konviktbetrieb hat Benedikt Hartmann in seinen köstlichen ‹Basler Erinnerungen eines alten Bündners› mit geistvollem Humor gezeichnet. 1890 aber bezog das Theologische Pensionat ein neues Heim an der Leimenstraße. Wiederum gab's ein ‹Interregnum› im einstigen Gesellschaftshaus, bis 1898 der Deutsche Arbeiterverein, damals eine Sektion der Sozialdemokratischen Partei der Schweiz, die Liegenschaft um 142000 Franken erwarb und im ersten Stock eine ‹Speisegenossenschaft› einrichtete. Nationalrat Friedrich Schneider, der dort seit 1906 verkehrte, hat uns unter dem Pseudonym Hieronymus Roggenbach eine Schilderung des damaligen Lebens im Rebhaus hinterlassen, wo er in der sogenannten ‹Fensterkommission›, einem Debattierklub der nach dem Essen ans Fenster sitzenden Arbeiter, zur politischen Agitation erzogen wurde. Nach knapp zwei Dezennien nahm auch diese Episode ein Ende: Als die deutschen Arbeiter 1914 mit Enthusiasmus in den Ersten Weltkrieg zogen, leerten sich die Räume des Hauses, und sie blieben verödet, bis die Liegenschaft 1917 in den Besitz ihrer heutigen Eigentümerin, der Brauerei zum Warteck AG, gelangte.

Die Gesellschaft zur Hären

Die Gesellschaft zur Hären trägt ihren Namen nach dem in ihrem Wappen auf ursprünglich rotem, später weißem Schild figurierenden Fangnetz mit Ösen. Sie vereinigte im besondern die Fischer, Jäger und Landbesitzer der kleinen Stadt; später wurden auch andere Bürger, niedrige Adelige, die im Kleinbasel einen Hof besaßen, sowie Handwerker als Gesellschaftsbrüder aufgenommen.
Das Haus, in dem sich die Trinkstube der Gesellschaft zur Hären befand, ist heute vom Erdboden verschwunden. Es stand, wie wir sahen, an der Obern Rheingasse, auf dem Areal des heutigen Hotels Hecht, und lehnte sich auf seiner Ostseite an die St. Niklaus-Kapelle an, mit der zusammen es im Jahr 1857 abgetragen wurde.
Ins Licht der dokumentarischen Überlieferung tritt die Liegenschaft des späteren Gesellschaftshauses zur Hären bereits im ersten Viertel des 14. Jahrhunderts; am Samstag vor Weihnachten des Jahres 1321 vergabte Frau Elisabeth, ‹die alt Helbelingin›, dem Gotteshaus im Klingental zu ihrem und ihrer Vorfahren Seelenheil zehn Zinse von verschiedenen Liegenschaften im Groß- und Kleinbasel, darunter auch eine Abgabe von vier Pfund Pfennig und zwei Hühnern vom Haus des Kupferschmieds Dietrich von Sennheim, das an das Gäßlein neben der St. Niklaus-Kapelle grenzte, jenen alten Durchgang zum Strom, der später St. Niklausen- oder Härengäßlein hieß und in der Stadtbeschreibung des Stadtarztes und Professors Felix Platter von 1610 bezeichnet wird als «das Rhingäßli, da die Roßtränke zum Rhin hinab gaht». Noch in der ersten Hälfte des 14. Jahrhunderts scheint das Haus selbst in den Besitz der Nonnen des Klingentals übergegangen zu sein; denn sie verliehen es in der Folge an den Kleinbasler Schultheißen Johannes von Sennheim und nach dessen Verzicht 1384 an den Ziegler Cuntz von Hiltalingen als Vertreter der Gesellschaft zur Hären, die bei dieser Gelegenheit urkundlich erstmals erwähnt wird. Im Namen seiner Gesellschaftsbrüder hatte der Belehnte dem Kloster zu versprechen, das Erblehen jeweils auf Martini mit zwei Pfund Basler Pfennig und zwei Ringen Brotes zu verzinsen, einer Abgabe, die bis lange nach der Reformation entrichtet werden mußte. Dazu trat im 16. Jahrhundert ein weiterer Zins von sechs Pfund an das Gotteshaus Gnadental, das sich an der Stelle der Alten Gewerbeschule an der Ecke des

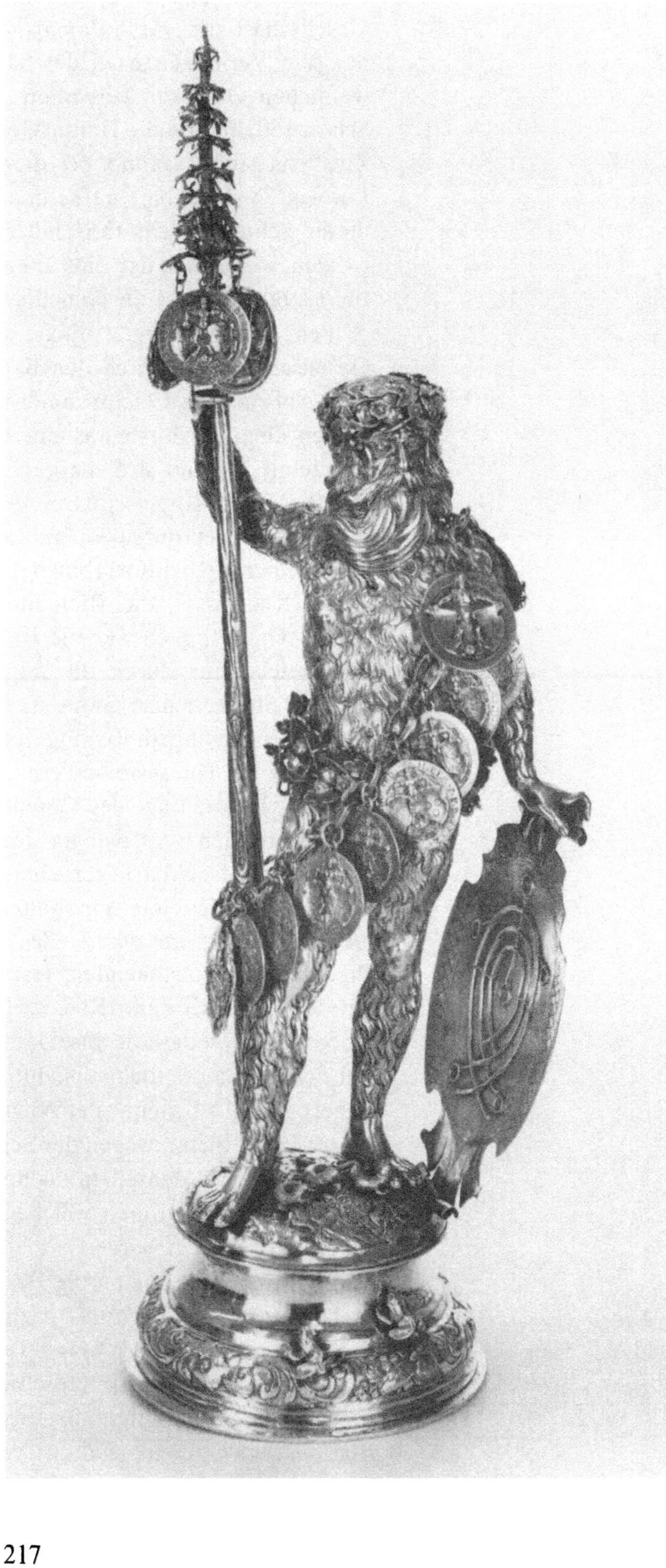

Wildma-Becher
der Gesellschaft zur Hären

Petersgrabens und der Spalenvorstadt befand, offenbar weil die Gesellschaft zur Hären damals vom Schaffner dieses Klosters, der sein Vermögen nach der Säkularisierung im Auftrag der weltlichen Obrigkeit verwaltete, ein Darlehen erhalten hatte. Schon 1502 hatten die Hären-Genossen 140 Pfund gegen einen Zins von sieben Pfund bei dem Ratsherrn und Fischkäufer Ludwig Zwilchenbart aufnehmen müssen; doch konnten von dieser Schuld bereits fünf Jahre später 20 Pfund abgetragen werden, womit sich der Zins um ein Pfund reduzierte.

Im 16. Jahrhundert, in dem die Gesellschaft zur Hären diese großen Beträge borgte, dürfte vermutlich das ursprüngliche Gesellschaftshaus durch den Bau ersetzt worden sein, der bis zum Abbruch im 19. Jahrhundert erhalten blieb. Im ersten der beiden Obergeschosse, das eine hübsche Reihe gotischer Fenster zeigte, befand sich die geräumige Trinkstube der Gesellschaft. Auf der Rheinseite trennte das Haus ein Höflein von der mit Zinnen gekrönten Ringmauer, welche sich von hier bis zum ‹Obern Rheintor› hinzog, wo die Querverbindung im obern Kleinbasel, die Riehentorstraße, zur Rheinmauer gelangte. Ursprünglich war die Rheinfront oberhalb der Mittleren Brücke nur durch die auf der Ringmauer aufsitzende Häuserreihe gesichert gewesen; erst im 16. Jahrhundert wurde davor der ‹Zwingelhof› aufgeführt als zweite Mauer, welche einen vor der Häuserreihe verlaufenden Rondenweg abschloß. Seither wird die Lage des Gesellschaftshauses mit den Worten «hinten auf den Stadtzwinger stoßend» umschrieben.

Die östliche Nachbarliegenschaft des Hauses der Gesellschaft zur Hären bildete das Wirtshaus ‹zum Weißen Kreuz›, das im 16. Jahrhundert an der Stelle des seit 1506 im Besitz des Predigerklosters stehenden Hauses ‹zur Schönau› errichtet worden war. Mit dem ‹Kreutzwürth› hatten sich Meister und Vorgesetzte wiederholt auseinanderzusetzen: 1713 klagten sie bei dem in Bauhändeln zuständigen Fünfergericht den ‹Gastgeber› Niklaus Scheim ‹betreffend Liecht›, 1758 dessen Nachfolger Jacob Bienz ‹wegen der Scheidemauer und des Aeschenlochs› und 1772 denselben nochmals wegen seiner ‹Baugrube› und Stallung ein, durch welche der Ziehbrunnen der Gesellschaft verunreinigt werde.

Die auf der Westseite an die Hären-Liegenschaft angrenzende St. Niklaus-Kapelle wurde nach der Reformation zu einem Salzmagazin profaniert. Einen Teil des früheren Gotteshauses nahm indessen auch die Gesellschaft zur Hären zur Einrichtung einer ‹kleinen Stube› in Anspruch. Den kleinen Mittelbau wies sie dem Stubenknecht als Wohnung an; sie lag unmittelbar über der von Balken überwölbten Durchfahrt, welche den

Verkehr zwischen der Obern Rheingasse und dem Rondenweg vermittelte. 1697 richteten Meister und Vorgesetzte zur Hären eine Petition an das Bauamt mit dem «Ersuchen um Permission, an ihrer bereits in Sankt Niklausen-Kirch stehenden sogenannten kleinen Stube ein Gänglein bauen zu dürfen». Die Behörde willfahrte diesem Wunsch, «da dem Platz an Salzlägern nichts benommen wird». Bei der Erneuerung des Käppelijochs im Jahr 1749 kamen die Gesellschaftsbrüder ihrerseits dem Bauamt entgegen: Da sich für die Arbeiter kein Schlafraum fand, stellten sie ihre Trinkstube hiefür zur Verfügung. Zum Dank für diese Gefälligkeit ließ die Obrigkeit fünf Jahre später auf die Bitte der Gesellschaft den ‹Zwingelhof› mit einer neuen Mauer einfassen und einen gußeisernen Ofen in die große Stube stellen, auf welchem die Symbole der Drei Ehrengesellschaften dargestellt waren. Der Schildhalter der Gesellschaft zur Hären, der sein Tännchen schwingende Wilde Mann, war auch auf der Fassade des Hauses gegen den Strom gemalt und desgleichen auf der Seite gegen die Rheingasse zwischen der Wohnung des Stubenknechts und der St. Niklaus-Kapelle.

Sehr strapaziös scheint die Arbeit des Stubenknechts zur Hären nicht gewesen zu sein; denn im Hauptberuf war er als Schiffsmann tätig. 1684 führte der Hären-Wirt Hans Georg Gysi zusammen mit dem Ratsherrn Georg Schazmann die Gemahlin des französischen Gesandten de Gravel auf dem Rhein bis nach Köln. In späteren Zeiten wurde das Patent des Stubenknechts, vermutlich auf Betreiben des Wirts ‹zum weißen Kreuz›, auf den Ausschank von Kaffee beschränkt. Wollten die Hären-Brüder ihren Schoppen genehmigen, so hatte man den Wein aus der benachbarten Gaststätte zu holen.

In den Jahren 1753, 1764, 1784 und 1832 erwiesen sich größere Renovationen am Gesellschaftshaus notwendig. Vorübergehend fand hier auch die Zunft zu Schiffleuten Zuflucht, nachdem ihr altes Zunfthaus an der Schiffände ebenso wie das Rheintor 1838 den ‹Verschönerungen und Erweiterungen› am Grossbasler Brückenkopf zum Opfer gefallen war. Auf Grund einer ‹freundschaftlichen Verabredung› gestatteten Meister und Vorgesetzte zur Hären den Schiffleuten die Benützung ihres Gesellschaftshauses gegen einen jährlichen Zins von 50 Franken, und ebenso erlaubten sie ihnen, die der Zunft gehörenden Feuereimer daselbst ‹an einem schicklichen Ort› unterzubringen. Am 13. Oktober 1838 hielt die Zunft zu Schiffleuten ihren ersten Bott an der Rheingasse ab, in einem Zeitpunkt, in dem man bereits den Bau des Café Spitz, des gemeinsamen Hauses der Drei Kleinbasler Ehrengesellschaften, begonnen hatte. Wie

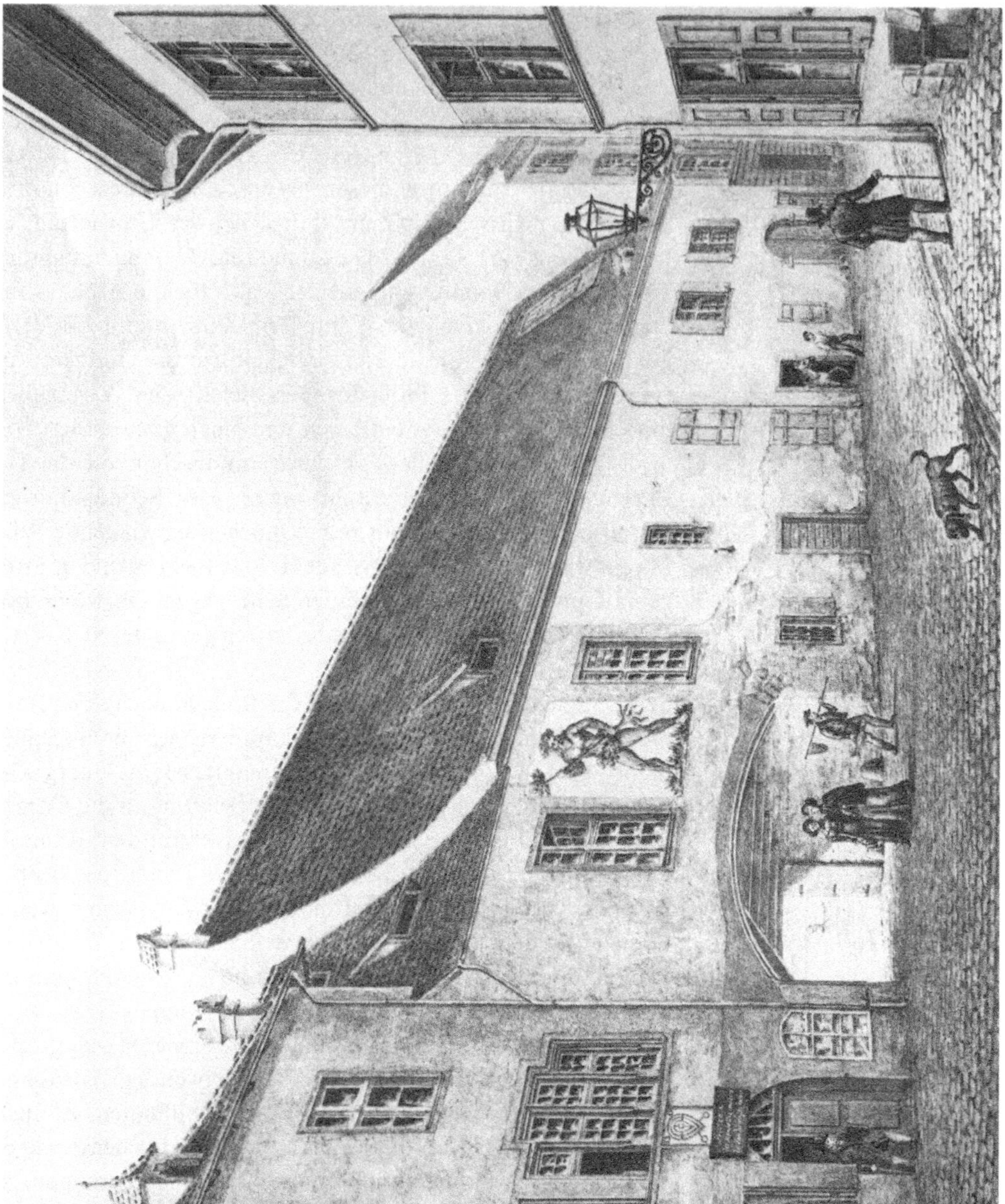

zu dessen Erweiterung die Hären-Liegenschaft im Umtausch gegen die St. Niklaus-Kapelle an den Eigentümer des ‹Weißen Kreuzes› abgetreten wurde und auf dem Areal des alten Gesellschaftshauses 1857-1860 der Neubau des Gasthauses entstand, ist oben erzählt worden.

◁
Haus der Gesellschaft zur Hären an der Obern Rheingasse. Aquarell von J. J. Schneider 1856

Die Gesellschaft zum Greifen

Die dritte der Gesellschaften, die Gesellschaft zum Greifen, hieß noch bis ins 15. Jahrhundert nach ihrer ersten Trinkstube im Haus ‹zum Baum› am Schafgäßlein ‹Gesellschaft zum Baum›. Ihr Wappen, ein großes weißes Kreuz in blauem Feld, weist darauf hin, daß ihre Angehörigen ursprünglich wohl Lehenträger der beiden Kleinbasler Klöster Klingental und St. Clara waren. Ihren jetzigen Namen nahm die Gesellschaft an, nachdem sie zwischen 1429 und 1444 das Haus ‹zum Greifen› an der damaligen Burgergasse erworben hatte; aus dem Namen dieses Hauses ist auch ihr Wappenträger und Ehrenzeichen, der Greif, zu erklären.
Die Liegenschaft ‹zum Greifen› tritt bereits 1363 ins Licht der urkundlichen Überlieferung; ebenso wie die beiden Nachbarhäuser, von denen das eine die Bezeichnung ‹zum kleinen Greifen›, später ‹zum goldenen Greifen› trug, war sie dem Kloster St. Alban zinspflichtig. Vom Namen des Hauses leitet sich auch derjenige der Gasse ab; doch entstammt die Bezeichnung Greifengasse erst dem 17. Jahrhundert. 1427 hieß sie «die Gasse, als man von der Rhinbrugk wider Sant Claren uffhin gat». 1478 begegnen wir erstmals dem Namen ‹Burgergasse›, der indessen nur für das obere Teilstück zwischen Utengasse/Ochsengasse und Rebgasse galt; in seinem untern Teil hieß der Strassenzug noch bis 1861 ‹Krempergasse› (Krämergasse). Erst seither wird der einheitliche Name ‹Greifengasse› für die ganze Strecke von der Mittleren Rheinbrücke bis zum Claraplatz verwendet.
In der zweiten Hälfte des 15. Jahrhunderts erscheinen in den Zinsbüchern von St. Alban regelmäßig die ‹Meister und Gesellen zem Gryffen›, die dem Kloster den auf ihrem Haus, Hof und Garten lastenden Bodenzins zu bezahlen hatten. Nach der Reformation floß diese Abgabe zunächst dem Almosenamt, dem Vorläufer des heutigen Bürgerlichen Fürsorgeamts, zu, bis sie die Gesellschaft im Jahre 1540 endgültig abzulösen vermochte. Wie die Gesellschaftsbrüder zum Rebhaus und zur Hären hatten auch diejenigen zum Greifen im Lauf der Jahrhunderte manchen Strauß mit ihren Nachbarn auszufechten. 1547 bestätigten Bürgermeister und Rat einen Spruch des in solchen Händeln zuständigen Fünfergerichts, das einen Streit zwischen der Gesellschaft und dem Hufschmied Georg Grünnagel ‹zum kleinen Greifen› in Sachen Wasserleitung

und Stallung zu entscheiden hatte. Rund fünfzig Jahre später zog die Witwe Bernhard Müllers Meister und Vorgesetzte vor die ‹Fünfer› «wegen der Liechter (= Fenster) in der Klägerin neuer Behausung, nebst wolermelter Gesellschaft gelegen, welche hinten aus stehen gegen den Hof der Beklagten». Besser verstanden sich die Greifenbrüder offenbar mit Anna Schweizerin, der Witwe des zu Spinnwettern zünftigen Steinmetzen und Ratsherrn Rudolf Kluber; sie gestattete ihnen ‹auf ihr bittliches Ansuchen› gegen Bezahlung von 9 Reichstalern, vom Hauptgebäude im ersten Stock zum linken Flügel des Gesellschaftshauses ein etwa 10 Fuß breites Gänglein über der nördlichen Ecke des Höfleins der Nachbarliegenschaft zu errichten «unter der Bedingung, darin zu ewigen Zeiten kein Liecht (= Fenster) zu machen» – eine Vorschrift, die noch in der zweiten Hälfte des 19. Jahrhunderts im damals angelegten Grundbuch registriert wurde. 1788 war der Besitzer der Nachbarliegenschaft, der Küfer Franz Lux Linder, ein Vorgesetzter zum Greifen; ihm wurde die Erlaubnis zuteil, das Abwasser seiner Liegenschaft durch einen steinernen Känel in den ‹Turm der Heimlichkeit›, das ‹Hysli› der Gesellschaft, zu lenken.

1837 vermieteten Meister und Vorgesetzte das Erdgeschoß des Gesellschaftshauses dem Apotheker Johann Christian Kellermann aus dem elsässischen Thann, der damals hier die erste Apotheke im Kleinbasel eröffnete. Damit hatte es seine besondere Bewandtnis. Bereits 1829 hatten die Drei Ehrengesellschaften Bürgermeister und Rat ersucht, die Konzession zur Errichtung einer Apotheke in der mindern Stadt zu erteilen. Basel zählte damals sieben Apotheken; doch befanden sich alle im Großbasel. Deren Inhaber wandten sich mit lebhafter Energie gegen das erwähnte Begehren. Sie machten geltend, die Zahl der Apotheken sei seit langem sieben gewesen «entsprechend den sieben dafür eingerichteten Privilegien»; eine achte Apotheke könne und dürfe deshalb in Basel nicht eröffnet werden! Nach Einholung verschiedener Gutachten traf die Regierung indessen den salomonischen Entscheid, daß «im ersten Fall, wo eine der Großbasler Apotheken die Hand ändert, ohne an eine Witwe oder an einen Erben in auf- oder absteigender Linie überzugehen, diese Apotheke innert zwei Jahren nach der minderen Stadt verlegt werden solle». Allein auch mit dieser weisen Verfügung wollten sich die Apotheker im Großbasel nicht abfinden; jeder der sieben verwahrte sich «gegen das traurige Loos der Versetzung» seiner Offizin auf das rechte Rheinufer. Zudem bestritten sie das Bedürfnis. Ein genügender Erwerb sei im Kleinbasel nicht zu erwarten; denn

Büttenmann der Gesellschaft zum Greifen

der Weg ins Großbasel sei nicht weit, und «seit der Hungarenzeit (das heißt seit dem Einfall der Ungarn im Jahre 917!) sei die Communication nie abgeschnitten gewesen». Im Rathaus wurde das Postulat zunächst schubladisiert; als aber die Kleinbasler 1831 und 1835 neue Vorstöße unternahmen, um zu einer eigenen Apotheke in ihrem Stadtteil zu gelangen, rang sich der Rat schließlich doch dazu durch, «eine achte Konzession auszuschreiben und unter den Bewerbern steigerungsweise aufzurufen». Der Preis dürfte jedoch nicht unter 4000 Franken betragen, und der Erlös solle zinstragend angelegt werden, damit daraus gelegentlich eines der sieben Apotheker-Privilegien Großbasels angekauft werden könne. Die Hoffnungen des Rates wurden übertroffen; denn der erwähnte Apotheker Kellermann, der die Konzession ersteigerte, hatte dafür 7700 Franken zu bezahlen! Er mietete sich, wie gesagt, im Gesellschaftshaus ‹zum Greifen› ein und blieb dort bis zum Jahr 1837; dann verlegte er seine Offizin in den ‹Vorderen Kupferturm› an der Untern Rheingasse. 1902 zog die Apotheke, die inzwischen in den Besitz der Familie Engelmann übergegangen war, in die heute durch die Möbel-Pfister AG überbaute Liegenschaft an der Ecke der Greifengasse und der Unteren Rheingasse, schräg gegenüber vom Café Spitz, auf der einst das älteste Kleinbasler Rathaus stand, und 1921 ins Haus ‹zum Meyenberg› am Anfang der Obern Rheingasse, wo sie sich noch heute befindet.

◁
Trinkbecher der Gesellschaft zum Greifen

Mit dem Wegzug von Apotheker Kellermann verlor die Gesellschaft zum Greifen ihre Zinseinnahmen, und so entschloß sie sich 1838 – im Jahr, in dem der Bau des gemeinsamen Gesellschaftshauses der Drei Ehrengesellschaften projektiert wurde – zum Verkauf ihrer Liegenschaft, der ihr 70000 Franken einbrachte. Erworben wurde sie durch den aus Lörrach stammenden Louis Dietrich, den früheren Braumeister auf der Burgvogtei, und den Bierbrauer Benjamin Merian-Hänsler, im Volksmund genannt ‹der Wilde›, einen Sohn des als ‹Käsmerian› stadtbekannten Bierbrauers und Ratsherrn Emanuel Merian am Leonhardsberg. Im Kaufvertrag wurde ausdrücklich festgelegt, daß mit dem Erwerb des Hauses keine Bewilligung zum Betrieb des Brauergewerbes verbunden sei; es durfte also im ‹Greifen› nur gewirtet werden. Das Bier, das dort zum Ausschank gelangte, wurde von Benjamin Merian in Riehen gebraut. Nach Merians frühem Tod übernahm Dietrich die Riehemer Brauerei und die Bierwirtschaft ‹zum Greifen› als alleiniger Eigentümer. Mit seinem einst äußerst beliebten feinen, blassen ‹Bock Ale› fand er auf dem ehemaligen Gesellschaftshaus großen Zuspruch. Der finanzielle Erfolg ermöglichte es ihm und seinem Sohn, das Geschäft auszubauen und große Lagerkeller an der Amerbachstraße zu erstellen. Dort wurde 1901 das neue ‹Greifenbräu Horburg› mit Konzert-, Theater- und Restaurationssaal eingeweiht, während Jahrzehnten eine Stätte vieler froher Feste, deren Erinnerung bei den älteren Kleinbasler Generationen noch nicht verblaßt sein dürfte.

Der alte ‹Greifen› verschwand vor bald fünfzig Jahren vom Erdboden. Er bildete einen Teil der vorspringenden Häuserzeile der Greifengasse zwischen der Ochsengasse und der Unteren Rebgasse, welche die Korrektion der Hauptverkehrsader Kleinbasels behinderte. Im Herbst 1928 wurde jener ganze Komplex niedergelegt, und wenige Jahre hernach erstand auf der zurückgesetzten Baulinie die moderne Gaststätte des heutigen ‹Greifen›.

Die Vorstadtgesellschaften

Den Zünften und Kleinbasler Ehrengesellschaften schließen sich als weitere historische Korporationen die fünf Basler Vorstadtgesellschaften an. Sie erfüllten in der Vergangenheit gleichfalls wichtige Aufgaben im Leben unseres Gemeinwesens, spielten aber keine politische Rolle; vor allem erhielten ihre Meister und Vorgesetzten keinen Einsitz im Großen und Kleinen Rat. Ebenso kam den Vorstadtgesellschaften in gewerblicher Beziehung keine Bedeutung zu. Die Funktionen, die sie ausübten, waren rein militärischer, polizeilicher und geselliger Natur. Ursprünglich mag bei ihnen wie bei den Bruderschaften auch das religiöse Moment mitgespielt haben; seit der Reformation aber blieb diese Seite darauf beschränkt, daß die Angehörigen der Gesellschaften verstorbenen Vorstadtgenossen das Leichengeleite gaben und deren Sarg, bedeckt mit einem das Gesellschaftswappen tragenden Bahrtuch, zur letzten Ruhestätte führten.
Die Entstehung der Vorstadtgesellschaften fällt in eine spätere Zeit als diejenige der Zünfte; ihre Anfänge lassen sich kaum weiter als bis ins 15. Jahrhundert zurückverfolgen. Zu Beginn dieses Jahrhunderts war das große, mehrere Dezennien beanspruchende Befestigungswerk vollendet, das die Bürgerschaft bald nach dem großen Erdbeben von 1356 in Angriff genommen hatte; es bezog auch die Vorstädte in den neuen Mauerring ein. Bis dahin lagen sie außerhalb der Linie der inneren Stadtgräben, welche vom St. Alban-Graben über den Aeschengraben, den Steinengraben und den Petersgraben zum Rhein verlief und durch die inneren Stadttore, die sogenannten Schwibbögen, gesichert war. Solche Schwibbögen befanden sich am obern Ende der Freien Straße (Aeschen-Schwibbogen), am Ausgang der Rittergasse (St. Alban-Schwibbogen), auf der Höhe des Spalenbergs (Spalen-Schwibbogen) und am Abschluß des Blumenrains (St. Johanns-Schwibbogen); beim Barfüßerplatz riegelte das ‹Eselstörlein› an der Stelle des heutigen Stadt-Casinos die alte Innerstadt ab. Der Schutz der fünf Vorstädte – der St. Johanns-Vorstadt, der Spalenvorstadt, der Steinenvorstadt, der Aeschenvorstadt und der St. Alban-Vorstadt – blieb deren Bewohnern überlassen; denn von den Angehörigen der Zünfte wurde nur der engere städtische Bezirk bewacht. Der Wachdienst und das Feuerlöschwesen nötigten die Einwohner der Vorstädte zu engerem Zusammen-

schluß; ebenso verbanden sie die gemeinsamen Quartierinteressen und der Wunsch nach Geselligkeit; darum legten sie Wert darauf, eigene Trinkstuben zu besitzen. Hier liegen die Anfänge der Vorstadtgesellschaften. Wer in einer Vorstadt ansässig war, hatte der entsprechenden Gesellschaft beizutreten, gleichgültig bei welcher Zunft er eingeteilt war. Heute bestehen die Vorstadtgesellschaften nur noch aus den Vorständen, denen die Verwaltung des Vermögens und bei den Gesellschaften zu St. Johann und St. Alban der Unterhalt der eigenen Liegenschaften obliegt. Den Großteil des ihnen verbleibenden Vermögensertrags verwenden die Vorstadtgesellschaften gleich den Zünften für Zuwendungen an gemeinnützige Institutionen und die Pflege einer bescheidenen Geselligkeit.

Die Vorstadtgesellschaft zur Mägd

In der St. Johanns-Vorstadt, die im Mittelalter vor allem von Fischern und Schiffleuten bewohnt war, tritt die eigentliche, bis heute bestehende Vorstadtgesellschaft zur Mägd erst 1517 in dokumentarische Erscheinung, das heißt in dem Jahr, in dem sie von dem Wechsler Christian Knopf und dessen Gattin die – noch immer in ihrem Besitz befindliche – Liegenschaft erwarb, die schon 1313 urkundlich erwähnt ist. Indessen existierten zu St. Johann bereits im 15. Jahrhundert zwei Korporationen, die gewissermaßen als Vorläuferinnen der Gesellschaft zur Mägd betrachtet werden können: eine Gesellschaft der Fischer, für die der Rat 1465 eine Ordnung beriet, sowie eine 1478 genannte Gesellschaft der Schiffleute, die ‹Hümpeler-Gesellschaft›, deren Name sich von den Humpelnachen, kleinen Flußkähnen ohne Segel, ableitet. Sie war zuerst im Haus ‹zur Susanne› (St. Johanns-Vorstadt 56) zur Miete, kaufte aber 1484 von Junker Jacob von Eptingen die Liegenschaft ‹zem Fegfür› (Totentanz 10) unmittelbar gegenüber dem Kirchhof des Predigerklosters, dessen Mauern die Bilder des Totentanzes zeigten. Obschon sich die Hümpeler am Gewerbe der Schiffleute beteiligten, gehörten sie ebensowenig der Schiffleutenzunft an wie die Mitglieder der erwähnten Fischergesellschaft der Fischerzunft. Indessen war der Bestand der zünftigen Schiffleute im 15. Jahrhundert nicht groß genug, um alle die Wallfahrer auf dem Strom zu befördern, welche auf den Lorettoberg bei Zurzach oder nach Einsiedeln pilgerten. Daher gestattete der Rat den Hümpelern, während der Zeit der Wallfahrten ebenfalls Pilger auf dem Rhein zu transportieren. Später allerdings entzog er ihnen dieses Privileg auf das Drängen der Schiffleutenzunft wieder; doch hatte sie die Hümpeler für die ihnen dadurch entgehenden Pilgerfahrten mit 15 Gulden zu entschädigen.

Die Organisation der eigentlichen Vorstadtgesellschaft zu St. Johann erfolgte, wie gesagt, erst zu Beginn des 16. Jahrhunderts, einer Zeit, in der die Vorstadt bereits dichter besiedelt war. Neben dem Schutz der eigenen Vorstadt war der Gesellschaft zur Mägd damals auch die Bewachung der ‹Neuen Vorstadt›, der heutigen inneren Hebelstraße zwischen Petersgraben und Schanzenstraße, übertragen. Der Kauf des Hauses ‹zur Mägd› um 180 Gulden bedeutete für die Vorstadtgenossen im Jahr 1517 eine starke Belastung; denn sie setzten sich

Mägd

zum größten Teil aus einfachen Leuten mit bescheidenen Finanzen zusammen. Bald schon sah sich die Gesellschaft gezwungen, den Garten zu verkaufen, der sich hinter dem Haus gegen die heutige Spitalstraße ausdehnte; damals hieß die Straße Lottergasse, weil sich dort Spieler, Gaukler und anderes fahrendes Volk aufhielten. Aber auch damit war die Schuld nicht viel leichter geworden. Damit die Gesellschaft ihren finanziellen Verpflichtungen nachkommen konnte, gestattete ihr der Rat 1535, von den Mitgliedern ein Eintrittsgeld sowie ein Heizgeld zu erheben. Im weitern sollte ihr bei jeder Handänderung eines Hauses in der Vorstadt, sei es durch Kauf, sei es durch Erbschaft, ein Pfund bezahlt werden, und ferner hatte ihr ein jeder, der sich von anderswoher in der Vorstadt niederließ, eine Gebühr zu entrichten. Indessen scheinen diese Geldquellen nicht sehr reichlich geflossen zu sein; jedenfalls fehlte es den Meistern und Vorgesetzten immer wieder an Mitteln, das Gesellschaftshaus würdig zu unterhalten. Es kam, wie ein späteres Protokollbuch berichtet, noch mehr ‹in Abgang›, und 1563 war ernsthaft zu befürchten, daß ungestüme Winde den morschen Dachstuhl zum Einsturz bringen könnten. In dieser schwierigen Situation gewährte der Rat der Gesellschaft ein Darlehen von 142 Pfund aus dem ‹Ladenamt›, das heißt der Staatskasse, und ebenso kamen ihr Private zu Hilfe, so daß die ärgsten Schäden behoben werden konnten. Ein weiterer Umbau wurde im Jahr 1590 vorgenommen. Die Innenausstattung des Hauses freilich blieb vorläufig äußerst dürftig. 1575 standen in der Gesellschaftsstube neben einem vollen und einem leeren Gießfaß-Känsterli, einem alten Hafenschaft und einem alten, unbeschlossenen Trögli nur zwölf gute und ‹böse› Tische samt elf guten und ‹bösen› Stühlen. Allein die Gesellschaftsbrüder ließen sich nicht verdrießen, hier trotzdem munter zu tafeln und zu pokulieren.

◁ Das heutige Haus der Gesellschaft zur Mägd in der St. Johanns-Vorstadt, aus dem Jahr 1899

Wohl das berühmteste Bankett, das je in der ‹Mägd› stattfand, galt dem großen Maler Hans Holbein. Nach der Rückkehr von seinem ersten Aufenthalt in England hatte er 1528 eine kleine Hofstatt in der St. Johanns-Vorstadt (heute Nr. 22) gekauft und 1531 die angrenzende Liegenschaft hinzuerworben. Er selbst wohnte freilich nicht lange in diesen beiden Häusern. 1532 zog es ihn wieder nach England, und in der Folge sah er Basel nur noch ein einziges Mal auf kurze Wochen – im Herbst 1538 – wieder. Damals feierte die Vorstadtgesellschaft zur Mägd den Künstler im Gesellschaftshaus; aber weder diese Ehrung noch das Angebot des Rates, ihm eine jährliche Rente auszusetzen, vermochte ihn hier festzuhalten. Im November 1543 starb er in London.

Von einem großen Festtag in der ‹Mägd› berichten die Akten auch aus dem Jahr 1598, als es galt, eine neue Fahne der Gesellschaft einzuweihen. Mit diesem Banner zogen am Aschermittwoch 300 Personen mit 40 Pferden in solennem Cortège durch Groß- und Kleinbasel, und anschließend vereinigte ein frohes Gelage an achtzehn wohlbesetzten Tischen die Angehörigen der Gesellschaft mit zahlreichen Gästen. «Hat ein Ehrengesellschaft wohl etwas kost», bemerkte dazu der Berichterstatter; «ist aber Gott Lob und Dank wohl abgegangen; der wölle uns fürbaß gnädig vor allem Übel bewahren». In farbenfrohen Aufzügen präsentierten sich die Gesellschaftsbrüder auch später gelegentlich wieder, so im Jahr 1706, wo sie, gegen 400 Mann stark, mit 8 Harnischmännern in roten, weißen, schwarzen und blauen Uniformen auf dem Münsterplatz erschienen, dort vor den Residenzen des Bürgermeisters und Oberstzunftmeisters eine feierliche Parade abhielten und zum Schluß zu Ehren der Häupter der Stadtrepublik eine Salve abfeuerten.

Dank den Geschenken von Meistern und Vorgesetzten gelangte die Vorstadtgesellschaft im Lauf der Zeit zu einem beträchtlichen Silberschatz, der indessen zum großen Teil wieder veräußert wurde. Sein berühmtestes Stück ist wohl der Prunkbecher in der Gestalt der ‹Magd›, des Ehrenzeichens der Gesellschaft, aus dem Jahr 1722, eine Arbeit des Goldschmieds Johann Ulrich Fechter II. Er mag mit einem köstlichen Fischessen eingeweiht worden sein; denn nach alter Tradition hatten die Genossen der Fischerzunft das jährliche Mahl der Vorstadtgesellschaft mit dem Ertrag ihrer Netze zu bestreiten.

Der heutige Bau des vor kurzem mit erheblichem Aufwand prächtig restaurierten Gesellschaftshauses stammt aus dem Jahr 1899, also aus einer Zeit, in der die Korporation ihre einstigen öffentlichen Funktionen schon längst eingebüßt hatte. Gerne heißt sie in ihrem geräumigen Saal auch Zünfte und Gesellschaften ohne eigene Heimstätte willkommen.

Becher der Gesellschaft zur Mägd

Die Vorstadtgesellschaft zur Krähe

Die Anfänge der Vorstadtgesellschaft in der Spalen verlieren sich im Dunkel der Vergangenheit. Wahrscheinlich schlossen sich bereits zu der Zeit, in der die Spalenvorstadt noch außerhalb des städtischen Mauerrings lag, ihre Bewohner zu gemeinsamer Abwehr von Feuers- und Wassernot zusammen. Schriftliche Kunde erhalten wir von der Vorstadtgesellschaft erstmals im Jahre 1399; damals kaufte sie das bereits 1297 erwähnte Haus ‹zum Kreyenberg›, von dessen Namen sich die Bezeichnung der Gesellschaft ‹zur Krähe› herleitet. 1442, also während des Basler Konzils, errichtete die Gesellschaft auf dieser Hofstatt einen Neubau mit Hilfe eines Darlehens der Pfleger der Kapelle zum heiligen Kreuz, welche am Rand des Stadtbanns an der alten Hegenheimer Landstraße lag. Nach der Reformation gelangte der Zins dieses Darlehens an das Große Almosen, aus dem das heutige Bürgerliche Fürsorgeamt hervorgegangen ist. Nicht immer fiel es der Gesellschaft leicht, die Mittel dafür aufzubringen, da sie nur über geringe Einkünfte verfügte; sie mußte denn auch wiederholt ‹versessener› (d.h. verfallener) Zinse wegen ‹gefrönt› (d.h. betrieben) werden.

Während Jahrhunderten war der Gesellschaft zur Krähe die Pflicht zur Bewachung ihrer Vorstadt überbunden. Gleich den andern Vorstadtgesellschaften stellte sie zunächst eine vorwiegend durch militärische Zwecke bestimmte Organisation dar; doch schlossen sich die Vorstadtbewohner früh schon auch im Zeichen der Geselligkeit näher zusammen. Den Mittelpunkt ihres geselligen Lebens bildete die gemeinsame Trinkstube. Nicht immer ging's dort sehr ruhig her; denn die Spalemer früherer Jahrhunderte entwickelten oft ein recht streitbares Temperament, so daß sich Bürgermeister und Rat veranlaßt sahen, zahlreiche Ordnungen «zur Erhaltung und Beförderung eines ehrbaren und friedsamen Lebens und guter Ordnung, guter Polizei und Verhütung von Lastern» zu erlassen. Die Schlichtung und Bestrafung der Schmäh- und Schlaghändel, die bei «unleidlichen Unruhen und Gezänken in der Vorstadt geschehen und vorkommen», fiel in die Kompetenz von Meister und Vorgesetzten der Gesellschaft zur Krähe, und der gewichtige, Anfang 1690 von ihrem Schreiber Adam Heinrich Schwingdenhammer angelegte Foliant mit den Protokollen über die «passierenden Händel und Frävelsachen, so vor einer

Trinkbecher der Gesellschaft zur Krähe

◁
Das ehemalige Haus der Gesellschaft zur Krähe an der Spalenvorstadt mit den Fassademalereien von Maximilian Neustück

Ehrengesellschaft geschwebt und erörtert wurden», vermittelt ein lebendiges und farbiges Bild jener Zeiten, in denen noch das alte ‹Kreyengericht› tagte. Erst 1812 wurde die Gesellschaft unter verbindlicher Dankesbezeugung für die bisherigen ‹vielen guten Bemühungen› von dieser friedensrichterlichen Funktion entlastet; fortan sollten die Polizeiherren des Quartiers oder die allgemeine Polizeikammer über solche Händel zu Gericht sitzen.
Vier Jahre später beschlossen Meister und Vorgesetzte einen Neubau des baufällig gewordenen Gesellschaftshauses. Vom alten gotischen Bau blieb das über der schönen Empiretüre angebrachte Hauszeichen, die Krähe auf dem Fünfberg, bis

heute erhalten. Das neue Haus spiegelt deutlich den Geist seiner Zeit wider; mit seiner stilvoll gegliederten Fassade reiht es sich würdig unter die nicht eben zahlreichen Baudenkmäler, die Basel noch aus der Periode des Übergangs vom Empire zur Romantik besitzt. Besondern Reiz verleihen dem Haus die Fresken vom Rütlischwur und von Geßlers Tod, welche die Gesellschaft dem seit 1780 in Basel ansässigen Mainzer Kunstmaler Maximilian Neustück in Auftrag gegeben hatte. Die Themen wurden dem Künstler wohl von den ehrsamen Spalemer Vorstadtherren selbst bestimmt, die wie alle Welt damals über den Sturz des neuzeitlichen Zwingherrn Napoleon frohlockten.

Die Aufgaben der Vorstadtgesellschaft zur Krähe erschöpften sich nicht in der Erfüllung der oben erwähnten Funktionen. Ihren Vorgesetzten war im weitern auferlegt die Handhabung der Straßen- und Brunnenpolizei und ebenso die Feuerschau, die sie zweimal im Jahr auf einem Umgang von Haus zu Haus mit genauer Untersuchung der Stuben-, Back- und Waschöfen wie der Kamine abnahmen; sodann die Aufsicht über den erst 1843 offiziell aufgehobenen gemeinsamen Weidgang des Groß- und Kleinviehs der Vorstadtbewohner und desgleichen die ‹Traubenschau›: Jeden Herbst besichtigten die Vorstadtherren auf einem Rundgang die Rebgüter vor dem Spalentor, wo Basels bester Wein wuchs, um die Reife der Trauben zu beurteilen; nach Eingang ihres Berichts ordnete dann der Rat den Beginn der Weinlese an. Das wichtigste Recht der Vorstadtgenossen war wohl die Benützung der gemeinsamen Trinkstube, auf der sie sich zu fröhlichem Gelage und Spiel vereinigten. Hier konnten sie sich auch, allerdings auf eigene Kosten, bei Taufen, Hochzeiten und Bestattungen einen Imbiss ‹ausrichten› lassen; dabei durfte das im ‹Känsterlin› verwahrte Silbergeschirr der Gesellschaft benützt werden. Das bekannteste Stück ist der noch erhaltene Krähenbecher, ein silbervergoldetes Trinkgefäß in Gestalt einer Krähe, auf dessen Fuß Namen und Wappen der 27 Stifter eingraviert sind.

In unserm Jahrhundert war die Vorstadtgesellschaft zur Krähe lange Zeit heimatlos; denn im Januar 1913 hatte sie ihr Haus an der Spalenvorstadt, das für sie eine große Last geworden war, um 52000 Franken dem Staat verkauft. Gerne überließ sie es damals dem Gemeinwesen, für den Unterhalt des Gebäudes zu sorgen, das während mehrerer Dezennien den Verein Guter Schriften beherbergte, bis das Feuerwehrinspektorat darin Einsitz genommen hat. Vor einigen Jahren aber haben die Vorstadtherren der Spalen das originellste Domizil erhalten, das sich denken läßt: die von ihnen behaglich ausgestattete Stube des Torwächters auf dem Spalentor, in der sich Meister und Vorgesetzte gelegentlich zu einem Trunk und Imbiß zusammenfinden. Oft sind sie auch als moderne Torhüter zugegen, wenn jeweils am letzten Sonntag des Monats Mitglieder des Stadtposaunenchors unter dem Helm des Spalentors ihre Weisen blasen; dann grüßt von der Galerie des Tors das Banner der Vorstadtgesellschaft zur Krähe.

Die Vorstadtgesellschaft zu den drei Eidgenossen

In der offiziellen Rangfolge der Basler Vorstadtgesellschaften nimmt diejenige der Steinenvorstadt den dritten Platz ein, obwohl sie erst um die Mitte des 18. Jahrhunderts gegründet worden ist. Ihre späte Entstehung erklärt sich daraus, daß es einer besondern Organisation zur Erfüllung der den Vorstadtgesellschaften zufallenden Aufgaben in der Steinen vorerst gar nicht bedurfte; denn diese Funktionen lagen in den besten Händen bei der Webernzunft, der einzigen der städtischen Zünfte, deren Haus in einer Vorstadt lag. Das Gebiet der Steinen war ja, wie wir im Abschnitt über die Webernzunft sahen, vor allem bevölkert durch Weber und Bleicher, die ursprünglich am Fuß von St. Leonhard am Untern Heuberg gewohnt hatten, von dort aber schon früh in das weite und offene Steinenquartier herabgezogen waren, das sich vor dem großen Erdbeben von 1356 noch außerhalb der alten Stadtmauer befand und noch nicht durch das - erst um das Jahr 1370 erbaute - Steinentor abgeschlossen war. So war das Weberviertel in der Steinen feindlichen Überfällen in besonderem Maß ausgesetzt; damit aber wurde der Zusammenschluß der Vorstadtbewohner zur Verteidigung ein eigentliches Gebot der Selbsterhaltung. Sie mögen dazu schon nach dem Jahr 1253 gedrängt worden sein, als Rudolf von Habsburg das Steinenkloster, die Stätte der frommen Reuerinnen der heiligen Maria Magdalena, die sich zwischen dem Steinenberg und dem (durch seinen Namen noch heute an sie erinnernden) Klosterberg niedergelassen hatten, in Flammen setzte. Ein gemeinsames Interesse des Quartiers war auch die Abwehr der Wassernot, die immer wieder verursacht wurde durch die wilden Fluten des Birsigs, welcher die Steinen oft überschwemmte und 1267 und 1340 sogar große Teile der Klostermauer fortriß.

Die Webernzunft versah also praktisch in dem als Einheit betrachteten Gebiet der Steinenvorstadt, der Thorsteinen (der heutigen Steinentorstraße) und des Klosterbergs alle die Dienste, die zu St. Johann, in der Spalen, in der Aeschen und zu St. Alban einer besondern Vorstadtgesellschaft übertragen waren. Meister und Vorgesetzte zu Webern organisierten bei Kriegsalarm, bei Hochwasser und bei Brandfällen die Mannschaften, welche den Verteidigungs-, den Katastrophen- und den Löschdienst zu verrichten hatten; sie sorgten in ihrem

Bereich auch für die Bewachung von Mauern und Toren, zu der im Wechsel jeder Wehrpflichtige des Quartiers anzutreten hatte, wie für die Reinhaltung der Gassen und Brunnen. Wie in den übrigen Vorstädten zog zweimal im Jahr eine Abordnung des Zunftvorstandes, begleitet vom Stadtknecht in schwarzweißer Amtstracht, von Haus zu Haus, um die Stuben-, Back- und Waschöfen zu prüfen. Auch die Rechtsprechung über Quartierfrevel sowie Schmäh- und Schlaghändel fiel in die Kompetenz des Zunftvorstandes der Weber; er war nicht nur befugt, die Schuldigen zu Bußen zu verurteilen, sondern konnte sie auch in dem als Gefängnis eingerichteten Keller des Zunfthauses ‹türmen›, das heißt in Haft setzen lassen. Noch bis ins 19. Jahrhundert hinein trugen die Vorstädte mehr oder weniger ländlichen Charakter; ihre Bewohner hielten vielfach Kühe, Schafe und Schweine, was in der eigentlichen Innerstadt nicht erlaubt war. Täglich trieb der Hirt die Tiere frühmorgens gemeinsam auf die Weide und führte sie am Abend wieder in die Vorstadt zurück. Zusammen mit der Vorstadtgesellschaft zum Rupf in der Aeschen verfügte die Webernzunft über größere Parzellen in der Nähe des Dreispitz und am Fuß des Bruderholzes, die bis in die 1840er Jahre als Weideland dienten.

1576 und 1584 bestätigte der Rat der Zunft zu Webern ausdrücklich ihre Rechte und Pflichten als Vorstadtgesellschaft in der Steinen. Besonders legte er ihr auch nahe, darüber zu wachen, daß sich jedermann des Fischens im Birsig enthalte. Aus ihrer Doppelfunktion als Zunft und Vorstadtgesellschaft erwuchsen ihr bis zur Mitte des 18. Jahrhunderts keine Schwierigkeiten; solche traten erst ein, als sich das Steinenquartier mehr und mehr auch mit Angehörigen anderer Berufe bevölkerte, die sich dem Zunftvorstand der Weber nicht unterstellen wollten und vor allem eine neutrale Instanz zur Leitung des Weidwesens verlangten. 1752 beschloß daher der Rat, in der Steinen eine von der Zunft unabhängige Vorstadtgesellschaft zu bilden. Die Webernzunft erklärte sich damit einverstanden und trat alle Rechte, welche sie bisher als Vorstadtgesellschaft ausgeübt hatte, an die neue Korporation ab; ja sie gewährte ihr sogar einen Vorschuß von 50 Pfund und erlaubte ihr, das Zunfthaus für ihre Zusammenkünfte zu benützen; doch sollte die Vorstadtgesellschaft aus diesem Entgegenkommen nie einen Anspruch auf die Liegenschaft ableiten. Die Zunft stellte es der Vorstadtgesellschaft anheim, nach Belieben einen eigenen Namen und ein eigenes Ehrenzeichen zu wählen; indessen durfte dieses Zeichen auf keinen Fall dem Ehrenzeichen der Weber, dem Greif, ähnlich sein. In patriotischer Begeisterung

nahm die Gesellschaft die Bezeichnung ‹Zu den drei Eidgenossen› an. Ebenso ließ sie eine eigene Fahne mit einem großen weißen Kreuz und der Devise ‹Einigkeit erhaltet Freiheit› anfertigen; in der Mitte des Banners waren drei Eidgenossen, umrahmt von einem Kranz, dargestellt.
Diese drei Eidgenossen bildeten das Ehrenzeichen der Vorstadtgesellschaft in der Steinen. Der Vorstand ließ sie ausrüsten mit historischen Kostümen in den Farben der Urkantone, mit alten Schlachtschwertern und Hellebarden sowie mit drei mächtigen Bärten. So zogen sie an der Spitze der Vorstadtgenossen 1757 aus, um die neue Fahne im Stachelschützenhaus auf dem Petersplatz, dem heutigen Hygienischen Institut der Universität, abzuholen; von dort ging's unter Trommelwirbeln und Pfeifenklang auf den Münsterplatz zu den Residenzen des Bürgermeisters und Oberstzunftmeisters, denen das Banner präsentiert werden sollte. Dann bewegte sich der Cortège durch die Straßen des Quartiers, um auf der Webernzunft zu enden, wo sich die Mitglieder des neugewählten Vorstandes zur Fahnenweihe versammelt hatten; ihr folgte ein festliches Bankett, bei dem sich die Vorstadtherren an Sälmlingen, Wildtaubenpasteten und Kapaunen delektierten.
Im Jahr nach der Gründung stiftete Meister Emanuel Linder der Gesellschaft einen – heute leider verlorenen – silbernen Kranz, wie ihn auch die Zunftmeister trugen. Namentlich zur Fasnachtszeit hielt die junge Garde der Steinenvorstadt auch später des öftern Quartierumzüge ab, bei welchen die Fahne der Vorstadtgesellschaft mitgeführt wurde und die drei Eidgenossen auftraten. Meist schloß sich dazu die Jugend aus der Steinen zusammen mit derjenigen aus dem Aeschenquartier. Ähnlich wie dies bei den Drei Kleinbasler Ehrengesellschaften noch heute der Fall ist, wurde bei diesen Umzügen Geld gesammelt. Der Rat betrachtete dies als Bettelei, weshalb er die Umzüge 1789 verbot.
Noch lange besaßen die Vorstadtgesellschaften in der Steinen und der Aeschen ihr gemeinsames Weideland; doch schwand das Interesse dafür bei deren Mitgliedern mehr und mehr. 1843 brachten die beiden Korporationen ihre Grundstücke an der neuen Reinacherstraße, am Wolfsrain wie im Flüh- und Leimacker zur öffentlichen Versteigerung. Der Höchste im Gebot blieb der Stifter Christoph Merian-Burckhardt, der durch den Kauf dieser Parzellen seinen großen, vom Bruderholz bis zum Gellert reichenden Landbesitz gerne abrundete.

Die Vorstadtgesellschaft zum Rupf

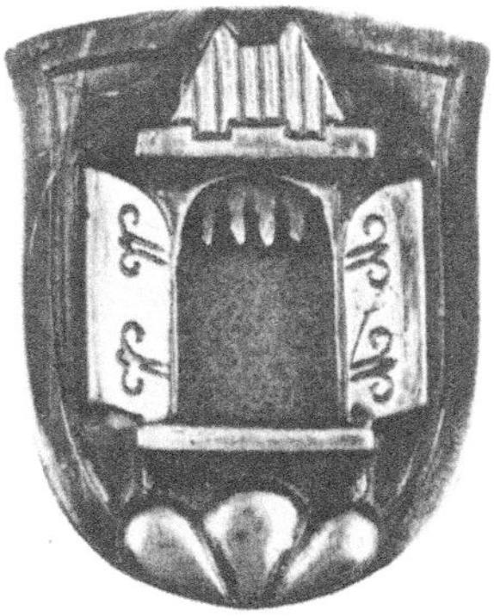

Die Korporation der Aeschenvorstadt, die Vorstadtgesellschaft zum Rupf, umfaßte auch die Anwohner im Gebiet der heutigen Elisabethenstraße, der alten ‹Vorstadt ze Spittelschüren›, die so benannt wurde nach den Ökonomiegebäuden des Spitals in der Gegend der jetzigen Wallstraße; von dort dehnte sich einst jenseits des Klosterbergs ein großes Rebgelände bis in die Thorsteinen hinab. Ursprünglich war diese Vorstadt ze Spittelschüren der Bereich einer besonderen Vorstadtgesellschaft gewesen, die sich vorwiegend aus ärmeren Rebleuten zusammensetzte. Zwischen ihnen und den Vorstadtgenossen der Aeschen, mehrheitlich begüterten Handwerkern und Gewerblern, die als Wirte, Fuhrleute, Wagner, Sattler und Schmiede mit Gewinn von den mannigfaltigen Verdienstmöglichkeiten Gebrauch machten, welche sich ihnen hier am Stadteingang aus dem Mittelland boten, bestanden zufolge der sozialen Verschiedenheit der beiden Gruppen schwere Zerwürfnisse, die 1475 durch den Oberstzunftmeister Heinrich Iselin und den Ratsherrn Heinrich Meyer geschlichtet werden mußten.

Eine Vorstadtgesellschaft ‹ze Eschemars Thor› existierte bereits im Jahr 1422, in dem sie das Haus ‹zum roten Löwen› mitsamt der Trotte und dem Garten, die dazu gehörten, erwarb; doch blieb diese Liegenschaft nur kurze Zeit in ihrem Besitz. Zu einem bleibenden Domizil gelangte die Gesellschaft erst im Jahr 1507; damals kaufte sie das Haus ‹zum Rupf› an der Aeschenvorstadt (Nr. 11), von dem sie auch den Namen übernahm. Schon früher muß die Gesellschaft das Haus von ihrem seinerzeitigen Besitzer, dem Schreiber Gregorius Zorn, gemietet haben; denn bereits 32 Jahre vor dem Kauf der Liegenschaft werden die Angehörigen der Korporation als ‹Genossen zem hohen Rupf› bezeichnet.

Die Gesellschaft zum Rupf hatte die gleichen Aufgaben zu erfüllen wie die übrigen Vorstadtgesellschaften. Es oblag ihr, die Mitglieder zum ‹Hüten und Wachen› in Friedens- und Kriegszeiten wie zum Löschdienst bei Brandfällen aufzubieten, die Straßen- und Brunnenpolizei zu handhaben und für die Feuersicherheit der Stuben-, Back- und Waschöfen zu sorgen. Im Herbst unternahmen Meister und Vorgesetzte einen Umgang durch die Rebgüter des Quartiers, worauf sie dem Rat den von ihm anzuordnenden Zeitpunkt für den Beginn der

Weinlese vorschlugen. Ebenso war die Beurteilung von Hader, Gezänk und Schmähungen in der Vorstadt Sache des Gesellschaftsvorstandes. Wer sich solcher Vergehen schuldig machte, kam vor das ‹Rupf-Gericht›, das ‹zur Erhaltung guter Polizei und Gott wohlgefälligen Friedens› eingesetzt war und seine Funktionen erst 1812 an die städtische Polizei und die ordentlichen Gerichte abtrat.

Im Gegensatz zu den andern Vorstadtgesellschaften hielt es nach der Reformation nicht leicht, Vorgesetzter oder gar Meister zum Rupf zu werden; denn ihre Wahl verpflichtete die Inhaber dieser Ämter zur Stiftung kostspieliger Geschenke, meist in Form wertvoller Pokale, von denen sich noch einige im Besitz der Gesellschaft erhalten haben. Zu ihren Prunkstükken zählen drei aus dem 18. Jahrhundert stammende Glaspokale; ihre kunstvoll gearbeiteten Träger – im einen Fall Wilhelm Tell, im andern ein Krieger mit Hellebarde, im dritten eine Amazone – sind prachtvolle Schöpfungen bekannter Basler Goldschmiede.

Die Französische Revolution und die nachfolgende Staatsumwälzung fanden in den Reihen der Vorstadtgesellschaft zum Rupf keine begeisterten Anhänger. Schon die militärische Einquartierung im Gesellschaftshaus hatte ihren Unwillen heraufbeschworen. Als von der Gesellschaft ein Beitrag von 180 Franken an das Anleihen zugunsten der Helvetischen Republik verlangt wurde, verweigerten Meister und Vorgesetzte diese Leistung mit der Begründung, ihr Haus sei durch die Truppen so ruiniert worden, daß sogar 2000 Franken zu dessen Instandstellung nicht ausreichen würden. Das kostbare Trinkgeschirr war vorsorglich unter die Vorgesetzten verteilt worden, damit es dem Zugriff der Franzosen entzogen bliebe. In der Folge wurde jedoch ein großer Teil dieses Besitzes veräußert, selbst die silbervergoldete Meisterkrone, die man für Fr. 55.25 verschleuderte.

◁ Blick vom Aeschenschwibbogen in die Aeschenvorstadt mit dem Haus der Gesellschaft zum Rupf (links)

Das Ehrenzeichen der Gesellschaft zum Rupf war der Wilhelm Tell, der in der Aeschenvorstadt eine besondere Rolle spielte. Das Haus Nr. 3 trug den Namen des Helden der eidgenössischen Befreiungssage, und 1763 wurde auf den neuen Vorstadtbrunnen ein in Stein gehauener, bemalter Wilhelm Tell gesetzt. Bei den Umzügen der Vorstadtjugend trat das Ehrenzeichen prächtig kostümiert und mit einer ungeheuren Armbrust bewaffnet auf. Begleitet wurde Wilhelm Tell von seinem Knaben, der den Apfel auf dem Kopf trug, und von den drei Eidgenossen der Vorstadtgesellschaft der Steinen. Unterwegs hielt der Cortège, der sich durch die Straßen des Quartiers bewegte und mit den vier großen, handfesten Burschen in alter

Schweizer Tracht ein überaus heiteres Bild darbot, bisweilen an; dann wurde das Tellenlied abgesungen und die Apfelschußszene dargestellt. Zum Schluß fanden sich die Teilnehmer auf der Gesellschaftsstube ein, wo der silberne Wilhelm Tell mit dem Trinkglas auf dem Haupt ausgiebig die Runde machte. Hin und wieder kam es bei diesen Umzügen auch zu turbulenten Szenen unter der Jugend der Gesellschaftsbrüder, so daß der Rat dazu mahnen mußte, solche Veranstaltungen ‹mit Anständigkeit und Ordnung› durchzuführen.

Neben dem Weideland, das, wie erwähnt, 1843 an Christoph Merian verkauft wurde, welcher als Bewohner des ‹Ernauerhofs› am St. Alban-Graben der Vorstadtgesellschaft zum Rupf angehörte, war der wichtigste Besitz der Vorstadtgenossen das Gesellschaftshaus. Darin befanden sich auch zwei Kornschütten, die der Korporation einen regelmäßigen Zins eintrugen. Ebenso wurde der große Saal im ersten Stock vielfach für gesellschaftliche und Tanzveranstaltungen vermietet. 1827 zog dort eine Kleinkinderschule ein, die später, ebenso wie diejenige im Steinenkloster, in das von Christoph Merian gestiftete Kleinkinderschulhaus neben der St. Elisabethen-Kirche verlegt wurde. Zur Kirche von St. Elisabethen unterhielten die Mitglieder der Gesellschaft zum Rupf enge Beziehungen: In der alten Kapelle, welche 1864 durch den heutigen neugotischen Bau ersetzt wurde, befanden sich vierzehn Sitze mit dem Wappen der Gesellschaft, welche Meister und Vorgesetzten zur Verfügung standen; dafür erhielt der Sigrist jedes Jahr 6 Franken.

Wilhelm Tell als Träger eines Glases der Gesellschaft zum Rupf

In der Umgebung des Hauses ‹zum Rupf› vollzogen sich im Laufe der Zeit große Veränderungen: Bereits 1775 war der St. Alban-Graben aufgefüllt worden, und 1840 wurde der Aeschen-Schwibbogen, der am obern Ende der Freien Straße den Eingang in die Innerstadt bewachte, niedergelegt. Zwanzig Jahre später fiel als erstes der sieben äußern Stadttore das Aeschentor den Anforderungen des Verkehrs zum Opfer. Das Haus der Vorstadtgesellschaft war inzwischen recht baufällig geworden, so daß sich die Herren zum Rupf 1866 dazu entschließen mußten, einen Neubau zu erstellen. Im Parterre wurde in der Folge ein Polizeiposten eingerichtet, während der erste Stock an die Zeichen- und Modellierschule der Gesellschaft zur Beförderung des Guten und Gemeinnützigen vermietet werden konnte, aus der später die Allgemeine Gewerbeschule hervorgegangen ist.

Die Vorstadtgesellschaft zum Rupf teilte das Schicksal ihrer Schwestern zu St. Johann, in der Spalen, in der Steinen und zu St. Alban: Sie verlor mehr und mehr an Bedeutung, und auch der Zusammenhang unter ihren Mitgliedern lockerte sich, insbesondere nachdem 1843 der gemeinsame Weidgang aufgehoben worden war. Der Beschluß des Weiteren Bürgerrates betreffend die Organisation der Vorstadtgesellschaften Großbasels vom 3. Juli 1883 setzte den Schlußstrich unter ihre öffentliche Tätigkeit. Seither existiert die Gesellschaft praktisch nur noch in der Gestalt ihres Vorstandes, der indessen die Geselligkeit weiter pflegte und 1892 aus Anlaß der 500-Jahr-Feier der Vereinigung von Groß- und Kleinbasel eine neue Fahne sowie Kostüme für eine besondere Gruppe des Festzuges anschaffte.

1918 entschloß sich der Vorstand, das Gesellschaftshaus an den Schweizerischen Bankverein zu veräußern, der es zur Erweiterung seines Hauptsitzes benötigte; 1929 wurde es abgebrochen und zwei Jahre später der Neubau bezogen. Der Verkauf trug der Gesellschaft zum Rupf die runde Summe von 300 000 Franken ein; er machte sie zur reichsten aller Vorstadtgesellschaften. Die Zinsen ihres Kapitals dienen heute neben der Pflege einer bescheidenen Geselligkeit ihres Vorstandes vor allem der Unterstützung gemeinnütziger Institutionen unserer Stadt, womit der ‹Rupf› noch immer eine erfreuliche Aufgabe segensreich erfüllt.

Die Vorstadtgesellschaft zum hohen Dolder

Die letzte der fünf Vorstadtgesellschaften Großbasels ist diejenige der St. Alban-Vorstadt, die von ihrem Haus den Namen ‹zum hohen Dolder› trägt. Ihre Entstehung verlief anders als bei ihren Schwesterkorporationen; sie erklärt sich aus der besondern historischen Struktur des St. Alban-Quartiers, das sich im Mittelalter zusammensetzte aus dem eigentlichen Bezirk des Stiftes am Rhein, welches als erste klösterliche Siedelung der Stadt im Jahre 1083 gegründet worden war, und der Niederlassung der ursprünglich vorwiegend für das Kloster tätigen Handwerker auf dem Berg, wo in der Folge die St. Alban-Vorstadt erwuchs. Sie besaß anfänglich durchaus das Gepräge eines ‹Klosterdorfs›; das Leben ihrer Bewohner stand völlig im Schatten des Gotteshauses unten am Strom. Unter dem Schutz des Stiftes war gut leben; denn wer im Bezirk von St. Alban wohnte, war bis ins 13. Jahrhundert von jeder Heerespflicht und auch von sonstigem Dienst für die Stadt befreit. Die Gerichtsbarkeit übte der Propst des Klosters aus; er bestimmte auch die Beamten der Vorstadtgemeinde: die fünf sogenannten ‹Einungsmeister›, die Feldfrevel zu richten, den Weidgang und die Traubenlese zu betreuen, den Hirten, den Bannwart und den Zuchtstier zu bestellen hatten; desgleichen die fünf ‹Feuerschauer›, deren Pflicht es war, für die Verhütung von Brandgefahren zu sorgen, und die fünf ‹Gescheidleute›, die bei Grenzstreitigkeiten ihr Urteil zu fällen hatten.

Mit dem Übergang der Jurisdiktion an die städtische Obrigkeit im Jahr 1383 erfuhren diese Verhältnisse eine grundlegende Änderung: Jetzt traten die klösterlichen Beamten in den Dienst der Vorstadtgesellschaft zu St. Alban. Eine solche hatte schon zur Zeit der Klosterherrschaft bestanden; denn die Träger der klösterlichen Lehen, insbesondere die Lehenmüller im St. Alban-Tal, empfanden früh das Bedürfnis nach geselligem Zusammenschluß, und so errichteten sie eine gemeinsame Trinkstube im Haus ‹zum Esel›, nach dem sich die Gesellschaft benannte. Ihr dürften sich in der Folge auch die Handwerker auf dem Berg, das heißt in der eigentlichen Vorstadt, angeschlossen haben.

Im 15. Jahrhundert, als die St. Alban-Vorstadt bereits in den städtischen Mauerring einbezogen war, hielt es der Rat für angezeigt, im Interesse der Sicherheit des Quartiers auch zu

St. Alban die Bildung einer Korporation anzuordnen, die sich ähnlich wie in den übrigen Vorstädten organisieren sollte. Nachdem sich der Schwerpunkt des Quartiers inzwischen vom St. Alban-Tal in die Vorstadt verschoben hatte, sollte auch die Trinkstube aus dem Dalbeloch auf den Berg verlegt werden. Der Gesellschaft wurde hiefür der ‹Lindenturm› an der Verzweigung der St. Alban-Vorstadt und des Mühlenbergs – in der Nähe des Brunnens auf dem Areal der heutigen Liegenschaft ‹zum Schöneck› – angewiesen. Die Gesellschaft sollte sich jetzt nach dem Brunnen benennen; doch erhielt sich die alte Bezeichnung ‹Gesellschaft zum Esel›, die den schon damals zum Spott aufgelegten Baslern besser auf der Zunge lag, noch mehrere Jahrhunderte lang. Schon 1494, zwei Jahre nachdem sie bezogen worden war, brannte indessen die neue Gesellschaftsstube ab, und die Bewohner der Vorstadt hatten sich nach einem andern Heim umzusehen. Sie fanden ein solches unweit vom Brunnen im Haus ‹zum hohen Dolder› an der St. Alban-Vorstadt selbst; doch konnten sie sich dort zunächst nur einmieten. Erst im Jahr 1503 wurde es möglich, die Liegenschaft zu erwerben und für die Zwecke der Gesellschaft einzurichten.

In der Nähe ihres Hauses besaß die Vorstadtgesellschaft noch ein Hirtenhaus (neben dem heutigen Ländliheim); ebenso verfügte sie über den Hirtenacker im Muttenzer Bann und über das Weidrecht in den Lehenmatten und in der Hagenau. Überdies stand ihr das Recht zu, zwei Zuchtstiere, einen vollwertigen Stier und einen ‹Reizer›, offenbar einen Jungstier, auf der vor dem Bau der Wettsteinbrücke zwischen Waisenhaus, Theodorskirche, Wettsteinplatz und Theodorsgraben gelegenen Matte weiden zu lassen. Dieses Privileg ging zurück auf die alte Klosterzeit, in der St. Alban der Herr der Kirche von St. Theodor war.

Aus dem Gesagten ist bereits zu erkennen, wie sich der Aufgabenkreis der Vorstadtgesellschaft zusammensetzte. Er umfaßte die Feuerschau, die Beaufsichtigung der Brunnen und der drei Gassen – der Thorgasse, das heißt der Vorstadt selbst, der Malzgasse und des Mühlenbergs – sowie die Organisation des Weidgangs, vor allem aber die Abwehr von Feindes- und Feuersnot; im Fall solcher Gefahren hatten sich sämtliche Vorstadtgenossen beim innern Tor, dem St. Alban-Schwibbogen, welcher den Abschluß der Vorstadt und den Eingang zur Rittergasse bildete, zu besammeln. Ihre volle Unabhängigkeit erlangte die Vorstadtgesellschaft erst mit der Reformation; bis dahin hatten sich Meister und Vorgesetzte durch den Propst von St. Alban bestätigen zu lassen und ihm eidlich zu geloben,

ihre Ämter treu zu verwalten und das Kloster vor jedem Schaden zu bewahren. In seiner Amtsführung freilich war der Vorstand der Gesellschaft frei: Er selbst bestimmte den Bannwart, der auch als Vorstadtknecht bezeichnet wurde, sowie den gemeinsamen Hirten und sorgte auch für die Stiere; von den Besitzern von Großvieh erhob er ein besonderes ‹Stiergeld›.

Bis ins 18. Jahrhundert zählte der Vorstadtbezirk von St. Alban nur wenig über hundert Häuser und lediglich einige hundert Bewohner. Zwischen den einzelnen Behausungen standen zahlreiche Scheunen, Kornspeicher und Ställe, und vor allem lagen innerhalb der Ringmauern noch große Parzellen von Reb- und Gartenland. Die meisten Vorstadtbewohner hielten noch Rindvieh und Schafe, welche der gemeinsame Hirt der Vorstadtgesellschaft auf die Weide trieb, und namentlich Schweine; denn die Schweinezucht war nur in den Vorstädten erlaubt. Die Zahl der Schweine, die jeder Angehörige der Vorstadt zur herbstlichen ‹Ackerig› in der Hard mitgeben durfte, war genau geregelt: Dem Hintersassen wurde ein Tier zugestanden, dem Bürger deren zwei und den Herren vom ‹Ehrentisch›, das heißt dem Vorstadtmeister und seinen Mitmeistern, deren drei bis vier. Die Abwesenheit der Schweine während der ‹Ackerig› bedeutete eine große Erleichterung für die Vorstadtbewohner; denn das Jahr hindurch gaben die Tiere, wie es in den Akten heißt, «der Welt viel Ärgernis und Unlust».

Im Jahr 1597 wurde dem Vorstadtmeister und dessen Mitmeistern, die zum größten Teil aus dem Kollegium der Ratsherren stammten, auch die Rechtsprechung über die Schmäh- und Schlaghändel im Quartier zuerkannt. Sie hatten zu richten über «unrüewige, friedhäßliche Manns- und Weibspersonen, welche unleidliche Unruwen und Gezenckh» anstifteten. Die Gerichtsstätte war die Gesellschaftsstube ‹zum hohen Dolder›, wo nun alle jene kleinlichen Händel, mißgünstiger Klatsch, boshafte Verleumdung sowie Fälle von Liederlichkeit und Roheit im St. Alban-Viertel zur Beurteilung gelangten, die heute den Polizei- und Strafgerichtspräsidenten in seinem Verhör oder auch das Dreiergericht am Bäumlein beschäftigen. Nicht ungern übernahm die Vorstadtgesellschaft diese Aufgabe; denn die Strafen, welche auf dem ‹Hohen Dolder› verhängt wurden, bestanden meistens in Geldbußen, die in den Gesellschaftssäckel flossen und die Kosten von Speise und Trank bei froher Geselligkeit decken halfen. Verhältnismäßig selten waren Freiheitsstrafen, die auf der ‹Bärenhaut› im Kunos-Tor, das heißt dem bereits erwähnten St. Alban-Schwibbogen, abgesessen werden mußten. Dort wurden die

◁
Das Gesellschaftshaus zum hohen Dolder in der St. Alban-Vorstadt

Häftlinge, je nach der Schwere ihres Vergehens, in verschiedenen Gelassen verwahrt: in der sogenannten ‹harten Gefangenschaft› des ‹Bärenlochs›, im ‹Vogelkäfig›, im ‹Brandstätter›, in der ‹Teufelsküche› oder im ‹Kratzer›. In einem Dutzend stattlicher Bände ist uns die Rechtsprechung des ‹Doldergerichts› überliefert; sie spiegeln in köstlicher Weise die vielfach recht rauhen Sitten der ‹guten alten Zeit›.
Auch nachdem die Vorstadtgesellschaft das Haus ‹zum hohen Dolder› käuflich erworben hatte, blieb in der Umgangssprache ihr alter Name ‹Gesellschaft zum Esel› noch lange gebräuchlich; erst im 17. Jahrhundert bürgerte sich die Bezeichnung ‹Gesellschaft zum hohen Dolder› allgemein ein. In den 1540er Jahren fand eine gründliche Renovation des Gesellschaftshauses statt. Damals erhielten die Maler Matthäus Han und Maximilian Wischack den Auftrag, den großen Saal im ersten Stock mit einem dreiteiligen Wandbild von Wilhelm Tell zu schmücken, das, später übermalt, erst bei der Restauration des Jahres 1936 wieder zum Vorschein kam und auf Kosten der Freiwilligen Denkmalpflege sachgemäß aufgefrischt wurde. Der Unterhalt der Liegenschaft bedeutete für die Vorstadtgesellschaft zeitweise eine schwere Belastung, namentlich nach den militärischen Einquartierungen während der Helvetik, die mannigfache Schäden anrichteten. 1804 beschlossen deshalb Meister und Vorgesetzte, das Silber- und Zinngeschirr zu verkaufen, um die Mittel für die nötigen Reparaturen zu beschaffen. Damit nahmen die einstigen Mahlzeiten im Haus ‹zum hohen Dolder› ein Ende. An ihrer Stelle wurde von Zeit zu Zeit ein sogenanntes ‹Maienmähli› in Binningen oder auf der Stube ‹zum Grauen Bären›, das heißt im Saal der Hausgenossenzunft, veranstaltet; doch mußte angesichts der beschränkten Finanzen der Gesellschaft jeweils im voraus festgelegt werden, wie viel jeder Teilnehmer trinken dürfe!
Im 19. Jahrhundert ging die Bedeutung der Vorstadtgesellschaft zu St. Alban zurück. Das Gerichtswesen, das Meister und Vorgesetzte stark beschäftigt hatte, wurde ihr entzogen und den ordentlichen städtischen Gerichten zugewiesen. Ebenso schwand das Interesse am gemeinsamen Weidgang dahin, je mehr sich das einstige landwirtschaftliche Gepräge der Vorstadt verlor; 1807 wurde er eingestellt. Da die Gesellschaft jetzt keinen Hirten mehr unterhielt, wurde dessen Haus frei. Dem Bau-Collegium war dies höchst willkommen, weil es damals beabsichtigte, in der Mitte zwischen dem Mühlenberg und dem St. Alban-Kirchrain einen weitern Fußweg als Verbindung zwischen der Vorstadt und dem St. Alban-Tal anzulegen. 1841 wurde das einstige Weideland in den Lehenmatten

an die Firma Freyvogel & Böcklin verkauft; ihr einer Partner war der aus Beggingen im Kanton Schaffhausen stammende, 1824 in Basel eingebürgerte Friedrich Böcklin, der Vater des Malers Arnold Böcklin. Nachdem die Gesellschaft auch den Muttenzer Hirtenacker veräußert hatte, verblieb ihr als einziger Liegenschaftsbesitz das Haus ‹zum hohen Dolder›, das sich noch heute in ihrem Eigentum befindet. Auch wenn dort keine großen Mahlzeiten mehr stattfanden, hatte doch der Stubenknecht noch lange eine warme Stube für die Vorstadtgenossen zu besorgen, von denen er das nach den Preisen des Brennholzes schwankende Heizgeld erheben durfte.
Heute besteht die Vorstadtgesellschaft zum hohen Dolder nur noch aus ihrem Vorstand, dem die Verwaltung des Vermögens obliegt. Die Haupteinnahme fließt der Korporation aus der teilweisen Vermietung ihres Hauses zu. Ihre Einkünfte verwendet sie für den Unterhalt des Gebäudes und, gleich den übrigen Vorstadtgesellschaften, für Vergabungen an gemeinnützige Institutionen sowie in bescheidenem Rahmen für gesellige Zwecke.

Die Bürgerkorporation Kleinhüningen

Zum Schluß sei an dieser Stelle auch die Bürgerkorporation Kleinhüningen kurz gewürdigt, die ebenfalls den Basler Zünften und Gesellschaften zugezählt wird. Sie ist das letzte Glied in ihrer Kette, blickt sie doch erst auf sieben Dezennien zurück. Kleinhüningen, heute durch ein dicht bevölkertes Quartier mit der Kleinbasler Altstadt verbunden, war seinerzeit ein stilles Dorf an der einst sehr fischreichen Wiese, so daß die meisten Einwohner im Fischfang und einer bescheidenen Landwirtschaft ihr Auskommen fanden. Noch lange nachdem Bettingen und Riehen zur Stadt gekommen waren, gehörte Kleinhüningen zur Markgrafschaft; doch besaß Basel dort seit langem einen Teil der niederen Gerichtsbarkeit. 1640 gelang es dann dem städtischen Rat, das Dorf von Markgraf Friedrich V. von Baden zu erwerben; seither hatten die Kleinhüninger der städtischen Obrigkeit Treue und Gehorsam zu schwören. Sie setzte einen Landvogt in Kleinhüningen ein, der im heute verschwundenen Klybeck-Schlößlein residierte. Die Bevölkerung fühlte sich unter der städtischen Herrschaft wohl, und so regte sich in den Dorfleuten nie der Wunsch, von Basel abzufallen; zusammen mit Riehen und Bettingen blieb Kleinhüningen als dritte Landgemeinde im Schicksalsjahr 1833 bei Basel-Stadt.

Die Erweiterung der Stadt, die nach dem Fall des Bläsitors im Jahr 1868 immer weiter gegen Kleinhüningen hinauswuchs, und die zunehmende Inanspruchnahme des Areals der Gemeinde durch Fabrikbauten und Lagerhäuser der Industrie rief in der Bevölkerung von Kleinhüningen mehr und mehr das Verlangen nach einem Anschluß an die Stadt hervor. Ihrem Wunsch entsprechend beschloß deshalb der Große Rat am 10. Oktober 1907, das Dorf mit der Stadt zu vereinigen, und am Wochenende des 16./17. November hieß die Einwohnergemeinde und hernach auch die Bürgergemeinde von Kleinhüningen die Einverleibung in die Stadt und die Verschmelzung mit der städtischen Bürgergemeinde gut. Den Schlußpunkt dieser Entwicklung setzte hierauf bereits am 19. November der Weitere Bürgerrat der Stadt Basel durch seine Zustimmung. Damit verlor Kleinhüningen am 1. Januar 1908, an dem der genannte Beschluß in Rechtskraft erwuchs, seine Selbständigkeit. Zur Feier der Eingemeindung veranstaltete das Dorf am 28. Dezember 1907 ein Bankett, dem sämtliche männlichen

Angehörigen von Kleinhüningen sowie zahlreiche Vertreter des Kantons und der Bürgergemeinde von Basel-Stadt beiwohnten.
Vor dem Übergang des Dorfes an die Stadt waren aus dem Kleinhüninger Bürgergut 60000 Franken zur finanziellen Ausstattung einer ‹Bürgerkorporation Kleinhüningen› ausgeschieden worden; nachträglich wurde diese Summe auf 80000 Franken erhöht. Im Juni 1908 gab der Weitere Bürgerrat der Bürgerkorporation eine Organisation, die sich an diejenige der städtischen Vorstadtgesellschaften anlehnte. Danach haben Anspruch auf Aufnahme in die Korporation alle in bürgerlichen Rechten und Ehren stehenden Stadtbürger, die seit wenigstens zwei Jahren im ehemaligen Gemeindebezirk von Kleinhüningen wohnhaft sind, und ebenso die in der Stadt Basel wohnhaften Stadtbürger, die in direkter Linie im Mannesstamm von einem Mitglied des ‹Grundstocks› abstammen. Den ‹Grundstock› bildeten alle ehemaligen Kleinhüninger Bürger, die seit 1. Januar 1908 im Kanton Basel-Stadt ihren Wohnsitz hatten und nicht schon vor der Verschmelzung der Gemeinden Stadtbürger geworden waren, sofern sie sich bis Ende September 1908 in die Mitgliederliste der Korporation eingetragen hatten.
So kam auch Kleinhüningen zu einer Gesellschaft - just in dem Jahr, in welchem der Schleppschiffverkehr auf dem Rhein kräftig einsetzte, womit sich die stolze Entwicklung der Rheinschiffahrt anbahnte, die rund ein Jahrzehnt später in den Kleinhüninger Hafenanlagen ihren festen Stützpunkt erhalten sollte. Im Volksmund wurde die Bürgerkorporation spaßhaft mit dem Namen ‹Zunft zur gebackenen Nase› bedacht - in Erinnerung an die Nasen, welche für die Kleinhüninger Fischer einst das tägliche Brot bedeutet hatten. Wie die Zünfte und übrigen Gesellschaften richtet die Bürgerkorporation aus dem Ertrag ihres Vermögens Beiträge an verschiedene gemeinnützige Institutionen der Stadt aus und lädt ihre Mitglieder jedes Jahr zu einer geselligen Zusammenkunft ein. So reiht sich auch die Bürgerkorporation Kleinhüningen, obgleich sie erst eine Schöpfung der Neuzeit ist, würdig ein in den Kreis der Zünfte und Gesellschaften unserer Stadt, indem auch sie die Liebe zur Vergangenheit unserer engeren Heimat wachhält und ihre Traditionen pflegt.
Einen schönen Beweis dafür hat die Bürgerkorporation Kleinhüningen erbracht, indem sie das alte Wappen des Dorfes wieder zu Ehren zog, das längst in Vergessenheit geraten war; denn schon seit dem 18. Jahrhundert hatte man in Kleinhüningen den Baselstab auch als Gemeindewappen benützt. Die

Bürgerkorporation griff zurück auf die Darstellung des Wappens, das sich in der Handschrift ‹Zirkel der Eidgenossenschaft› von Andreas Ryff vom Jahr 1597 findet, also aus einer Zeit stammt, in der das Dorf noch einen Teil der badischen Markgrafschaft bildete. Damals brachten die Gelehrten den Namen Kleinhüningen in Zusammenhang mit den Hunnen, und so wurde auch für das Wappen des Dorfes der bärtige Hunnenkönig Attila verwendet: Er steht vor einem weißen Zelt, das oben mit einem goldenen Knopf geschmückt ist, trägt einen langen roten Rock, einen blauen Judenhut, ein goldenes Zepter, goldene Handschuhe und goldene Schuhe. Heute ist dieser König Attila das Ehrenzeichen der Bürgerkorporation Kleinhüningen, die als jüngste aller Basler Gesellschaften das ehrwürdige alte Dorfwappen in die Gegenwart hinein gerettet hat.

Rückblick und Ausblick

Richten wir nach unserer Betrachtung der einzelnen Zünfte und Gesellschaften nochmals den Blick zurück auf ihre Gesamtheit, auf das öffentliche Wesen, das sich während Jahrhunderten in ihnen verkörperte, so stehen wir mit höchster Achtung vor der wirtschaftlichen und politischen Leistung, die unsere Vorfahren vollbrachten. Die in ihrer Art vollendete zünftische Organisation der Wirtschaft, welche die Bedürfnisse der Stadtbevölkerung früherer Zeiten deckte und deren Wohlfahrt sicherte, verdient ebenso unsere Bewunderung wie die politische Gemeinschaft, die im Kampf gegen Habsburg-Österreich, gegen den Adel und die Achtburger sowie gegen den Bischof letztlich triumphierte und die Grundlagen des freiheitlich-demokratischen Gemeinwesens schuf, welches dank dieser Struktur den Anschluß an die Eidgenossenschaft finden konnte.

Allerdings hält es schwer, unsere heutige menschliche und soziale Situation mit derjenigen unserer Altvordern zu vergleichen. Ihnen eignete noch die ungebrochene sittlich-religiöse Haltung des Mittelalters mit ihrem Ideal der Brüderlichkeit, das tief im christlichen Glauben wurzelte; denn vor dem Angesicht seines göttlichen Herrn sollte jeder Mensch seinem Nächsten als Bruder begegnen. Dieses Ideal erwies sich auch in der Wirtschaft als lebendige Kraft: Bei der Ausübung des die Existenz sichernden Berufs sollten die Angehörigen der Zünfte in Rechten und Pflichten einander gleichgestellt sein. Solche Auffassung bewog dazu, im wirtschaftlichen Wettbewerb Schranken aufzurichten, die im Zeitalter der rationalistischen Produktionswirtschaft nicht mehr anerkannt und beachtet wurden. Mag die Zunftorganisation somit unter wirtschaftlichem Betracht als zeitlich bedingte und bestimmte Erscheinung beurteilt werden, so haben die Wirkungen der politischen Errungenschaften der Zunftbewegung die Jahrhunderte überdauert. Die Zünfte und Gesellschaften waren die Wegbereiter des historischen Schicksals unserer Stadt, das Basel zur Unabhängigkeit vom Bischof, zur demokratischen Freiheit und damit in den Kreis der Eidgenossenschaft geführt hat.

Die sittliche Bindung in der Gemeinschaft des einzelnen Zunftverbandes wie der gesamtstädtischen Zunftorganisation, die geschlossene Einigkeit der Zielsetzung, die unsere Vorfahren in wirtschaftlicher und politischer Hinsicht Großes errei-

chen ließ, tritt uns heute nach siebeneinhalb Jahrhunderten als kostbares Erbe vor Augen - als Gabe und Aufgabe zugleich, dieses Erbe treu zu erhalten und an die kommenden Generationen weiterzugeben. Aus ihrer Vergangenheit erwächst unsern Zünften und Gesellschaften die Verpflichtung gegenüber Gegenwart und Zukunft, nicht allein die schönen Traditionen ihres sinnvollen Brauchtums zu hegen, sondern auch jenen Geist brüderlicher Verbundenheit und Solidarität zu pflegen, der unsere Ahnen zutiefst beseelte und den keine internen Streitigkeiten um gewerbliche Belange zu ertöten vermochten. In der Zugehörigkeit zu einer Zunft und Gesellschaft liegt nicht nur ein dankbar empfundenes Vorrecht, sondern auch die ernste Pflicht der Treue gegenüber unserm Gemeinwesen, gegenüber unserer Stadt, der Zünfte und Gesellschaften den Weg durch die Jahrhunderte, den Weg zur Freiheit und Demokratie, gebahnt haben.
Wohl ist heute die politische Rolle der Zünfte und Gesellschaften ausgespielt; wohl sind ihnen ihre wirtschaftlichen Vorrechte und ihre administrativen Funktionen verloren gegangen. Aber noch immer ist ihnen die hohe Aufgabe verblieben, ihren Angehörigen die Mitverantwortung am Geschehen des Gemeinwesens zum Bewußtsein zu bringen und sie daran zu erinnern, daß wir alle Partner der staatlichen Gemeinschaft sind mit der Verpflichtung, unsern aktiven Teil zu ihrer Erhaltung und ihrem Aufbau zu leisten; noch immer sind Zünfte und Gesellschaften als Kern der Bürgerschaft auf den Plan gerufen, um als Zellen der Brüderlichkeit, der Ordnung und der Freiheit zu wirken. In vielen Jahrhunderten haben sie jene Werte unseres Kleinstaates erstritten und verwirklicht, die unser Leben lebenswert machen; sie gilt es zu bewahren und immer wieder mit neuem Gehalt lebendig zu erfüllen im Sinn des Währschaften, des Vollwertigen und Gültigen, mit dem Zünfte und Gesellschaften ihre Gegenwart rechtfertigen und bekräftigen wollen. «Der ‹zünftigen› Leistung unserer Vorfahren müssen wir uns würdig erweisen; denn ihr verdanken wir das Glück, als Basler Eidgenossen und als Zunftgenossen freie, verantwortungsbewußte Bürger im vollen Sinne sein zu dürfen» (Hans Bauer).

Bildnachweis

Historisches Museum Basel
Farbtafeln 1, 2, 4, 5, 6 und 7 sowie Abbildungen Seiten 11, 13, 14, 16, 19, 24, 35, 45, 47, 59, 65, 67, 70, 71, 79, 81, 84, 87, 89, 93, 95, 97, 102, 103, 106, 113, 119, 125, 126, 128, 135, 137, 139, 143, 146, 147, 149, 150, 151, 152, 153, 155, 159, 161, 162, 163, 169, 172, 174, 183, 189, 198, 212, 217, 223, 224, 232, 235 und 244.

Staatsarchiv Basel-Stadt
Abbildungen Seiten 28, 33, 110, 116, 129, 131, 144, 156, 164, 180, 184, 220 und 242.

Öffentliche Basler Denkmalpflege
Abbildungen Seiten 100, 104 und 175.

Siegel- und Abzeichensammlung Heini Utzinger, Basel
Farbtafel 8 mit den Abzeichen der Gesellschaften zum Rebhaus und zur Hären, dem Siegel der Gesellschaft zum Greifen, den Abzeichen der Vorstadtgesellschaften zur Mägd, zur Krähe, zu den drei Eidgenossen, zum Rupf und zum hohen Dolder sowie der Bürgerkorporation Kleinhüningen, und Abbildungen Seiten 54, 56, 62, 64, 69, 73, 75, 78, 83, 86, 91, 92, 94, 99, 101, 107, 108, 109, 115, 123, 124, 127, 130, 132, 134, 140, 142, 146, 148, 149, 154, 157, 160, 162, 166, 168, 170, 178, 179, 181, 182, 185, 187, 191, 208, 211, 216, 219, 222, 225, 229, 233, 238, 239, 241, 246, 247 und 252.

Peter Heman, Basel
Frontispiz, Farbtafeln 3 und 8 sowie Abbildungen Seiten 55, 63, 76, 175, 194, 209, 230, 234 und 248 und sämtliche Siegel und Abzeichen der Sammlung Utzinger.

Repros Marcel Jenni, Basel
Abbildungen Seiten 28, 33, 110, 116, 129, 144, 156, 164, 180, 184, 220 und 242.

GPSR Compliance

The European Union's (EU) General Product Safety Regulation (GPSR) is a set of rules that requires consumer products to be safe and our obligations to ensure this.

If you have any concerns about our products, you can contact us on ProductSafety@springernature.com

In case Publisher is established outside the EU, the EU authorized representative is:

Springer Nature Customer Service Center GmbH
Europaplatz 3
69115 Heidelberg, Germany

Batch number: 10800358

Printed by Printforce, the Netherlands